中文社会科学引文索引（CSSCI）收录集刊（2023-2024）
中国系统工程学会信息系统工程专业委员会（CNAIS）

信息系统学报

CHINA JOURNAL OF INFORMATION SYSTEMS

第29辑

清华大学经济管理学院 编

CJIS

科学出版社
北　京

内 容 简 介

《信息系统学报》是我国信息系统科学研究领域内唯一的专门学术出版物，被中国系统工程学会信息系统工程专业委员会（CNAIS）指定为会刊。《信息系统学报》倡导学术研究的科学精神和规范方法，鼓励对信息系统与信息管理领域中的理论和应用问题进行原创性探讨和研究，旨在发表信息系统研究领域中应用科学严谨的方法论、具有思想性与创新性的研究成果。本书内容包括相关的理论、方法、应用经验等方面，涵盖信息系统各个研究领域，注重结合我国国情进行探讨，从而对我国和世界信息系统的研究与应用做出贡献。

《信息系统学报》主要面向信息系统领域的研究人员，其作为我国信息系统领域学术研究探索与发展的重要交流平台，为相关研究工作创造了一个友好而广阔的交流空间，推动着我国信息系统研究、应用及学科建设不断前进。

图书在版编目（CIP）数据

信息系统学报. 第 29 辑 / 清华大学经济管理学院编. —北京：科学出版社，2023.10
 ISBN 978-7-03-075292-5

Ⅰ. ①信… Ⅱ. ①清… Ⅲ. ①信息系统–丛刊 Ⅳ. ①G202-55
中国国家版本馆 CIP 数据核字（2023）第 049169 号

责任编辑：王丹妮 / 责任校对：姜丽策
责任印制：张　伟 / 封面设计：无极书装

科学出版社 出版
北京东黄城根北街 16 号
邮政编码：100717
http://www.sciencep.com

北京厚诚则铭印刷科技有限公司 印刷
科学出版社发行　各地新华书店经销

*

2023 年 10 月第　一　版　开本：889×1194　1/16
2023 年 10 月第一次印刷　印张：13
字数：368 000

定价：128.00 元

（如有印装质量问题，我社负责调换）

《信息系统学报》编委会

主　编　　　陈国青（清华大学）
副主编　　　黄丽华（复旦大学）　　　　　　李　东（北京大学）
　　　　　　李一军（哈尔滨工业大学）　　　毛基业（中国人民大学）
　　　　　　王刊良（中国人民大学）
主　任　　　黄京华（清华大学）
主编助理　　郭迅华（清华大学）　　　　　　卫　强（清华大学）
编　委　　　陈华平（中国科学技术大学）　　陈　剑（清华大学）
　　　　　　陈晓红（中南大学）　　　　　　陈　禹（中国人民大学）
　　　　　　党延忠（大连理工大学）　　　　甘仞初（北京理工大学）
　　　　　　黄　伟（西安交通大学）　　　　李敏强（天津大学）
　　　　　　刘　鲁（北京航空航天大学）　　刘仲英（同济大学）
　　　　　　马费成（武汉大学）　　　　　　邵培基（电子科技大学）
　　　　　　谢　康（中山大学）　　　　　　严建援（南开大学）
　　　　　　杨善林（合肥工业大学）　　　　张金隆（华中科技大学）
　　　　　　张朋柱（上海交通大学）　　　　赵建良（香港城市大学）
　　　　　　仲伟俊（东南大学）　　　　　　周荫强（香港大学）
　　　　　　CHEN Yesho（Louisiana State University）
　　　　　　LIANG Ting-Peng（Sun Yat-Sen University, Taiwan, China）
　　　　　　LU Jie（University of Technology, Sydney）
　　　　　　SHENG Olivia（Utah University）
　　　　　　TAN Bernard（National University of Singapore）
　　　　　　TAN Felix B.（Auckland University of Technology）
　　　　　　THONG James Y. L.（Hong Kong University of Science and Technology）
　　　　　　WEI Kowk Kee（City University of Hong Kong）
　　　　　　ZHU Kevin（University of California, San Diego）

Editorial Board, China Journal of Information Systems

Editor	CHEN Guoqing (Tsinghua University)
Associate Editors	HUANG Lihua (Fudan University)
	LI Dong (Peking University)
	LI Yijun (Harbin Institute of Technology)
	MAO Jiye (Renmin University of China)
	WANG Kanliang (Renmin University of China)
Managing Editor	HUANG Jinghua (Tsinghua University)
Assistants to the Editor	GUO Xunhua (Tsinghua University)
	WEI Qiang (Tsinghua University)
Members of Editorial Board	CHEN Huaping (University of Science and Technology of China)
	CHEN Jian (Tsinghua University)
	CHEN Xiaohong (Central South University)
	CHEN Yesho (Louisiana State University)
	CHEN Yu (Renmin University of China)
	DANG Yanzhong (Dalian University of Technology)
	GAN Renchu (Beijing Institute of Technology)
	HUANG Wei (Xi'an Jiao Tong University)
	LI Minqiang (Tianjin University)
	LIANG Ting-Peng (Sun Yat-Sen University, Taiwan, China)
	LIU Lu (Beihang University)
	LIU Zhongying (Tongji University)
	LU Jie (University of Technology, Sydney)
	MA Feicheng (Wuhan University)
	SHAO Peiji (University of Electronic Science and Technology of China)
	SHENG Olivia (Utah University)
	TAN Bernard (National University of Singapore)
	TAN Felix B. (Auckland University of Technology)
	THONG James Y. L. (Hong Kong University of Science and Technology)
	WEI Kowk Kee (City University of Hong Kong)
	XIE Kang (Sun Yat-Sen University)
	YAN Jianyuan (Nankai University)
	YANG Shanlin (Hefei University of Technology)
	ZHANG Jinlong (Huazhong University of Science and Technology)
	ZHANG Pengzhu (Shanghai Jiao Tong University)
	ZHAO Jianliang (City University of Hong Kong)
	ZHONG Weijun (Southeast University)
	ZHOU Yinqiang (University of Hong Kong)
	ZHU Kevin (University of California, San Diego)

主 编 单 位　清华大学（经济管理学院）

副主编单位　北京大学（光华管理学院）　　　　　　　复旦大学（管理学院）
　　　　　　哈尔滨工业大学（经济与管理学院）　　　西安交通大学（管理学院）
　　　　　　中国人民大学（商学院）

参 编 单 位　北京大学（光华管理学院）　　　　　　　北京航空航天大学（经济管理学院）
　　　　　　北京理工大学（管理与经济学院）　　　　大连理工大学（经济管理学院）
　　　　　　电子科技大学（经济与管理学院）　　　　东南大学（经济管理学院）
　　　　　　复旦大学（管理学院）　　　　　　　　　哈尔滨工业大学（经济与管理学院）
　　　　　　合肥工业大学（管理学院）　　　　　　　华中科技大学（管理学院）
　　　　　　南开大学（商学院）　　　　　　　　　　清华大学（经济管理学院）
　　　　　　上海交通大学（安泰经济与管理学院）　　天津大学（管理与经济学部）
　　　　　　同济大学（经济与管理学院）　　　　　　武汉大学（信息管理学院）
　　　　　　西安交通大学（管理学院）　　　　　　　中国科学技术大学（管理学院）
　　　　　　中国人民大学（商学院、信息学院）　　　中南大学（商学院）
　　　　　　中山大学（管理学院）

通 信 地 址

北京市清华大学经济管理学院《信息系统学报》，邮政编码：100084。

联系电话：86-10-62789850，传真：86-10-62771647，电子邮件：CJIS@sem.tsinghua.edu.cn，网址：http://cjis.sem.tsinghua.edu.cn。

信息系统学报

（第 29 辑）

目　录

主编的话 ………………………………………………………………………………… XI

研究论文

网红场景下消费者重复购买意愿影响因素研究 / 黄鹂强，严娅芸，牛婉姝 ………………… 1

基于扎根理论的电商直播消费者行为意愿形成机理研究 / 刁雅静，杨倩，吴嘉辉，王志英，葛世伦 …………… 20

众包争议在线解决机制中判定的影响因素研究——以闲置交易平台为例 / 杨雪，庄雨 …………… 34

开通私人医生服务对医生团队及团队成员绩效的影响 / 刘璇，周舒晴，李嘉 …………… 56

态度、社交媒体使用与销售人员工作绩效：基于理性行为理论与任务技术匹配理论 / 宋竞，张敏 …………… 74

高风险竞拍中的用户生存分析——基于用户退出视角 / 徐姗，李金，廖貅武 …………… 89

不同动态环境下高技术企业"智-治"交互效应研究 / 杨涵岩，王雪莹，余艳 …………… 111

信息管理与信息系统专业女性学者职业成长研究 / 曾紫琳，邓朝华，薛佳欣 …………… 128

民族地区智慧城市建设水平评价研究——以青海为例 / 张兴年，唐诗瑶 …………… 140

领域综述

项目知识转移研究综述——基于 WOS 数据库的文献计量与分析 / 蒋莹，王国飞，杨添靖，徐进，刘盾 …………… 162

审稿专家 ………………………………………………………………………………… 189

# China Journal of Information Systems

Issue 29

CONTENTS

EDITORS' NOTES ·· XI

ARTICLES

Exploring the Influence Factors of Repeated Purchase Intention in the Context of Online
　　Celebrity/ HUANG Liqiang, YAN Yayun, NIU Wanshu ·· 1
Research on the Mechanism of Consumer Purchase Behavior of Live Streaming Commerce Based on
　　Grounded Theory/DIAO Yajing, YANG Qian, WU Jiahui, WANG Zhiying, GE Shilun ························· 20
A Research on the Influential Factors of Outcomes of the Disputes in Crowdsourced Online Dispute Resolution
　　—Taking an Idle Trading Platform as an Example/YANG Xue, ZHUANG Yu ·· 34
How Does Private Doctor Service Participation Affect Performance of Doctor Teams and Team
　　Members/LIU Xuan, ZHOU Shuqing, LI Jia ·· 56
Attitude, Social Media Use and Salesperson Work Performance: Based on the Theory of Reasoned Action
　　and the Task-Technology Fit Theory /SONG Jing, ZHANG Min ·· 74
A Survival Analysis for Users in Online Pay-to-bid Auctions with High Risks: Based on the Perspective of User
　　Churn /XU Shan, LI Jin, LIAO Xiuwu ··· 89
Investigating the Interaction Effects of Intellectual Capital and Corporate Governance in High-technology Enterprises
　　under Different Dynamic Environments/YANG Hanyan, WANG Xueying, YU Yan ······························· 111
Research on the Career Growth of Female Scholar in the Field of Information Management and Information
　　Systems/ZENG Zilin, DENG Zhaohua, XUE Jiaxin ··· 128
Research on the Evaluation of Smart City Construction Level in Ethnic Regions—Take Qinghai as an
　　Example/ZHANG Xingnian, TANG Shiyao ··· 140

REVIEW

Knowledge Transfer in Project Context: A Literature Review: Scientometrics and Traditional Literature Approaches
　　Based on WOS Database/JIANG Ying, WANG Guofei, YANG Tianjing, XU Jin, LIU Dun ·················· 162

PEER REVIEWERS ··· 189

主编的话

本期《信息系统学报》是总第 29 辑，共收录 9 篇研究论文和 1 篇领域综述，其中 1 篇研究论文来自中国系统工程学会信息系统工程专业委员会第九届学术年会（CNAIS2021）交流的论文。CNAIS2021 大会于 2021 年 10 月 15~17 日在长沙市举办，由中国系统工程学会信息系统工程专业委员会主办，中南大学商学院承办。作为 CNAIS 会刊，《信息系统学报》编委会从大会论坛中遴选了部分优秀论文，邀请作者进行修改并拓展投稿到《信息系统学报》。录入本期的大会论文题为"基于扎根理论的电商直播消费者行为意愿形成机理研究"，由刁雅静、杨倩、吴嘉辉、王志英、葛世伦五位作者执笔撰写，通过扎根理论方法对深度访谈的文本数据和直播间弹幕互动数据进行质性分析，梳理直播购物的刺激因素、消费者直播间的内在状态以及消费者行为意愿之间的相互关系，探讨电商直播影响因素的作用机制。

此次发表的另外 8 篇研究论文涵盖了网红对消费者购买意愿的影响、众包争议在线解决机制中判定的影响因素、私人医生服务对医生团队及其团队成员绩效的影响、社交媒体使用对销售人员绩效的影响、高风险竞拍中用户流失的影响因素和机制、高技术企业智力资本和公司治理的交互效应、信息管理与信息系统专业女性学者的职业发展规律、智慧城市的建设水平评价等多方面的主题，采用了多样化的研究方法。黄鹂强等的论文以名人效应、网购重复购买意愿影响因素、消费者信任等相关文献为基础，建立网红与消费者互动及店铺客户服务对网红可信度、感知商品质量和形象一致性影响消费者重复购买意愿的二阶结构方程模型，并收集样本对模型进行验证和实证分析，探索网红场景下消费者重复购买意愿的形成机制。杨雪和庄雨的论文针对闲置交易平台 C2C（consumer to consumer，个人与个人之间的电子商务）和在线交易的特性，基于国内某闲置交易网站的众包争议在线解决机制，通过两阶段的回归分析，从买家角度探究众包争议在线解决机制中纠纷责任判定的影响因素。刘璇等的论文运用倾向性得分匹配方法，基于好大夫在线网站的数据，实证研究了开通私人医生服务对医生及其团队成员绩效的影响。宋竞和张敏的论文借鉴理性行为理论与任务技术匹配理论，对影响销售人员社交媒体使用的重要前因以及社交媒体使用对其工作绩效所产生的影响进行研究。徐姗等的论文针对电子商务领域中的新创新商业模式"高风险竞拍"，基于三个处于不同发展阶段的娱乐竞拍网站获取的精细化数据，从用户退出决策视角建立实证模型，对用户流失的影响因素及机制进行研究。杨涵岩等的论文聚焦高技术企业，以计算机、通信和其他电子设备制造业和医药制造业的中国上市公司为研究对象，从企业资源观出发，探究智力资本和公司治理与企业价值的关系，探究公司治理的调节作用，并进一步讨论在不同行业背景下机制发挥的作用。曾紫琳等的论文基于高校科研人员的公开数据，探究信息管理与信息系统专业内女性群体的科研活动现状和职业发展规律。张兴年和唐诗瑶的论文从系统论的视角出发，对以往研究中的智慧城市评价指标进行统计分析和筛选优化，并以青海省为研究对象，结合民族地区自身的经济文化水平、基础设施建设、人力资源储备、城市居民诉求等因素，构建反映民族地区智慧城市建设水平的评价指标体系。

此外，本辑学报中还包括一篇题为"项目知识转移研究综述——基于 WOS 数据库的文献计量与分析"的综述。这篇综述由蒋莹、王国飞、杨添靖、徐进、刘盾五位作者执笔撰写，结合科学计量工具和 LDA（latent Dirichlet allocation，隐含狄利克雷分布）主题模型分析法，对 Web of Science 数据库中的项目知识转移文献进行了研究分析，总结了各主题下的代表性理论、方法与成果，并探讨了项目知识转移的未来发展方向。

  我们希望本辑刊登的这些文章能够在促进科学探讨、启发创新思维、分享学术新知方面发挥应有的作用，同时也希望《信息系统学报》得到大家的更多关注并刊登更多高水平的文章。谨向关心和支持《信息系统学报》的国内外学者同仁及各界人士致以深深的谢意。感谢参与稿件评审的各位专家的辛勤工作，感谢各位作者对学报的支持以及在出版过程中的配合，并感谢科学出版社在编辑和出版过程中的勤恳努力！

主　编　陈国青
副主编　黄丽华　李　东　李一军　毛基业　王刊良

2023 年 2 月于北京

网红场景下消费者重复购买意愿影响因素研究*

黄鹂强[1]，严娅芸[1]，牛婉姝[2]

（1. 浙江大学管理学院，浙江 杭州 310058；
2. 宁波大学商学院，浙江 宁波 315211）

摘　要　本文探索网红场景下消费者重复购买的影响因素。收集 1 029 份有效样本对模型进行验证，研究发现：在网红场景下，网红与消费者互动与店铺的客户服务对网红可信度和感知商品质量产生正向影响；网红可信度在影响消费者重复购买意愿中占据主导地位；感知商品质量对消费者重复购买意愿的正向影响显著；而网红与商品形象一致性对消费者重复购买意愿的影响不显著。本文具有一定的理论贡献与实践指导。

关键词　网红场景，网红可信度，感知商品质量，形象一致性，重复购买意愿

中图分类号　F713.55

1　引言

各类电商平台的激烈竞争致使电商零售业务流量成本越来越高，传统平台和商家不得不寻找新的突破口以降低流量成本进行获利。随着社交网络多元化发展，网络红人（简称网红）的网络影响力和商业融合在一起的新型互联网营销模式应运而生。在互联网社交电商情境下，网红被认为是一种关键意见领袖，定义为拥有更多、更准确的商品信息，被相关群体所接受或信任，并对该群体购买意愿有较大影响力的人[1]。他们通过发布带有个人形象的商品推荐信息，将社交媒体上聚集的粉丝转化为消费群体，最终落地交易。网红的出现为传统电商带来了通过利用粉丝关注而实现低成本高转化的优质流量方案[2]，有效提高商品和店铺的重复购买率。行业报告显示，预计至 2024 年，中国网红经济关联产业市场规模有望突破 7 万亿元[3]。网红场景下经济利益优势凸显，然而网红究竟如何促使粉丝（消费者）重复购买其推荐的商品、其对于粉丝影响力的形成机制是什么，尚未得到学者足够关注。

尽管传统电子商务情境下如何提高消费者重复购买意愿已得到学者广泛关注[4-7]，但考虑到网红情境与传统电商情境的差异，有必要针对网红场景下消费者重复购买意愿形成机制进行探索。大量研究指出，商品信息的来源及特征对线上消费者重复购买意愿具有显著影响[8-10]。

一方面，网红场景下消费者获取商品信息途径与传统电商不同，传统电商更多依赖于消费者对网络商品信息的判断及自身产品体验；而网红场景下，商品信息来源不同是否引起消费者不同程度的产品感知和重复购买意愿尚未可知。网红作为消费者购物的引导者，借助粉丝在情感上的认同，传播商品推荐信息，为品牌背书，从而提高消费者重复购买意愿。探究网红场景下消费者产品感知和重复购买意愿，有利于拓展电商背景下消费者重复购买意愿形成机制的研究。根据消费者感知，针对性地探索网红模式中有效的营销策略，拓展网红营销模式的现有研究范围。

另一方面，网红场景下网红推荐与传统名人代言不同。传统名人代言往往选择某个领域内有一定

---

* 基金项目：国家自然科学基金项目（72271217，71771196，71931009）；浙江省自然科学基金项目（LR22G010002）。
通信作者：牛婉姝，宁波大学商学院管理科学与工程系讲师，E-mail：niuwanshu@nbu.edu.cn

影响力的人物（泛指有名的演员、歌手、运动员等）为单一品牌进行代言，吸引粉丝购买其代言的商品。可以发现，网红推荐与传统名人代言在大众影响力的作用方式上有相似之处——传统名人和网红的商品推荐都带有个人形象的背书，被粉丝群体所信任，且能有效提升大众消费者对品牌及商品的兴趣，使消费者对品牌及商品产生积极态度，进而催生较强购买意愿[11]。此外，传统名人通常在传统媒体上推出作品后得到大众关注，而网红则是在互联网社交APP（application，手机软件）受大众关注而走红的素人[12]，无固定职业及外貌等因素限制。大量文献探究传统名人效应的产生机制[13-15]，但网红影响力的作用机制是否会受到其内涵影响而与名人效应有所不同，尚未得到充分研究。基于传统名人效应的研究，探索网红对消费者影响力作用机制有何异同，有利于丰富现有名人效应研究，帮助电商企业更深入地了解网红场景的运行逻辑，从而提升其营销效率。

基于此，本文以传统名人效应和网购重复购买意愿等相关文献为基础，探索网红场景下消费者重复购买意愿形成机制。本文结论揭示网红与传统名人的差异，拓展现有电商场景下网红模式相关研究的深度，具有重要的理论和实践指导意义。

2 文献综述与假设提出

名人代言已在各行业品牌和商品领域被广泛应用[15]。网红场景的出现更新了名人代言效应，使传统广告单一推介模式向互联网广告、社交媒体营销多维模式发展转变[16]。名人代言在社交媒体上的价值在过去研究中已得到肯定，它具有与传统大众媒体类似的特征[17]，即对增加电商平台流量有积极作用[18]。根据已有研究，来源可信度、商品/品牌与名人形象一致性以及影响转移是构成名人代言效应的重要影响因素[14]。回顾以往文献，一些学者认为来源可信度是消费者对信息来源的信任程度；来源可信度越高，其发布的信息越能为消费者提供帮助。来源可信度同时又被认为可以从三个不同维度体现，包括可靠性、专业性、吸引力。本文将网红个人可信度（网红可信度）视为一种来源可信度。商品/品牌与名人形象一致性是指名人形象与其代言背书的商品特征、广告信息内容一致的特性。当商品/品牌与名人形象一致时，名人代言也被证实更为有效。已有研究认为，影响转移是指传统名人特征与商品/品牌特征两者双向转移过程[19]，即消费者出于对传统名人或其作品形象喜爱，将这种好感转移到其代言商品或品牌[13]；而名人本身也会受到代言商品的反向作用，消费者会因对传统名人代言商品本身的喜爱而提升对名人的好感。虽然网红在社交媒体上推荐商品跟传统名人代言有相似之处，但两者也存在区别[20]。传统名人代言一般是签约代言，名人在代言期内需持续为该商品/品牌背书；而网红推荐商品通常更新频率较快，且不受品牌和种类限制。网红对其推荐商品的影响力则起源于拥有更详尽的商品信息，被广大消费者接受和信任。因此，消费者对网红推荐商品所出现的情感转移，通常为消费者喜爱并信任网红从而接受其推荐产品的单向转移。网红在互联网上与消费者进行在线实时互动，这是传统名人广告无法达到的，而当消费者与网红在互动过程中发现更多相似兴趣和爱好时，则影响购买意愿的产生[21]。因此，网红与消费者互动成为网红场景下影响消费者重复购买意愿的重要因素。

重复购买意愿是指消费者在初次购买产品或服务后，愿意再次从该卖家消费的意愿。在学界已有的理论模型中，重复购买意愿也常被认作消费者重复购买行动的替代变量[22]。我们从已有研究中发现，影响消费者网购重复购买意愿的主要因素可总结为消费者感知商品质量[10]和消费者信任[8, 9]。在网购背景下，消费者无法直接接触到商品[23]，只能通过商家在网站页面上展示商品图片和文字信息[24]搭建的购物场景来感知商品质量。传统电商会通过销售知名品牌商品、增加商品种类、提高商品质量、提供有价值的商品来提升消费者重复购买意愿[25, 26]；而网红场景下，虽然商品质量、商品信息依然是影响消费者重复购买意愿的重要因素，但消费者除了从传统渠道及网店商家提供的信息获得所需商品信息外，还能在社交媒体上通过网红推荐及与其互动等方式获取更多商品信息[14]。当网红以个人形象在社交媒体上与消费者进行互动沟通时，不但能为消费者提供新颖独特的商品信息，提升消费者对产品的信任[27]，还能提升消费者对商品的偏好从而更好地做出购买决策。因此，消费者感知商品质量的途径和程度在网红场景下已发生改变。

有学者认为影响消费者网上消费信任的主要因素除了年龄、学历、可支配收入、网龄、网购经验等个人特征的影响外[23]，还受到社会政策[28]、交易网站的安全性和便捷性[29]、网络商家的信誉[30]、商家及销售商品的口碑[8]、客户服务[9]及消费者满意评价[31]等因素的影响。随着我国互联网发展和大众网购经验的累积，社会政策、网站安全及便捷性等因素正在逐渐弱化，而网络商家信誉、商家口碑及客户服务依然影响着消费者重复购买意愿；但在网红场景下，商家信誉及口碑也正在转变为消费者对于网红本身可信度的感知，消费者对商品的满意评价也逐渐映射为对网红个体满意度。传统电商环境下如何提高消费者重复购买意愿已经得到学者的广泛关注，然而纵观国内外学术界基于网红场景对消费者影响的研究，目前仍主要集中在网红种类、流量变现形式、发展历程[16]及传播方式和特点[32]上，较少有研究深入网红场景对消费者重复购买意愿的影响因素进行探讨。网红场景下，消费者感知商品途径和程度都因加入网红这一人物关系而发生改变。因此，本文将传统电商环境下影响消费者重复购买意愿的感知商品质量及信任等重要因素在新型场景下进行探索，通过加入网红个人特质及互动性等名人效应因素加以分析，拓展对电商环境下消费者重复购买意愿影响因素的研究。

2.1 网红可信度

基于已有研究，我们发现消费者认可的广告信息主要有三种类型，分别是名人代言、专家推荐和消费者认可[33]。相比传统名人，网红是一个可以同时占据这三种角色的公众人物。首先，网红活跃在社交媒体上本身就自带粉丝的关注[34]，这就能有效地唤起消费者对推荐商品的关注[35]。其次，网红在推荐商品时，通常会以自身作为商品使用者的形象试用并描述商品使用感受；不同于普通消费者，网红在推荐商品时会增加自身在该商品领域的相关专业知识，这提升了推荐商品可信度[36]，从而让消费者认为该商品比一般商品性价比更高[37]。

而相比传统名人，网红在取得消费者信任上具有更大优势[16]，传统名人代言模式侧重信息单向传播，而当下网红场景则侧重网红与消费者的双向互动[1]，网红通过社交媒体与消费者进行在线互动，不但拉近与消费者间的关系，还能促进消费者产生积极购买意愿[17]。当消费者通过与网红互动获得社会归属感后，便会建立相对稳定的关系倾向，从而促进重复购买意愿[38]。根据来源可信度模型，我们将网红可信度从网红的吸引力、信誉和专业度三个维度[25, 39]来进行分析并建立二阶结构方程模型。

2.1.1 网红吸引力

在社交媒体上，网红通过发布自身熟悉领域内优质专业的信息内容向大众展现自己的生活状态、时尚品位、专业技能等，从而构建起内在吸引力。网红之所以受欢迎，是因为具有与大众产生共鸣的个人品质和特征[36]。在互联网上，网红吸引力不仅指其本身的吸引力，也包括大众在网红身上感知到其他个人特征的吸引力[34]。另外，有学者认为声誉是除信誉和专业度外另一种来源可信度的构成因素，它直接影响消费者对营销广告内容的反应及看待商品的态度[40]。因此，我们认为网红声誉是影响大众对其关注的重要因素，也是网红吸引力的直观体现。当网红吸引力较强时，会让消费者对其推荐的商品产生自身使用联想，从而增强对商品的认同及产生购买意愿[41]。过去文献证实，有吸引力的名人为商品背书代言是消费者获取商品信息的重要来源[14]，促进消费者对名人本身好感转移到代言商品上，从而产生更高购买意愿[42]。

2.1.2 网红信誉

信誉是指个人品质中的诚实，是来源可信度的重要组成因素。名人信誉是影响消费者在接受广告信息后产生购买意愿的潜在因素[26]，在提高营销广告信息说服力和吸引消费者关注方面有积极作用[15, 40]。名人代言是通过名人可信度增强营销广告内容商品信息的可信度，再通过大众传播构建商品或品牌在消费者心中的正面形象[43]，从而引导消费者对商品或品牌产生信任。因此，当网红在社交媒体上被消费者认为有较高信誉时，消费者则倾向接受网红的推荐是真实的，从而对商品产生积极的偏好和购买意愿[44]。

2.1.3 网红专业度

专业度是指专业知识及权威性[26]。网红在具备一定吸引力和大众信誉后，如果对自己代言推荐的商品表现出高度专业知识，就会使商品产生更大影响力[45]，促使消费者对商品产生更高信任。在互联网上，当消费者对网红推荐商品产生兴趣，且网红在自身熟悉的领域对商品分享专业知识时，能更好地触达消费者内心[46]。活跃在社交媒体上的网红通常有不同专业领域的专业知识，一般具有高专业度的网红在消费者中更具有影响力和说服力，其在线发布信息内容会正面影响消费者对商品质量的感知，并让消费者产生积极的购买意愿[40]。

基于来源可信度理论，本文构建了网红吸引力（EA）、网红信誉（ET）和网红专业度（EE）的网红可信度（SC）模型（图 1）。可信度被认为是人与人之间建立信任的重要先行者[23]，尤其在互联网购物环境里，可信度是影响消费者购买意愿的最重要因素[47]，对消费者购买意愿有显著而直接的影响[34]。消费者对网红信任越高，就越能减少交易不确定性，从而提升感知商品质量和购买意愿[30]。对消费者来说，相信网红从而对首次购买网红推荐的商品感到满意后，网红可信度会因消费者感知商品满意而提升，逐渐形成可持续的信任从而产生再次购买意愿[29]。

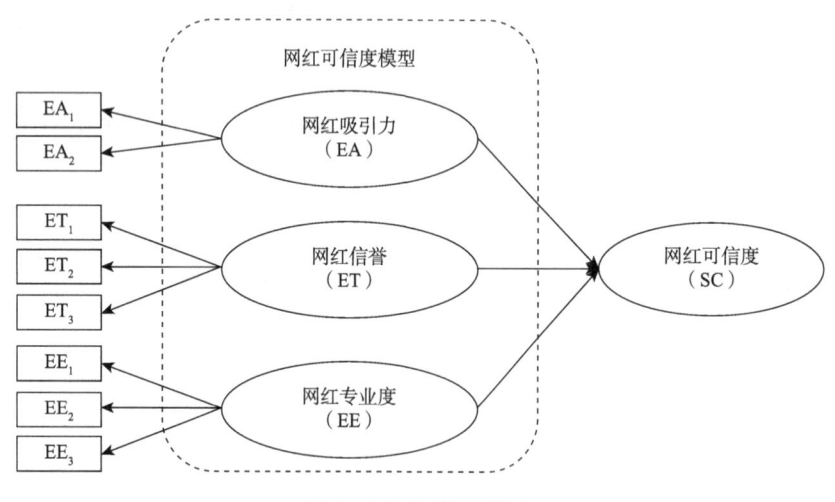

图 1 网红可信度模型

H_1：网红可信度正向影响消费者重复购买意愿。

2.2 感知商品质量

对消费者而言，商品质量的感知直接影响购买意愿[24]。网购不同于线下实体店消费，消费者无法直接触摸商品感知其质量。只能在线通过更多方位信息整合多方比较来感知商品质量[8]。在网购过程中，商品质量的定义不再局限于商品本身外观和功能性基础品质，还包含商品附加价值[48]，如店铺销售人员服务质量[49]、商家商品类型多样[50]及消费者对购买商品过程全面评估[51]等。感知品质高的商品直接提升消费者在线购买意愿[10]，而在完成首次交易后，多数消费者会在提供过满意商品和服务的品牌/店铺进行重复购买[51]。

H2：感知商品质量正向影响消费者重复购买意愿。

2.3 形象一致性

基于过去研究我们发现，当网红拥有与商品目标消费者市场相似的形象价值时，名人效应就会发生[15]，网红背书的商品广告信息就能在大众视野内产生有效传播[52]。对消费者来说，是否能接受网红推荐的商品很大程度上取决于他们对网红个人形象的感知[36]。当网红和所推荐品牌/商品形象一致时，网红在大众心中的个人形象转移到推荐的商品[13]，消费者也会跟着发生情感转移，并将对网红的喜爱转移到商品上，接受并认可商品[13, 42]，从而产生强烈购买意愿[34]。网红因需要流量变现会不断推荐新商品，关注其动态的消费者也会因此保持重复购买意愿。

H3：网红推荐的商品与网红形象一致正向影响消费者重复购买意愿。

2.4 消费者与网红互动

网红作为活跃在社交媒体上拥有大量粉丝的人，需经常在社交媒体上与粉丝互动增加粉丝对自己的信任[34]，从而拉近与粉丝的距离，让粉丝保持对自己的喜爱[53]。消费者凭借网红在社交媒体上的言论表现确立对网红的看法和态度[17]。当网红在社交媒体上与粉丝的互动中表现出关心粉丝时，可以收获粉丝的归属感和认可感，从而增加消费者信任[42]。当消费者对网红产生信任后，便会对其发布的信息内容产生认可和接受[26]，会相信网红积极推荐的真诚而购买其推荐的商品[33]。网红可信度是基于个人在互联网上的表现而产生的，这些表现主要通过与他人互动和反馈来影响[2]。因此，社交媒体上互动和网红可信度息息相关[36]。

H4：消费者与网红互动正向影响消费者感知网红可信度。

如今，消费者能通过互联网快速、便捷、全面地获取自己感兴趣的商品信息[8]。社交媒体是重要的信息来源，除了网红在线发布商品的信息内容会直接影响消费者对商品的质量感知[44]，消费者也能通过与网红在线互动获得所需商品的其他信息[2]。随着消费者与网红之间互动频率的提高，消费者对商品的不确定性大大降低[42]。另外，通过与消费者在线互动，网红也能更快更精准地了解消费者需求，通过及时反馈给品牌/商品供货商，有助于商品品质的优化，也有助于网红电商企业根据消费者特征和商品类别及时调整营销模式来适应消费者市场[32]。

H5：消费者与网红互动正向影响消费者感知商品质量。

社交媒体已影响并改变组织、企业甚至个人与公众分享信息的方式[2]，社交媒体能够通过网红发布的信息即时展现网红个性和专业度，也能通过网红与消费者之间的有效互动而拉近彼此之间的距离[20]。在社交媒体上，任何人都可以在网红发布的信息下进行在线评论，所评论的内容也完全公开，因此网红在互联网上的个人形象变得更加依赖于他人的感知和反馈[2]。网红不同于传统明星，必须通过在线互动保持与消费者的关系及自己在大众视野中的形象[12]，而随着消费者与网红之间互动次数的增加，消费者会更容易认为网红发布的商业性信息是自身的生活信息分享而并非广告信息[17]，这意味着商品信息与网红本身形象很好地融合，将不会引起消费者反感。

H6：消费者与网红互动正向影响消费者感知商品形象一致性。

2.5 客户服务

客户服务被定义为商家满足客户需求的一种能力[54],也指及时响应客户咨询、帮助客户解决网购过程中问题的销售服务人员[10]。客服在网店中充当销售人员的角色,与消费者之间的沟通直接影响消费者对销售商品和为商品背书的网红的可信度[55]。客服的质量作为网购消费者感知商家可信度的关键因素之一,也与店铺售前售后服务息息相关[30]。客服快速准确地解答消费者在线咨询的问题并获得认可就是消费者对网红推荐商品增加信任的过程[38];消费者与客服之间的沟通交流除了能提高消费者对商品服务满意度,也能维系消费者与网红之间的信任关系[51]。

H_7:店铺客户服务正向影响消费者感知网红可信度。

消费者与客服的互动主要表现在当消费者遇到问题时,客服解答[38]并通过其获取最新和最详细的商品信息[49]。消费者做出最终购买决策前仍会依赖于在线商品推荐[44],因此,客服为消费者提供符合消费者需求的个性化推荐服务,有助于增强其感知商品的价值和服务质量[56]。当消费者因个人需求与客服频繁接触后,便会开始建立紧密的互动关系,有助于促进客服更好地理解消费者需求[55],让消费者对商品更有信心。在这个互动过程中,客服的专业知识和反应能力都会直接影响到消费者在线购物的情绪和服务体验感受[10]。同时,如果消费者在需要帮助时,缺乏与客服的沟通,就会增加消费者在线购物时对商品质量的质疑[38]。

H_8:店铺客户服务正向影响消费者感知商品质量。

在消费者通过网红的在线推荐产生购买意愿后,客服作为网红推荐商品承接消费者在线咨询的销售人员,其与消费者沟通的态度和行为也会从侧面反映出网红的价值观和态度[55],良好的客户服务会对商品本身和网红的整体形象产生积极正面的影响[54]。当网红为商品/品牌推荐背书时,网红的形象也会受到消费者感知的店铺服务的影响[19],优质的客户服务有助于网红个人形象的树立。

H_9:店铺客户服务正向影响消费者感知商品形象一致性。

根据假设,本文构建以网红可信度模型为基础的二阶理论模型(图2),其中包含由网红吸引力(EA)、网红信誉(ET)、网红专业度(EE)构成的网红可信度(SC),以及感知商品质量(PPQ)、形象一致性(IC)、网红互动(IE)、客户服务(CS)。

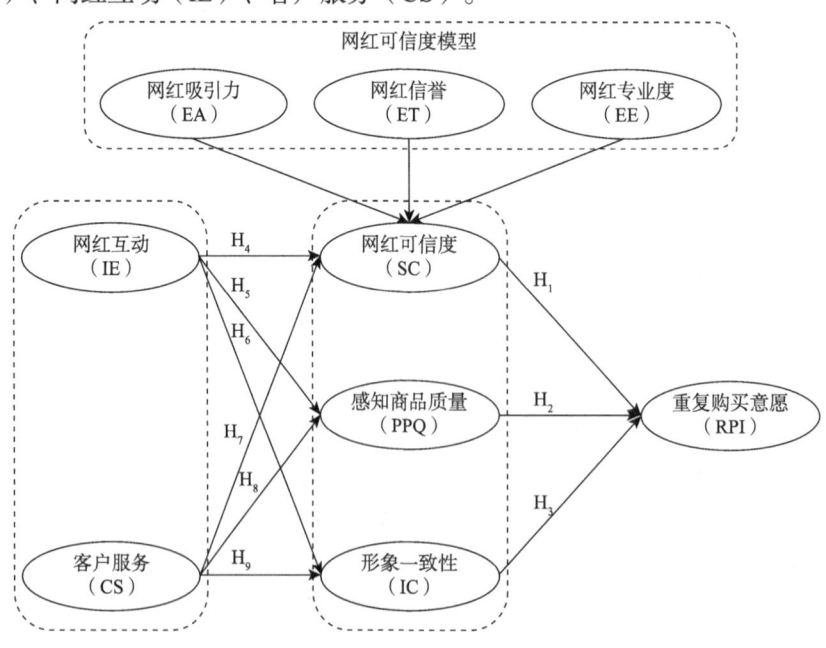

图2 网红场景下影响消费者重复购买意愿的研究模型

3 研究方法

3.1 研究对象

本文以网红 A 的粉丝为研究对象。截至本文研究开始，该网红微博拥有 56.5 万个粉丝，且日常通过微博、微信公众号、小红书、快手等社交媒体与粉丝进行互动。该网红自 2008 年起在淘宝创建淘品牌女装店铺，是淘宝首批店主实拍模特；2011 年"双 11"淘宝店铺销售成绩达淘宝女装集市店 TOP10，后通过微信公众号在移动服务商有赞上开设微商城，主营美妆和女装。自 2018 年线下实体体验店营业后，开始向全品类商品发展。目前该网红担任网店主理人，自建团队自营仓库和供货商代销兼顾。店铺所有商品都由其本人亲自试用满意后才会上架出售。该网红对消费者的吸引力、个人信誉、专业知识、店铺情况及与消费者互动均符合本次调研需求。

3.2 问卷设计和数据收集

研究采用问卷方式收集数据。问卷借鉴了国内外文献中的量表进行设计，具体包括：①消费者的性别、年龄、学历、网购经验、网购频率及月均用于网购费用等基本信息；②基于网红场景消费者重复购买意愿的影响因素模型设计。问卷采用 Likert 7 级量表：认同程度从非常不同意到非常同意，分别用 1~7 表示，如表 1 所示。根据过去文献，网红可信度（SC）三个维度分别是网红吸引力（EA）、网红信誉（ET）和网红专业度（EE）[14]。本量表采用二阶反应性–形成性测量模型来测量网红可信度（SC）[57, 58]，即网红吸引力（EA）、网红信誉（ET）、网红专业度（EE）由反应性题项测量，而网红可信度（SC）则由测量得到的网红吸引力（EA）、网红信誉（ET）、网红专业度（EE）共同形成。

表 1 模型选取的变量和测量题项

模型变量	项目	指标对应条款	来源文献
网红吸引力（EA）	EA_1	我认为该网红是非常可靠的	[44, 59]
	EA_2	我认为该网红在互联网上声誉不错	
网红信誉（ET）	ET_1	我认为该网红的推荐是可信的	[47, 59]
	ET_2	我认为该网红的推荐是值得信赖的	
	ET_3	我认为该网红的推荐是可靠的	
网红专业度（EE）	EE_1	我认为该网红在护肤美妆和服装搭配上是有经验的	[28, 56]
	EE_2	我认为该网红在护肤美妆和服装搭配上是有相关知识的	
	EE_3	我认为该网红在护肤美妆和服装搭配上是非常专业的	
感知商品质量（PPQ）	PPQ_1	我认为该网红店铺的商品质量品质好	[30, 60]
	PPQ_2	我认为该网红店铺的商品品牌种类丰富	
	PPQ_3	我认为该网红店铺的商品款式时尚新颖	
	PPQ_4	我认为该网红店铺的商品性价比高	
形象一致性（IC）	IC_1	我认为该网红的选品符合该网红的个性	[28]
	IC_2	我认为该网红的选品与该网红的个性相适应	
	IC_3	我认为该网红的选品与该网红的个性匹配	
	IC_4	我认为该网红的选品体现了该网红的个性	
网红互动（IE）	IE_1	我认为该网红平时与粉丝的互动是热情的	[21]
	IE_2	我认为该网红平时与粉丝的互动是及时的	
	IE_3	我认为该网红平时与粉丝的互动是语言友好的	

续表

模型变量	项目	指标对应条款	来源文献
客户服务（CS）	CS$_1$	我认为该网红店铺的在线客服对店铺商品和店铺优惠活动非常了解	[23，29]
	CS$_2$	我认为该网红店铺的在线客服会友好地给我推荐适合我的商品	
	CS$_3$	我认为该网红店铺的在线客服能与我很愉快地互动交谈	
重复购买意愿（RPI）	RPI$_1$	我不出意外会再到该网红店铺购买商品	[44]
	RPI$_2$	我应该会再次到该网红店铺购买商品	
	RPI$_3$	我预计会再次到该网红店铺购买商品	

问卷题项设计完成后，通过有网红电商消费经验的在校研究生试填，以确保问卷的易理解性。之后基于 A 店铺消费者进行随机发放。为确保问卷调研对象的真实性，完成本次问卷的消费者获得 A 店铺购物优惠券的报酬。本次调研总共发放问卷 1 075 份，剔除填写出现相悖常规项目问卷及其他废弃问卷后，收回有效问卷 1 029 份，有效率为 95.7%，具体样本人员信息统计结果见表 2。因此，本次调查符合研究要求且具有良好的代表性。

表 2 样本人员信息统计特征

统计变量		频次	百分比
性别	女	1 029	100.00%
年龄/岁	18~25	90	8.75%
	26~30	456	44.31%
	31~35	386	37.51%
	>35	97	9.43%
学历	初中及以下	8	0.78%
	高中	58	5.64%
	本科	870	84.55%
	硕士研究生及以上	93	9.04%
网购经验/年	<5	47	4.57%
	5~7	163	15.84%
	8~9	257	24.98%
	>9	562	54.62%
网购频率/（次/月）	<4	44	4.28%
	4~8	310	30.13%
	9~12	260	25.27%
	13~16	126	12.24%
	17~20	86	8.36%
	>20	203	19.73%
网购花费/（元/月）	≤2 000	228	22.16%
	2 001~3 000	282	27.41%
	3 001~4 000	203	19.73%
	>4 000	316	30.71%

注：由于四舍五入，表中数据相加不为 100%

3.3 数据结果

3.3.1 信度与效度评价

本文采用结构方程模型分析数据。由于量表中网红可信度采用二阶反应性-形成性测量模型，问卷数据的分析需要分两阶段进行[61]。第一阶段，根据三个低阶因子（即网红吸引力、网红信誉、网红专业度）的反应性题项测量，利用结构方程模型得到其潜变量分数；第二阶段，三个低阶因子则作为显变量共同形成高阶因子（即网红可信度）。

表3列出了网红场景下消费者重复购买意愿影响因素模型的描述性统计分析。其中各题项得分均在5分以上，处于平均值之上，除此之外，除PPQ_4、IE_2、CS_2和CS_3外的题项标准差都低于1，说明本量表数据相对稳定。

表 3 描述性统计分析

代码	测量题项	均值	标准差
EA_1	我认为该网红是非常可靠的	6.666	0.584
EA_2	我认为该网红在互联网上声誉不错	6.416	0.761
ET_1	我认为该网红的推荐是可信的	6.604	0.602
ET_2	我认为该网红的推荐是值得信赖的	6.591	0.607
ET_3	我认为该网红的推荐是可靠的	6.569	0.640
EE_1	我认为该网红在护肤美妆和服装搭配上是有经验的	6.556	0.613
EE_2	我认为该网红在护肤美妆和服装搭配上是有相关知识的	6.470	0.666
EE_3	我认为该网红在护肤美妆和服装搭配上是非常专业的	6.326	0.793
PPQ_1	我认为该网红店铺的商品质量品质好	6.311	0.779
PPQ_2	我认为该网红店铺的商品品牌种类丰富	6.491	0.712
PPQ_3	我认为该网红店铺的商品款式时尚新颖	6.205	0.812
PPQ_4	我认为该网红店铺的商品性价比高	5.108	1.386
IC_1	我认为该网红的选品符合该网红的个性	6.483	0.720
IC_2	我认为该网红的选品与该网红的个性相适应	6.456	0.736
IC_3	我认为该网红的选品与该网红的个性匹配	6.462	0.708
IC_4	我认为该网红的选品体现了该网红的个性	6.440	0.723
IE_1	我认为该网红平时与粉丝的互动是热情的	6.492	0.727
IE_2	我认为该网红平时与粉丝的互动是及时的	6.069	1.022
IE_3	我认为该网红平时与粉丝的互动是语言友好的	6.567	0.634
CS_1	我认为该网红店铺的在线客服对店铺商品和店铺优惠活动非常了解	6.250	0.891
CS_2	我认为该网红店铺的在线客服会友好地给我推荐适合我的商品	5.551	1.266
CS_3	我认为该网红店铺的在线客服能与我很愉快地互动交谈	6.113	1.005
RPI_1	我不出意外会再到该网红店铺购买商品	6.878	0.334
RPI_2	我应该会再次到该网红店铺购买商品	6.747	0.513
RPI_3	我预计会再次到该网红店铺购买商品	6.726	0.519

表4列出了各构念的信度（Cronbach's α系数）和聚合效度。其中大部分构念的信度大于0.8，网红吸引力（EA）、感知商品质量（PPQ）、网红互动（IE）、客户服务（CS）稍低，但仍大于0.7，符合信度标准。因此，本量表具有较高的信度。表5列出了所有题项的因子载荷，除PPQ$_2$的因子载荷为0.679外，所有题项的因子载荷均大于0.7。表6列出了两阶段构念间相关系数，其中对角线为各构念的AVE平方根值。因此，本量表具有较好的效度[62]。

表4 信度和聚合效度

构念	Cronbach's α 系数	CR 值	AVE
网红吸引力（EA）	0.718	0.876	0.779
网红信誉（ET）	0.877	0.924	0.803
网红专业度（EE）	0.846	0.907	0.764
网红可信度（SC）	0.889	0.931	0.819
感知商品质量（PPQ）	0.741	0.837	0.564
形象一致性（IC）	0.888	0.923	0.749
网红互动（IE）	0.739	0.851	0.657
客户服务（CS）	0.750	0.857	0.666
重复购买意愿（RPI）	0.803	0.884	0.717

表5 因子载荷

代码	网红可信度（SC）	感知商品质量（PPQ）	形象一致性（IC）	网红互动（IE）	客户服务（CS）	重复购买意愿（RPI）
EA	0.914					
ET	0.921					
EE	0.879					
PPQ$_1$		0.791				
PPQ$_2$		0.679				
PPQ$_3$		0.790				
PPQ$_4$		0.738				
IC$_1$			0.866			
IC$_2$			0.854			
IC$_3$			0.878			
IC$_4$			0.863			
IE$_1$				0.796		
IE$_2$				0.783		
IE$_3$				0.850		
CS$_1$					0.809	
CS$_2$					0.814	

续表

代码	网红可信度（SC）	感知商品质量（PPQ）	形象一致性（IC）	网红互动（IE）	客户服务（CS）	重复购买意愿（RPI）
CS₃					0.825	
RPI₁						0.864
RPI₂						0.834
RPI₃						0.842

表6 相关系数与AVE平方根值

构念	感知商品质量（PPQ）	客户服务（CS）	网红专业度（EE）	网红互动（IE）	网红信誉（ET）	网红吸引力（EA）	形象一致性（IC）	重复购买意愿（RPI）
感知商品质量（PPQ）	0.751							
客户服务（CS）	0.595	0.816						
网红专业度（EE）	0.702	0.522	0.874					
网红互动（IE）	0.595	0.505	0.588	0.810				
网红信誉（ET）	0.693	0.448	0.712	0.560	0.896			
网红吸引力（EA）	0.681	0.456	0.691	0.585	0.829	0.881		
形象一致性（IC）	0.634	0.453	0.658	0.525	0.614	0.615	0.865	
重复购买意愿（RPI）	0.532	0.351	0.558	0.460	0.586	0.583	0.462	0.847

3.3.2 假设检验

本文采用SmartPLS软件利用结构方程模型的方法验证假设。由于量表中网红可信度（SC）采用二阶反应性-形成性测量模型，本文分别对两阶段结构方程模型进行路径分析。图3和图4分别展示了两阶段路径分析的结果。其中图3展示了第一阶段路径分析，网红吸引力（EA）、网红信誉（ET）、网红专业度（EE）由各自反应性题项测量得到潜变量分数，分别为0.271、0.437、0.391，各路径系数均显著（$p<0.001$），说明网红吸引力（EA）、网红信誉（ET）、网红专业度（EE）作为三个维度，共同显著构成网红可信度（SC）。

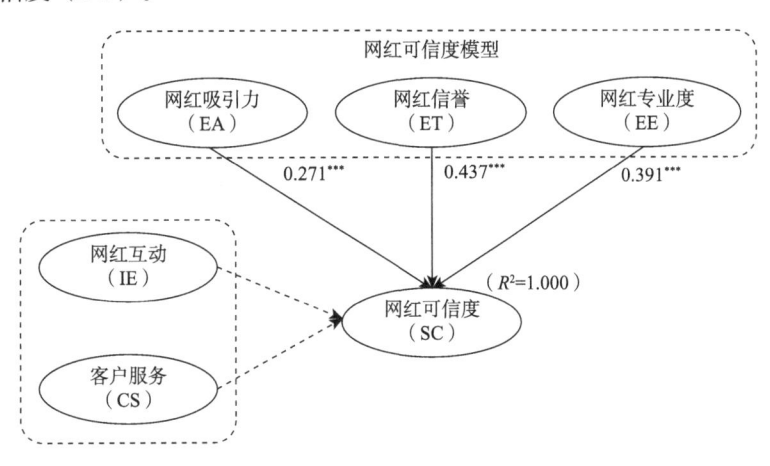

图3 假设检验结果（阶段一）
***表示 $p<0.001$

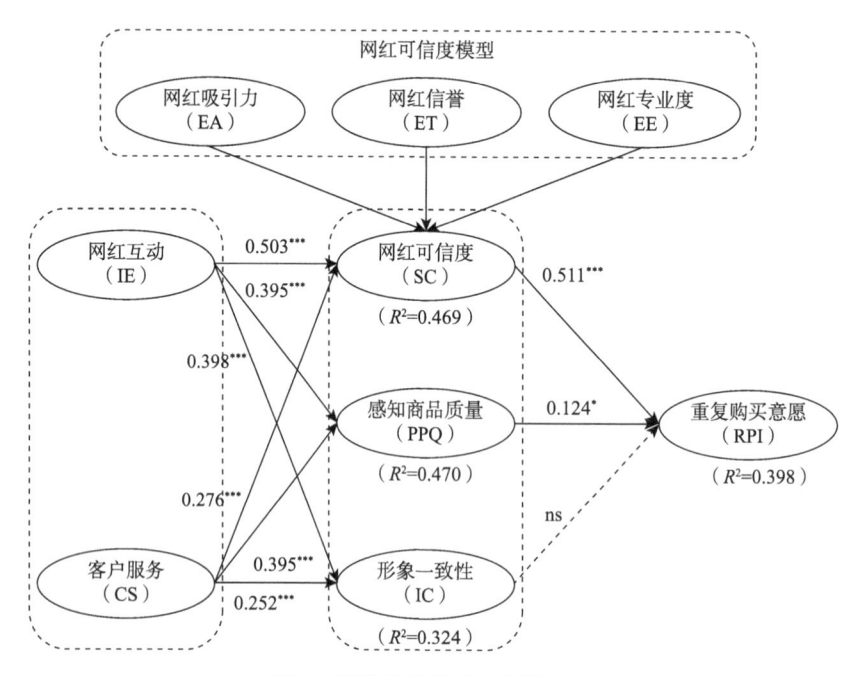

图 4　假设检验结果（阶段二）

***表示 $p<0.001$，*表示 $p<0.05$，ns 表示在 0.05 水平上不显著

图 4 展示第二阶段路径分析，其中网红可信度（SC）由形成性测量模型测量。SmartPLS 模型的标准化残差均方根（SRMR）为 0.062<0.080，说明模型拟合良好[49, 63]。结构方程的结果表明，网红可信度对重复购买意愿影响时，标准路径系数为 $\beta=0.511$，$p<0.001$，说明网红可信度增加对消费者重复购买意愿具有显著正向影响，H_1 得到验证。感知商品质量对重复购买意愿影响时，标准路径系数为 $\beta=0.124$，$p<0.05$，说明消费者感知到商品的质量好，则消费者重复购买意愿会显著增强，H_2 得到验证。形象一致性对重复购买意愿影响时，标准路径系数在 0.05 水平上不显著，说明网红形象与商品的匹配程度影响消费者重复购买意愿的路径不成立，H_3 没有得到证实。

图 4 的路径分析结果显示：网红互动对网红可信度影响显著（$\beta=0.503$，$p<0.001$）；网红互动对感知商品质量影响显著（$\beta=0.395$，$p<0.001$）；网红互动对形象一致性影响显著（$\beta=0.398$，$p<0.001$）。这说明随着网红与消费者的互动增加，消费者认为网红可信度显著提高，消费者感知商品质量显著提高；而随着互动增加，消费者心目中网红个人形象与网红店销售商品匹配程度显著增加。因此，H_4、H_5、H_6 得到证实。

第二阶段结构方程的路径分析结果（图 4）中，客户服务对网红可信度的影响显著（$\beta=0.276$，$p<0.001$）；客户服务对感知商品质量的影响显著（$\beta=0.395$，$p<0.001$）；客户服务对形象一致性影响显著（$\beta=0.252$，$p<0.001$）。这说明随着网红店客户服务水平提高，消费者认为网红可信度显著提高，消费者感知到商品质量显著提高；且随着客户服务水平提高，消费者心目中网红的个人形象与网红店销售商品的匹配程度显著增加。因此，H_7、H_8、H_9 得到证实。

此外，针对模型多重共线性进行检验发现，模型中 VIF 值均小于 5（表 7），意味着不存在共线性问题；并且 D-W 值在数字 2 附近，因而模型不存在自相关，样本数据没有关联关系，模型较好。除此之外，我们还采用 Harman 单因素检验法和潜在误差变量控制法来检验共同方法偏差问题。其中，Harman 单因素检验是广泛使用检验共同方法偏差的方法[64]，通过对所有问题项执行探索性因子分析，得到非旋转因子解表明：①因子分析得到了超过一个因子（共四个因子）；②提取的四个因子特征值均大于 1，也就是说，Harman 单因素检验表明本文不存在严重共同方法偏差问题。进一步地，根据潜在误差变量控制法[65]，我们在 AMOS 软件中将共同方法偏差潜变量加入第二阶段模型，对比模型拟合指数发现，加入共同方法偏差后，AMOS 的模型拟合指数 CFI 由 0.932 降低至 0.885，RMSEA 由 0.068 提高至 0.087，说明加入共同方法偏差潜变量后，第二阶段模型的拟合程度反而变得更差，即不存在严重共同方法偏差。

表 7 多重共线性检验

变量	标准化系数 β	t	p	VIF
网红可信度（SC）	0.511	14.517	0.000***	2.811
感知商品质量（PPQ）	0.124	3.213	0.001**	2.255
形象一致性（IC）	0.038	1.170	0.242	2.002

***表示 $p < 0.001$，**表示 $p < 0.01$
注：因变量为重复购买意愿（RPI）；D-W 值为 1.991

4 讨论与结论

4.1 研究结论

本文通过对名人效应、网购重复购买意愿影响因素及消费者信任等相关理论进行综合梳理，建立网红与消费者互动及店铺客户服务对网红可信度、感知商品质量和形象一致性影响消费者重复购买意愿的二阶结构方程模型，实证分析网红场景下消费者重复购买意愿影响因素。研究通过来源可信度模型[25, 26, 34, 39]证实网红吸引力、网红信誉和网红专业度共同显著构成了网红可信度。结果表明：网红吸引力、网红信誉和网红专业度对网红可信度产生显著的正向影响，其中网红信誉对网红可信度影响关系最大，网红专业度次之，网红吸引力影响相对较小，这与前人研究结论基本保持一致[66]。

二阶结构方程模型研究结果显示，在网红场景下，网红与消费者互动、店铺客户服务对网红可信度、感知商品质量和形象一致性都具有显著正向影响。网红与消费者互动对网红可信度、消费者感知商品质量及形象一致性都产生正向影响。在三者之中，对网红可信度影响最为显著。这一结果也验证了在社交媒体上网红与粉丝等潜在消费者互动确实与其可信度息息相关[36]，网红通过与消费者互动增加可信度，拉近与消费者距离，让消费者保持对自身的喜爱[53]。客户服务作为网红与消费者互动的另一渠道，也会对网红可信度、消费者感知商品质量及网红商品形象一致性产生正向影响作用，但在影响力度上不如网红本人与消费者的互动。

研究结果显示，网红可信度对消费者重复购买意愿的影响作用在三者中对重复购买意愿影响最为突出，即网红可信度在网红场景下成为影响消费者重复购买意愿的主导因素；商品感知质量对重复购买意愿也具有显著正向影响，但强度较网红可信度更弱。具体来说，过去研究认为消费者网购重复购买意愿很大程度上会依赖感知商品质量[50]，但本文发现网红场景下，感知商品质量虽然仍对消费者重复购买意愿起正向作用，但相比网红可信度来说，其影响作用已经明显减弱。在网红场景下，消费者对商品重复购买意愿不再局限于单纯对高质量的感知，更大程度上是由于对网红信任才对网红推荐商品产生重复购买意愿。

除此之外，本文还发现在网红场景下，网红与其推荐的商品形象一致性对消费者重复购买意愿影响不显著，这一结果与研究初期推理并不一致。在以往国内外研究中，学者认为名人必须与其代言的商品或品牌形象一致时才发挥出名人效应[15]，名人背书的商品才能被消费者所接受[13, 42]。但在网红场景下，网红的产生往往与商品绑定，名人效应不受品牌和种类的限制，且影响力转移通常为从人到物的单向转移。消费者对网红推荐商品所产生的情感转移，通常为消费者喜爱并信任网红而接受其推荐商品的单向转移，不同于名人代言中的名人与所代言商品之间的"人与物"双向转移[16]。消费者因为对网红喜爱而关注网红日常，通过与网红在社交媒体上互动，对出现在网红生活中的各种事物产生好奇和渴望[36]。即使网红过去形象与其现有代言商品或品牌不一致，但由于消费者对网红信任和喜爱，为模仿和追求网红的生活状态，消费者对网红原本擅长领域外的推荐商品也会产生购买意愿，并因对网红品位认同而保持长期购买行为。因此，网红场景下，网红与代言商品形象是否一致并不是消费者决定是否重复购买网红推荐商品的关键因素，网红可信度是最突出的决定因素。

4.2 理论贡献与实践启示

本文提供以下几方面的理论贡献：首先，基于前人研究，本文探索网红重复购买意愿模型。来源可信度[7]、感知商品质量[10]及网红与商品形象一致性[19]是名人效应下影响消费者重复购买意愿的主要因素。本文验证了在网红场景下，感知商品质量对消费者重复购买意愿仍有正向作用；网红可信度超过感知商品质量的影响作用。同时，还发现网红场景下网红与商品形象一致性并不能积极影响消费者重复购买意愿。这一结论揭示网红与传统名人的关键差异。与传统名人需要注重自身与代言商品的形象一致性以增强代言对消费者说服力不同，网红发展本身便与代言产品息息相关。因此，网红需要更注重培养自身专业度、信誉和吸引力来提高消费者可信度，成功吸引消费者重复购买自己推荐的商品。本文一定程度上填补了网红场景下对消费者重复购买意愿影响因素的文献空白，同时加深对电商环境下消费者重复购买意愿影响因素的研究。其次，本文构建网红场景下网红可信度的二阶构念。尽管以往研究已证实名人信誉、吸引力和专业度构成的来源可信度对消费者购买商品的意愿具有积极影响[25, 26, 34, 39]，但很少有研究从可信度模型角度分析这些因素。本文基于网红这一特殊场景，结合过去名人效应相关文献，探讨网红可信度与网红互动、客户服务和重复购买意愿之间的关系，从二阶构念的角度验证网红可信度对消费者重复购买意愿的正向影响，拓展名人效应在网红场景下的研究，进一步完善名人效应影响因素中来源可信度的相关理论体系。最后，本文将传统电商中客户服务分为网红场景中特有的网红本人与消费者互动及店铺的客户服务两种，验证了这两种客户服务都对网红可信度、感知商品质量和形象一致性产生显著正向影响。该探索将现有关于电商客户服务的研究从传统背景拓展到网红背景下，发现网红互动的重要性及店铺客服必不可少，对网红场景电商管理者具有重要启示作用。

本文也提供一系列积极的实践指导意义：首先，从网红个人来说，需时刻注重公众形象，不断提升专业能力，增加个人可信度。研究发现，网红可信度是网红场景下影响消费者重复购买意愿的主要因素，网红在互联网上的言行影响大众对其个人的认知。网红日常在社交媒体上发布自身领域专业知识相关内容或消费者感兴趣的生活状态等都会增加消费者的信任。除此之外，网红也应该通过学习让自己在擅长领域有更多专业知识，增加消费者信任，使消费者认准自己推荐的商品并重复购买。其次，从网红与消费者互动来说，网红应提高日常与消费者的互动质量和互动频率，注重情感因素对消费者的影响。网红日常通过与消费者互联网社交媒体上在线互动拉近与消费者之间的距离，展示友善与亲和力；通过提升互动频率，增加消费者的信任和好感。同时，及时了解大众对推荐商品的需求、看法及使用感受等，以便更好地调整商品种类和推荐方式来获得粉丝和消费者的接受和认可，以提升消费者的复购率。最后，对网红运营团队来说，需要优化网红推荐商品的选择。虽然研究网红与商品形象一致性对消费者重复购买意愿影响并不显著，但对消费者来说，感知商品质量仍是影响复购的重要影响因素。因此，网红团队在为网红选择背书商品时，除了要全面了解商品是否符合国家相关质量检测标准，熟悉商品的颜色、型号、容量等这些基本资料外，更要在商品的使用方法、搭配建议等方面加入网红自己的理解和使用示范，以便于在互联网上推荐商品时有更强的影响力。在选品类别和款式方面，除了选取网红个人擅长领域的商品外，也可以结合消费者需求来进行选品，这样既可以拉近与消费者的关系，也可以为网红在选品时提供更丰富的选择空间。

4.3 研究局限及未来研究

本文的研究背景是单一网红店铺消费者，且其消费者以女性为主。虽然本次选择的网红发展路线符合我国电商发展的进程，推荐商品品类也相对较全，但随着网红场景的发展，网红种类越来越多，对如游戏电竞、幽默恶搞、音乐视频等其他不同领域的网红，我们暂时还缺乏研究。不同种类网红粉丝群体在性别、年龄、学历和收入方面各不相同，因此影响其网购重复购买意愿的因素也可能会有所区别。另外，本文中我们随机选择了 A 店铺有过重复购买记录的消费者进行调研，也就是说，购买过一次的消费者的重复购买意愿和购买过多次的消费者的重复购买意愿在本文中都视为重复购买意愿，并未进一步进行区分。未来研究人员可以基于本次研究结果，更细化区分第一次购买消费者和多次购买消费者的重复购买意愿，并将更多领域的网红纳入研究范畴。通过研究不同领域网红来获取更广泛的调查样本，分析不同兴趣爱好消费者对喜欢的网红背书商品是否同样会产生购买意愿并保持重复购买，也可加强引入网红消费者买家秀和商品评价等消费者口碑因素对重复购买意愿的影响，以便更全面地研究网红场景下消费者重复购买意愿的影响因素，为电商卖家走出流量困局和提升商品复购率提供帮助。

参 考 文 献

[1] Lily. 新兴美妆品牌怎么靠红人带火？抓住两个关键[EB/OL]. https://www.cbndata.com/information/5651，2019-06-21.

[2] Colapinto C, Benecchi E. The presentation of celebrity personas in everyday twittering: managing online reputations throughout a communication crisis[J]. Media, Culture & Society, 2014, 36（2）: 219-233.

[3] 艾瑞咨询&天下秀. 2022 年中国红人新经济行业发展报告[EB/OL]. https://baijiahao.baidu.com/s?id=1739336634079485331&wfr=spider&for=pc，2022-07-25.

[4] Blut M, Frennea C M, Mittal V, et al. How procedural, financial and relational switching costs affect customer satisfaction, repurchase intentions, and repurchase behavior: a meta-analysis[J]. International Journal of Research in Marketing, 2015, 32（2）: 226-229.

[5] Fang Y, Qureshi I, Sun H, et al. Trust, satisfaction, and online repurchase intention: the moderating role of perceived effectiveness of e-commerce institutional mechanisms[J]. MIS Quarterly, 2014, 38（2）: 407-427.

[6] Lankton N K, McKnight D H, Wright R T, et al. Research note—using expectation disconfirmation theory and polynomial modeling to understand trust in technology[J]. Information Systems Research, 2016, 27（1）: 197-213.

[7] Mende M, Bolton R N, Bitner M J. Decoding customer–firm relationships: how attachment styles help explain customers' preferences for closeness, repurchase intentions, and changes in relationship breadth[J]. Journal of Marketing Research, 2013, 50（1）: 125-142.

[8] Al-Debei M M, Akroush M N, Ashouri M I. Consumer attitudes towards online shopping: the effects of trust, perceived benefits, and perceived web quality[J]. Internet Research, 2015, 25（5）: 707-733.

[9] Köksal Y, Penez S. An investigation of the important factors influence web trust in online shopping[J]. Journal of Marketing and Management, 2015, 6（1）: 28.

[10] Goyal A, Thamizhvanan A, Xavier M J. Determinants of customers' online purchase intention: an empirical study in India[J]. Journal of Indian Business Research, 2013, 5（1）: 17-32.

[11] Gotlieb J B, Sarel D. Comparative advertising effectiveness: the role of involvement and source credibility[J]. Journal of Advertising, 1991, 20（1）: 38-45.

[12] Marwick A, Boyd D. To see and be seen: celebrity practice on Twitter[J]. Convergence, 2011, 17（2）: 139-158.

[13] McCracken G. Who is the celebrity endorser? Cultural foundations of the endorsement process[J]. Journal of Consumer Research, 1989, 16（3）: 310-321.

[14] Mittelstaedt J D, Riesz P C, Burns W J. Why are endorsements effective? Sorting among theories of product and endorser effects[J]. Journal of Current Issues & Research in Advertising, 2000, 22（1）: 55-65.

[15] Thamaraiselvan N, Arasu B S, Inbaraj J D. Role of celebrity in cause related marketing[J]. International Review on Public and Nonprofit Marketing, 2017, 14（3）: 341-357.

[16] 孙婧, 王新新. 网红与网红经济——基于名人理论的评析[J]. 外国经济与管理, 2019, 41（4）: 19-31.

[17] Gong W, Li X. Engaging fans on microblog: the synthetic influence of parasocial interaction and source characteristics on celebrity endorsement[J]. Psychology & Marketing, 2017, 34（7）: 720-732.

[18] Geng R, Wang S, Chen X. Spillover Effect of Content Marketing in Ecommerce Platform under the Fan Economy Era[C]. International Conference on Information Resources Management（CONF-IRM）, Association For Information Systems, 2018.

[19] Arsena A, Silvera D H, Pandelaere M. Brand trait transference: when celebrity endorsers acquire brand personality traits[J]. Journal of Business Research, 2014, 67（7）: 1537-1543.

[20] Thomas S. Celebrity in the "Twitterverse": history, authenticity and the multiplicity of stardom situating the "newness" of Twitter[J]. Celebrity Studies, 2014, 5（3）: 242-255.

[21] 刘凤军, 孟陆, 陈斯允, 等. 网红直播对消费者购买意愿的影响及其机制研究[J]. 管理学报, 2020, （1）: 94-104.

[22] Hsu M, Chang C, Chuang L. Understanding the determinants of online repeat purchase intention and moderating role of habit: the case of online group-buying in Taiwan[J]. International Journal of Information Management, 2015, 35（1）: 45-56.

[23] Lee M K, Turban E. A trust model for consumer internet shopping[J]. International Journal of Electronic Commerce, 2001, 6（1）: 75-91.

[24] Chang T Z, Wildt A R. Price, product information, and purchase intention: an empirical study[J]. Journal of the Academy of Marketing Science, 1994, 22（1）: 16-27.

[25] Amos C, Holmes G, Strutton D. Exploring the relationship between celebrity endorser effects and advertising effectiveness[J]. International Journal of Advertising, 2015, 27（2）: 209-234.

[26] Ohanian R. Construction and validation of a scale to measure celebrity endorsers' perceived expertise, trustworthiness, and attractiveness[J]. Journal of Advertising, 1990, 19（3）: 39-52.

[27] 程振宇. 社交网络下网络互动对购买意愿影响及信任保障机制研究[D]. 北京邮电大学博士学位论文, 2013.

[28] Tariq A N, Eddaoudi B. Assessing the effect of trust and security factors on consumers' willingness for online shopping among the urban moroccans[J]. International Journal of Business and Management Science, 2009, 2（1）: 17-32.

[29] Kim J B. An empirical study on consumer first purchase intention in online shopping: integrating initial trust and TAM[J]. Electronic Commerce Research, 2012, 12（2）: 125-150.

[30] Teo T S, Liu J. Consumer trust in e-commerce in the United States, Singapore and China[J]. Omega, 2007, 35（1）: 22-38.

[31] 王剑华, 马军伟. 网络购物的顾客信任及其影响因素研究——以淘宝为例[J]. 商业经济研究, 2017, （17）: 46-48.

[32] 陶金国, 訾永真. 网红模式下消费者购买意愿的影响因素研究[J]. 南京财经大学学报, 2017, （2）: 89-95.

[33] Lee J, Park D H, Han I. The different effects of online consumer reviews on consumers' purchase intentions depending on trust in online shopping malls: an advertising perspective[J]. Internet Research, 2011, 21（2）: 187-206.

[34] Erdogan B Z. Celebrity endorsement: a literature review[J]. Journal of Marketing Management, 1999, 15（4）: 291-314.

[35] Wei P S, Lu H P. An examination of the celebrity endorsements and online customer reviews influence female consumers' shopping behavior - ScienceDirect[J]. Computers in Human Behavior, 2013, 29（1）: 193-201.

[36] Choi S M, Rifon N J. Who is the celebrity in advertising? Understanding dimensions of celebrity images[J]. The Journal of Popular Culture, 2007, 40（2）: 304-324.

[37] Djafarova E, Rushworth C. Exploring the credibility of online celebrities' instagram profiles in influencing the purchase decisions of young female users[J]. Computers in Human Behavior, 2017, 68: 1-7.

[38] Lee Y J, Dubinsky A J. Consumers' desire to interact with a salesperson during e-shopping: development of a scale[J]. International Journal of Retail & Distribution Management, 2017, 45（1）: 20-39.

[39] Spry A, Pappu R, Cornwell T B. Celebrity endorsement, brand credibility and brand equity[J]. European Journal of Marketing, 2011, 45（6）: 882-909.

[40] Goldsmith R E, Lafferty B A, Newell S J. The impact of corporate credibility and celebrity credibility on consumer reaction to advertisements and brands[J]. Journal of Advertising, 2000, 29（3）: 43-54.

[41] 杨强, 张康, 王晓敏, 等. "网红"信息源特性对消费者购买意愿的影响研究——一个被调节的中介模型[J]. 经营与管理, 2018, （11）: 65-68.

[42] Ilicic J, Webster C M. Effects of multiple endorsements and consumer-celebrity attachment on attitude and purchase intention[J]. Australasian Marketing Journal, 2011, 19（4）: 230-237.

[43] Yoon S J. The antecedents and consequences of trust in online-purchase decisions[J]. Journal of Interactive Marketing, 2002, 16（2）: 47-63.

[44] Hsu C L, Lin J C C, Chiang H S. The effects of blogger recommendations on customers' online shopping intentions[J]. Internet Research, 2013, 23（1）: 69-88.

[45] Eisend M, Langner T. Immediate and delayed advertising effects of celebrity endorsers' attractiveness and expertise[J]. International Journal of Advertising, 2015, 29（4）: 527-546.

[46] Admaster 精硕科技. 2019 社交和内容趋势观察[EB/OL]. https://www.shangyexinzhi.com/Article/details/id-90739/, 2019-05-15.

[47] Pavlou P A. Consumer acceptance of electronic commerce: integrating trust and risk with the technology acceptance model[J]. International Journal of Electronic Commerce, 2003, 7（3）: 101-134.

[48] Katawetawaraks C. Online shopper behavior: influences of online shopping decision[J]. Social Science Electronic Publishing, 2011, 1: 66-74.

[49] Wu P C S, Yeh Y Y, Hsiao C R. The effect of store image and service quality on brand image and purchase intention for private label brands[J]. Australasian Marketing Journal, 2011, 19（1）: 30-39.

[50] Ling K C, Chai L T, Piew T H. The effects of shopping orientations, online trust and prior online purchase experience toward customers' online purchase intention[J]. International Business Research, 2010, 3（3）: 63-76.

[51] Hellier P K, Geursen G M, Carr R A, et al. Customer repurchase intention: a general structural equation model[J]. European Journal of Marketing, 2003, 37（11/12）: 1762-1800.

[52] Misra S, Beatty S E. Celebrity spokesperson and brand congruence: an assessment of recall and affect[J]. Journal of Business Research, 1990, 21（2）: 159-173.

[53] Ledbetter A M, Redd S M. Celebrity credibility on social media: a conditional process analysis of online self-disclosure attitude as a moderator of posting frequency and parasocial interaction[J]. Western Journal of Communication, 2016, 80（5）: 601-618.

[54] Kim M, Stoel L. Salesperson roles: are online retailers meeting customer expectations?[J]. International Journal of Retail & Distribution Management, 2005, 33（4）: 284-297.

[55] Doney P M, Cannon J P. An examination of the nature of trust in buyer-seller relationships[J]. Journal of Marketing, 1997, 61（2）: 35-51.

[56] Moon J, Chadee D, Tikoo S. Culture, product type, and price influences on consumer purchase intention to buy personalized products online[J]. Journal of Business Research, 2008, 61（1）: 31-39.

[57] Diamantopoulos A. Incorporating formative measures into covariance-based structural equation models[J]. MIS Quarterly, 2011, 35（2）: 335-358.

[58] Petter S C, Straub D W, Rai A. Specifying formative constructs in information systems research[J]. MIS Quarterly, 2007, 31（4）: 623-656.

[59] Chen Y H, Hsu I C, Lin C C. Website attributes that increase consumer purchase intention: a conjoint analysis[J]. Journal of Business Research, 2010, 63（9/10）: 1007-1014.

[60] Turel O, Yuan Y, Connelly C E. In justice we trust: predicting user acceptance of E-Customer services[J]. Journal of Management Information Systems, 2008, 24（4）: 123-151.

[61] Hair J F, Hult G, Ringle C M, et al. A Primer on Partial Least Squares Structural Equation Modeling（PLS-SEM）[M]. 2nd ed. London: Sage Publications, 2016.

[62] Kankanhalli A, Tan B, Wei K K. Contributing knowledge to electronic knowledge repositories: an empirical investigation[J]. MIS Quarterly, 2005, 29（1）: 113-143.

[63] Kim S S, Malhotra N K, Narasimhan S. Research note-two competing perspectives on automatic use: a theoretical and empirical comparison[J]. Information Systems Research, 2005, 16（4）: 418-432.

[64] Podsakoff P M, MacKenzie S B, Lee J Y, et al. Common method biases in behavioral research: a critical review of the literature and recommended remedies[J]. Journal of Applied Psychology, 2003, 88（5）: 879-903.

[65] Change S, Witteloostuijn A V, Eden L. From the editors: common method variance in international research[J]. Journal of International Business Studies, 2010, 41（2）: 178-184.

[66] Sokolova K, Kefi H. Instagram and YouTube bloggers promote it, why should I buy? How credibility and parasocial interaction influence purchase intentions[J]. Journal of Retailing and Consumer Services, 2019, 5（1）: 1-16.

Exploring the Influence Factors of Repeated Purchase Intention in the Context of Online Celebrity

HUANG Liqiang[1], YAN Yayun[1], NIU Wanshu[2]

(1. School of Management, Zhejiang University, Hangzhou 310058, China;
2. Business School, Ningbo University, Ningbo 315211, China)

Abstract The research explores the factors that influencing consumers' willingness to purchase repeatedly in the scenario of online celebrity. Based on the literature of celebrity effect, factors of online repeat purchase intention, and consumer trust, we establish a research model to investigate how interaction between online celebrity and consumers as well as customer services influence female consumers' perceptions of online celebrity's credibility, perceived product quality and image congruity, which further lead to repeat purchase intention. We conducted an online survey and collected 1 029 valid samples to examine our research model. Results suggest that in the online celebrity context, both the interaction between online celebrity and consumers and the customer service of the store can positively impact the credibility of the online celebrities and the perceived quality of the product. Moreover, the credibility of the online celebrities dominates the influence on consumers' willingness to repeated purchase, and the perceived product quality has a weaker but significant impact on consumers' repeated purchase intention. However, the image congruity is not significant in the online celebrity context. Based on this research, the paper discusses the theoretical contributions and practical implications.

Keywords Online celebrity context, Endorser credibility, Perceived product quality, Image congruity, Repeated purchase intention

作者简介

黄鹂强（1984—），男，浙江大学管理学院教授、博士生导师，研究方向包括企业数字化转型与价值创造、数据产品开发与治理策略、平台型企业生态发展战略等，E-mail：huanglq@zju.edu.cn。

严娅芸（1990—），女，浙江大学管理学院硕士研究生，研究方向为网红经济，E-mail：yyyjay@qq.com。

牛婉姝（1994—）女，宁波大学商学院管理科学与工程系讲师，研究方向为信息系统领域中消费者行为规律的微观理论发展，包括电商网站设计、在线评论系统和人工智能等，E-mail：niuwanshu@nbu.edu.cn。

基于扎根理论的电商直播消费者行为意愿形成机理研究*

刁雅静，杨倩，吴嘉辉，王志英，葛世伦

（江苏科技大学经济管理学院，江苏 镇江 212100）

摘　要　电商直播是一种新兴的购物形式，然而电商直播的众多因素影响消费者行为意愿的内在机制尚不明晰。本文基于扎根理论通过对参与直播用户的深度访谈和直播间弹幕评论的分析，构建了电商直播消费者行为意愿形成机理的理论模型。研究结果明确了直播间刺激因素、消费者内在状态和消费者的购买意愿之间的关系内涵，并提出了直播间消费者共同体验的内在机制。本文的研究结论丰富了直播购物的相关理论，并为电商直播平台和商家提供了实践指导。

关键词　电商直播，扎根理论，共同体验

中图分类号　F724.6

1　引言

作为一种新兴的购物形式，电商直播将商品视觉信息、主播引导和用户弹幕评论等信息并置，改变了传统的信息传递方式和互动形式，为消费者提供了类似于逛街的互动情境。据艾媒咨询统计资料，2020 年中国直播电商市场规模达到 9 610 亿元，同比增长 121.5%，中国整体在线直播用户规模达 5.87 亿人[1]，各种"现象级"主播更是创造出令人惊叹的销售业绩。可见直播购物已然成为深受用户喜爱的信息购物方式，并在企业营销战略中发挥着关键作用。

直播购物蓬勃发展引起了学者的广泛关注，目前对直播购物的研究主要聚焦在从直播间互动特征[2-5]、产品特征[6,7]及场景特征[8]等视角探讨直播间消费者购买行为的形成机理方面。然而直播间的哪些因素会对消费者行为产生重要影响，直播情境中的消费者会产生哪些行为意愿，电商直播影响消费者行为的内在机制是什么，这些问题尚未得到全面探讨。直播为国家经济发展蓄势赋能，为传统经济发展提供了新思路，因此研究电商直播情境下的消费者行为意愿的形成机理重要且必要。

扎根研究是运用系统化的程序，针对某一现象来展开并归纳出理论的一种定性研究方法。它的优点在于可以更加全面地考察各类属性的关系，而定量研究仅能探讨电商直播少数变量对行为意愿的影响。从已有的研究来看，对电商直播环境下促进消费者行为意愿的形成机理还不够清晰，其作用指向尚存争议。电商直播情境中消费者行为意愿生成的影响因素错综复杂，扎根研究相比定量研究更能全面考察各种影响因素及关系，能够更好地与本文研究问题相契合。因此，本文试图通过扎根理论方法对深度访谈的文本数据和直播间弹幕互动数据进行质性分析，梳理直播购物的刺激因素、消费者直播

---

* 基金项目：国家自然科学基金面上项目（72074101）、江苏省社会科学基金项目（22GLB037）、江苏高校哲学社会科学研究重大项目（2020SJZDA065）。

通信作者：刁雅静，江苏科技大学经济管理学院副教授，E-mail：dyj1979829@163.com。

间的内在状态以及消费者行为意愿之间的相互关系，探讨电商直播影响因素的作用机制，以补充现有文献及相关理论。

2 文献回顾

直播电商是一种新型电子商务模式，其本质在于在消费升级和技术赋能的背景下，融情感需求与购物需求于一体，建构沉浸式商业场景，满足消费者购物、社交、娱乐等多维一体的需求[9]。目前对直播电商消费者行为的影响机制研究主要有以下三个方面。

（1）基于直播间互动特征的相关研究。直播电商与传统电商最大的区别在于主播可实时地与消费者互动沟通，部分学者[3, 10-12]从定性定量角度出发，研究发现网红信息源特性如互动性、专业性等影响消费者认知、情感，从而影响消费者购买意愿；也有学者进一步从主播类型展开研究，如费鸿萍和周成臣将主播类型划分为传统明星和网络主播，研究发现网络主播比传统明星更能促进消费者的购买意愿[13]；黄敏学等探索了主播类型（名人主播与企业主播）与产品类型的交互作用是否影响消费者的购买意愿[14]。在直播电商中，消费者不仅可以与主播进行实时互动，也可与其他消费者进行弹幕互动，以及可以观察到其他消费者对产品的实时评价、购买动态等信息。已有部分学者对此展开研究，发现弹幕互动和羊群信息[15]、共同观众的互助性[16, 17]、直播间活跃度[11]影响消费者感知，从而影响消费者的购买意愿和行为。

（2）基于直播间产品特征的相关研究。穆芸等研究发现女装直播中产品的品牌知名度、产品特性影响消费情感，从而影响消费者的购买意愿[18]；也有学者研究网红与产品的匹配度对消费者购买态度的影响[19]。在直播电商中，目前较少有学者关注到产品相关因素对消费者行为的影响，而在传统电商中已有多数学者探讨了产品因素影响消费者感知，从而影响消费者行为[20-23]。传统电商中多数采用文字和图片的方式展示产品信息，而在直播电商中主播全方面向消费者展示并介绍产品，传递信息方式更多维，给消费者带来不一样的体验感，因此在传统电商中对产品因素的研究不能完全适用于直播电商。

（3）基于直播间场景特征的相关研究。在电商直播环境下，直播场景主要包括有形场景和无形场景，有形场景如电商直播空间的布局、设施设备及货物的摆放等，无形场景如技术、音乐、灯光、直播间的活跃氛围等[9]。电商通过直播相关平台实现"边看边买"，依靠云技术、5G、大数据等技术实现不再受场地的限制。多数学者从技术可供性视角探讨了直播间的可视化[24]、互动性[25]、同步性[26]、响应性[27]等因素对消费者的影响；也有学者进一步具体化直播间的场景对消费者的影响，如学者龚潇潇等研究直播间的氛围线索对消费者冲动购买意愿的影响[28]。

综上，多数相关研究是通过心理学实验和问卷调查等定量研究方法检验理论假设，但定量研究只能考察少数变量对消费者购买意愿的影响，无法综合考虑各类因素；已有研究针对网红主播这一影响因素的研究较多，其次是探讨技术、氛围和互动等对消费者购买意愿的影响，缺少从自然情境中收集资料，对电商直播消费者行为意愿形成机制的整体探究；已有研究中针对直播间购买意愿的研究居多，而电商直播除了购物这一功能属性之外，还兼具了娱乐属性和社交属性，因此消费者必然会产生除了购买意愿以外的其他行为意愿。本文在国内外相关研究的基础上，针对电商直播消费者行为意愿的产生进行基于扎根理论的研究设计，以期进一步补充和丰富电商直播情境下消费者行为的相关研究。

3 研究设计与数据分析

3.1 样本选择

扎根理论的取样方式为理论性取样，即为了构建某一理论或提出某一概念而开展具有目的性的样本选择。因此，抽取的样本与研究目的息息相关，样本是能够反映某一类现象，具有典型性的代表性群体，而不是具有统计意义的代表性群体。因此，根据本文的研究目的，访谈样本对象满足以下条件：①有直播购物的经历；②有丰富的网购经历；③有较强的沟通表达能力。综上，本文最终选择了37名受访对象，具体资料如表1所示。

表1 受访对象信息统计

项目	描述	人数	占比
性别	男	11	29.73%
	女	26	70.27%
年龄	19~24岁	23	62.16%
	25~30岁	14	37.84%
受教育程度	大专	1	2.70%
	本科	18	48.65%
	研究生	18	48.65%
职业	在校学生	21	56.76%
	教师	1	2.70%
	医生	1	2.70%
	企业职工	14	37.84%

3.2 样本收集

本文的数据来源分为两部分。一部分是用个人深度访谈和焦点小组访谈收集数据。深度访谈的本地受访样本采用面对面访谈；异地则主要采用网络在线访谈方式进行一手数据收集，如借助微信或QQ视频进行访谈。深度访谈共进行了28人次，每次访谈时间约为30分钟；焦点小组访谈全是在现场完成的，共进行了3组，平均每组3个人，每次访谈时间约为10分钟。整个数据收集工作自2021年1月至3月。在访谈过程中，在得到访谈对象许可的条件下，我们对访谈过程进行了录音，在访谈结束后的24小时之内，对访谈资料进行转录或整理，形成37份访谈记录，共2万字。我们随机选择了其中31份访谈记录进行三级编码，用余下的6份访谈记录进行理论饱和度检验。另一部分是对某平台拥有732.4万个粉丝的某网红的直播间弹幕数据进行抓取，获取13 574条弹幕互动数据，整理过滤后通过分词处理得到1 780个单词，最终选取500个高频词进行归类分析及理论饱和度检验的补充研究。

3.3 研究方法

扎根理论方法是运用系统化的程序，针对某一现象，从经验资料中发展并归纳出理论的一种定性研究方法[1]。扎根理论方法的一般流程中需要对质性数据进行开放式编码、主轴式编码和选择式编码来构建理论模型，最后进行理论的饱和度检验。研究者在研究开始之前一般没有理论假设，直接从原始资料中归纳出经验概括，然后提炼出理论。本文将遵循扎根理论，从资料中抽象概括出电商直播消费者行为意愿的形成机制。

3.3.1 开放式编码

开放式编码是对原始资料进行逐字逐句分析，从中识别出有意义有价值的现象，并发掘初始概念。本文利用NVivo11.0软件进行阅读分析，并创建节点管理编码[29]，为了保证开放式编码的真实性，尽量使用访谈对象的原话作为发掘初始概念的资料。最终通过对采集到的资料进行分析、不断比较与提炼，保留出现三次以上频次的标签，整理合并出17个初始范畴、37个初始概念[30]，如表2所示。

表2 开放式编码形成的初始范畴及初始概念

初始范畴	原始语句实例（初始概念）
A_1 互动响应性	（a_1 确保互动质量）在看直播时，主播也会回答买家问题，一般是问啥说啥 （a_2 掌握互动节奏）主播只有一个，消费者有很多，看到弹幕时主播会挑重点或者大家都有的问题来回答，大多数都能解决我的困惑
A_2 互动个性化	（a_3 融汇产品信息）他们也会让代言人来介绍，还会请嘉宾到直播间，然后通过嘉宾说到这个产品 （a_4 确保互动吸引）主播除了讲解产品信息，可能有时候会发放一些福利，一元抢购之类的，感觉这个福利比较能够照顾顾客们的情绪 （a_5 互动生动）看直播时主播展示商品会很全面，比如说试吃啊，他会有表情，这样相对比普通网购更真实些
A_3 互动及时性	（a_6 及时回复信息）主播们还会不时地关注弹幕的情况，弹幕大多是反映我们消费者的需求，主播也会及时回答 （a_7 形成良性互动）有时候主播像可以预测到我的问题，我还没有发出弹幕，主播就已经提到这个问题了
A_4 主播形象	（a_8 主播声音魅力）某网红的直播给人的特点就是他的口才天赋很好，专业知识能力也过硬 （a_9 主播外形魅力）主播比较有激情，还有一般颜值也都比较高 （a_{10} 主播性格魅力）主播一般在给顾客介绍产品的时候都比较有亲和力，比较有趣
A_5 主播能力	（a_{11} 注意细节介绍）直播间一般介绍产品他们都会不仅仅介绍产品本身，还会有产品这个本身品牌的一些信息，比如介绍牛奶，还会说奶牛来自于哪里，吃什么草之类细节的内容 （a_{12} 推荐用语专业）某网红直播间如果有比较专业的东西会有专人讲解，针对性比较强，比如之前的扫地机器人，就会有这个品牌的人来介绍
A_6 界面合理性	（a_{13} 界面设计易懂）看直播的时候我一看就知道哪里去购买、哪里是发弹幕的 （a_{14} 界面简洁明了）如果有时候我错过了这个产品的直播，我可以直接在那个购物袋里找到我所需要的链接
A_7 易操作性	（a_{15} 操作方便）个人感觉淘宝更靠谱，查物流更方便 （a_{16} 操作简便）像有些产品它需要领优惠券，直播间会直接跳出来，这样就很容易去买我所需要的东西
A_8 直播间内互动	（a_{17} 与其他买家沟通）我一般买东西时喜欢发弹幕也喜欢看弹幕，这样我就可以跟其他买家交流 （a_{18} 其他买家购买动态）我一般看到很多人买了这个东西，我也会有想买的冲动
A_9 直播间外互动	（a_{19} 与朋友沟通）我如果有想买的商品，但我没用过它，我会向我朋友咨询这个产品好不好用 （a_{20} 与朋友分享商品）我一般看到性价比比较高的产品时喜欢分享给我朋友
A_{10} 社会临场感	（a_{21} 亲切温馨感）他们对直播间的"家人们"很是亲切，就是从商品角度来说选品很严格，折扣也很到位，对于我们消费者而言有很温馨、很亲切的感觉，就是那种朋友和你安利好物一样，都是妥妥的种草机，会让我感觉很实在很有趣
A_{11} 空间临场感	（a_{22} 距离很近）主播回答我们的弹幕时会让我感觉在与我们进行对话，就像在实体店里购买一样，商品在我眼前，导购在给我讲解
A_{12} 情绪唤醒	（a_{23} 愉悦亢奋）在直播购物时我心情整体很愉悦很亢奋，但如果没有抢到心仪的东西也会很生气 （a_{24} 开心）直播购物就感觉你参与在这场购买里面，有购买的欲望而且感觉会很开心 （a_{25} 迁移兴奋感）关注某网红A和某网红B比较多，他们直播太容易上头了，很容易冲动购物
A_{13} 感知价值	（a_{26} 感知产品价格）生活用品主播一般会强调物品的实用性及其价格，价格一般会比其淘宝旗舰店或各门店价格稍微便宜一些，给人一种很划算的感觉 （a_{27} 感知产品质量）主播们自己就会介绍一下，主要就是可以消除消费者感觉这个商品是假货还是怎么样的顾虑，也比较能够照顾消费者的一些情绪吧
A_{14} 感知风险	（a_{28} 产品质量）我会担心直播间所展示的和真实实物是否一样，还有售后问题也比较担心 （a_{29} 售后服务）但是毕竟是网上买东西，还是挺担心质量和售后的问题的
A_{15} 外界刺激	（a_{30} 优惠券刺激）现在直播间都有优惠券，我就感觉很划算，不用就很可惜 （a_{31} 言语气氛刺激）某网红他们很喜欢在上一个产品链接时说只有多少份（很少）了，大家赶紧抢，3、2、1 上链接，这样会让我感觉很紧张，就想赶紧买买买，不买我就亏了 （a_{32} 产品数量刺激）一般像那种新鲜的东西或者本身这个产品就很好卖的情况下，主播他们一开始就会说我们今天这个只有多少份（很少），不好加货，让我就觉得这么少我一定要抢到

续表

初始范畴	原始语句实例（初始概念）
A₁₆ 从众心理	（a₃₃ 从众心理）直播间人多的，也会有从众心理，会让我忍不住想跟着他们一起买，即使这个东西我可能不需要
A₁₇ 消费者相关反应	（a₃₄ 种草意愿）在看直播的过程中，我很容易被主播种草好物，都是妥妥的种草机 （a₃₅ 分享意愿）如果我觉得好玩好看好用的商品，在看直播的时候我就会分享给我朋友，或者有红包优惠活动时，也会分享 （a₃₆ 参与意愿）像发弹幕评论啊分享直播间我经常做，我很愿意参与到整个直播互动中 （a₃₇ 购买意愿）某网红是大家都知道的口红"魔鬼"，如果我刚好需要口红，我也找了代购问了价格，但是在直播间听到某网红关于口红的描述，我会立即在他直播间下单

3.3.2 主轴式编码

主轴式编码是为了将开放式编码中被分割的资料，通过其相互关系、逻辑关系在不同范畴之间建立关联。本文在进行相关分析和整理后，得出6个主范畴和10个副范畴。6个主范畴为主播互动、平台互动、他人互动、消费者内在状态、情境因素、消费者在线购买行为。10个副范畴为互动属性、魅力属性、感知易用性、其他消费者互动、临场感、情绪状态、认知状态、物理情境、心理情境、消费者行为反应。具体如表3所示。

表3 主轴式编码形成的主范畴及其相对应的副范畴

主范畴	副范畴	初始范畴
C₁ 主播互动	B₁ 互动属性	A₁ 互动响应性
		A₂ 互动个性化
		A₃ 互动及时性
	B₂ 魅力属性	A₄ 主播形象
		A₅ 主播能力
C₂ 平台互动	B₃ 感知易用性	A₆ 界面合理性
		A₇ 易操作性
C₃ 他人互动	B₄ 其他消费者互动	A₈ 直播间内互动
		A₉ 直播间外互动
C₄ 消费者内在状态	B₅ 临场感	A₁₀ 社会临场感
		A₁₁ 空间临场感
	B₆ 情绪状态	A₁₂ 情绪唤醒
	B₇ 认知状态	A₁₃ 感知价值
		A₁₄ 感知风险
C₅ 情境因素	B₈ 物理情境	A₁₅ 外界刺激
	B₉ 心理情境	A₁₆ 从众心理
C₆ 消费者在线购买行为	B₁₀ 消费者行为反应	A₁₇ 消费者相关反应

3.3.3 选择式编码

选择式编码是进一步对主范畴深入凝练，挖掘核心范畴以及围绕核心范畴构建"故事线"并进一步加以说明、验证和补充范畴之间的关系。经过开放式编码、主轴式编码及其相关分析，本文挖掘出直播间消费者购买行为的形成机理的核心"故事线"：在直播间多重因素刺激的情境下，个体产生了临场感、认知状态和情绪状态，这些内在状态最终影响了消费者购买相关行为的发生；并通过"故事线"方式梳理出主范畴之间的关系，最终形成新的理论框架。主范畴的典型关系结构如表4所示，在此基础上本文构建和发展出直播间消费者行为机理的理论框架，如图1所示。

表 4 主范畴的典型关系结构

典型关系结构	关系结构的内涵
主播互动→消费者在线购买行为	主播互动对消费者在线购买行为产生影响
平台互动→消费者在线购买行为	平台互动对消费者在线购买行为产生影响
他人互动→消费者在线购买行为	他人互动对消费者在线购买行为产生影响
主播互动→消费者内在状态	主播互动对消费者内在状态产生影响
他人互动→消费者内在状态	他人互动对消费者内在状态产生影响
主播互动→消费者内在状态→消费者在线购买行为	消费者内在状态在主播互动对消费者在线购买行为的影响过程中起中介作用
他人互动→消费者内在状态→消费者在线购买行为	消费者内在状态在他人互动对消费者在线购买行为的影响过程中起中介作用
物理情境→消费者内在状态	物理情境对消费者内在状态产生影响
心理情境→消费者内在状态	心理情境对消费者内在状态产生影响

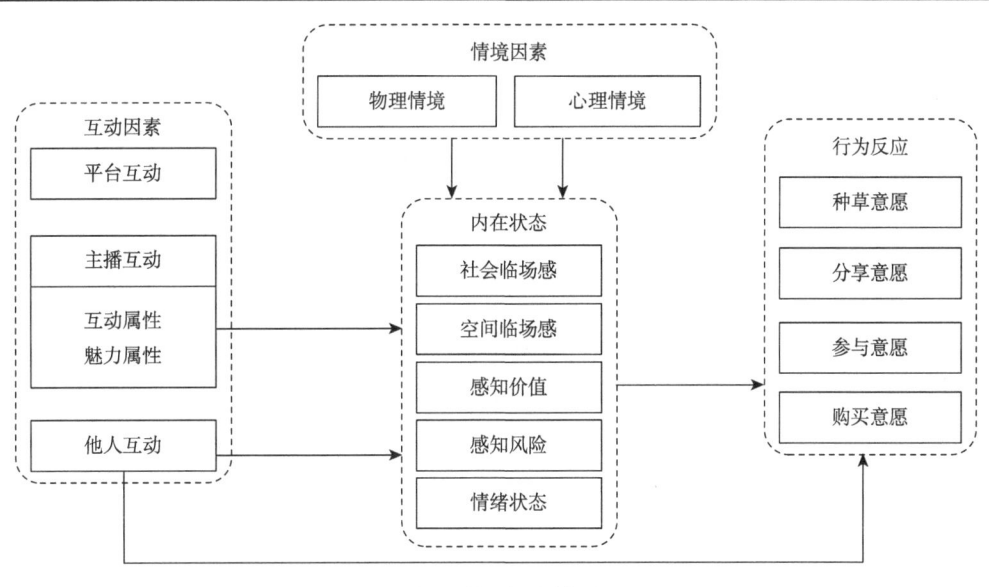

图 1 研究概念模型

3.3.4 理论饱和度检验

为了测量理论的丰富性、保证编码的充足性，本文将6份访谈记录做理论饱和度检验。结果显示，剩余的访谈文本基本符合模型路径，没有形成新的范畴和关系，主范畴内部也没有发现新的构成因子。同时利用Python数据爬虫从直播网站抓取网红直播弹幕，进行模型理论饱和度的补充研究。首先对弹幕数据进行去重处理，过滤掉没有意义的弹幕，并筛选掉文本太短无法进行分析的弹幕；然后对抓取的弹幕进行分词处理，找出其中高频词和名词短语；最后统计出每个特征的出现次数和权重。具体步骤如下：①确定评价特征集 $F=(f_1,f_2,f_3,\cdots,f_n)$，直播间刺激情境构建特征集 $F=(f_{1平台互动},f_{2主播互动},f_{3他人互动},f_{4情境因素})$。②弹幕数据通过分词处理后，得出名词或短语，依据相似度匹配原则将语料归结到特征词类，并通过营销词典和相关文献的诠释，将特征词纳入特征词词库。将弹幕信息处理后得到的各类特征词归纳如表 5 所示。将"大气""晚安""漂亮"等词归入 C_1 主播互动范畴，$f_{2\text{主播互动}}$=（大气，晚安，漂亮……）；将"这个可以""不够""比较""吃不完""用不完""翻车""这个不好吃"等词归入 C_3 他人互动范畴，$f_{3\text{他人互动}}$=（这个可以，不够，吃不完……）；将"搞起""中了""抽我""恭喜"等词归入 C_5 情境因素中的外界刺激，$f_{4\text{情境因素}}$=（搞起，中了，抽我，恭喜……）。③统计出各特征词语出现的频次后，计算每个语料相应的权重。

表 5 特征词归类

f_2 主播互动	f_3 他人互动	f_4 情境因素
辛苦了	这个可以	红小厨真好吃
大气	哪里进	芜湖
来了宝贝	吃不完	嘻嘻
赶紧上架	翻车	没中
怎么没了	组队	爆炸
有赠品	咋买	开心
助理呢	大家怎么说	抽我
优秀	建议	恭喜
好便宜	怎么比较	冲冲
店家	看到了	鬼才
上链接	如何	起飞
晚安冷哥	好用吗	庆祝
……	……	……

根据上述特征词归类和高频词分析，主播互动类特征词 171 个，总词频 2 400 次；他人互动类特征词 200 个，总词频 2 103 次；情境因素类特征词 119 个，总词频 7 768 次。分析保留的 500 个高频词的总词频为 12 620 次。不同特征弹幕数据高频词统计分析如表 6 所示。

表 6 不同特征弹幕数据高频词统计分析

项目	C_1 主播互动	C_3 他人互动	C_5 情境因素
词频	2 400	2 103	7 768
占比	19.02%	16.66%	61.55%

由表 6 可知，在线消费者超过半数的弹幕内容是参与直播间抽奖等活动的情境因素类特征，其次占比较大的是消费者与主播互动，占了 19.02%，消费者与他人互动占比为 16.66%。

直播中如果有抽奖环节，主播会要求观众发送固定的内容，并通过时间倒数，截取弹幕页面来确定最终获奖者，这一参与式刷屏活动最能刺激消费者内在情绪，成为推动消费者参与互动的最直接有效的行为。在直播间刺激因素中，激进的、大力度的促销打折活动可以促使消费者产生冲动购买，如限时降价、杀价、秒杀等策略，能有效利用人们不买就会亏本的心理从中获益，可能会鼓励消费者抢购一些并不是自己想买的商品。

上述弹幕数据的分析结果表明：①直播间刺激因素中并未出现新的构念与关系；②C_2 平台互动特

征词的缺少恰恰证明了界面设计的易操作性，因此直播间的观众并不会在弹幕中发布"商品链接从哪里进入"或"如何发布弹幕"这类信息，弹幕中无此类词语说明参与者能够熟练完成各种任务；③直播间弹幕刷屏词占比最高，并且远高于主播互动特征词和他人互动特征词占比，说明直播间除了提供主播与消费者信息交流以外，最重要的是进行各种抽奖或秒杀的活动，刺激消费者情绪共鸣的产生。综上，剩下的6份访谈文本和直播间弹幕数据显示并未有新的概念范畴和理论关系，因此可以认为电商直播消费者行为意愿形成机理模型是理论饱和的。

4 研究发现

4.1 电商直播互动因素对消费者行为的影响

直播间互动特征是引发消费者行为意愿的主要因素。根据本文可知，直播间的主播互动、平台互动和他人互动容易引发消费者直播间行为意愿。

（1）主播互动是指主播在消费者观看直播过程中，向消费者介绍产品信息而建立双向联系展现的特性，包括互动属性和魅力属性。在电商直播情境中，主播既具有明星的特点，在直播间展现自己的特有魅力，从而拥有固定的粉丝群体；也具有网络大V的特点，在直播过程中，他们通过专业知识输出介绍产品，与消费者双向互动，从而较高的话语权重会影响消费者的购物决定[31]。借助电商直播形式，主播更有机会通过个人形象和性格魅力来吸引消费者，用高质量、专业性的知识讲解展示产品，并与消费者进行双向互动。因此，主播互动的魅力属性和互动属性能在更大程度上促进消费者的在线行为意愿。

（2）平台互动是指在电商直播过程中，网站针对消费者需求提供的易操作性和合理性的技术设置。直播界面区别于传统的购物界面，将主播介绍、弹幕评论和商品列表同时设置在直播界面中，观看者无须离开直播界面就能够与直播一对一沟通，能够看到其他人的评论，点击商品列表即可以完成购买，购物过程方便快捷。因此，在电商直播平台中使消费者感受到该平台的易操作性和合理性正向影响了消费者行为意愿的产生。

（3）他人互动是指消费者在观看直播过程中，与其他消费者建立的双向联系（如直播内互动和直播外互动）。在网络购物中，评论属于买家与其他买家的一种互动行为。电商直播情境下，弹幕区其他消费者实时的商品评论和购买动态会给消费者带来更直观的产品质量诊断，降低对产品质量信息的不确定性，促进消费者的购买决策[32]。同时电商直播还会引起直播间外的互动行为，面对大量商品信息引起认知压力时，会将直播商品信息分享给朋友，获取建议和推荐商品[33,34]。因此，直播间他人互动正向影响了消费者行为意愿。

4.2 直播互动因素对消费者内在状态的影响

根据扎根理论分析的结果，本文将消费者内在状态定义为消费者在观看电商直播过程中产生的内在认知或情绪层面的改变，将研究结论中的五个状态归纳为三个维度：临场感、情绪状态和认知状态。据本文可知，主播互动的互动属性正向影响消费者内在状态中的临场感、情绪状态和认知状态；主播互动的魅力属性正向影响消费者内在状态中的情绪状态和认知状态；他人互动正向影响消费者内在状态中的临场感和认知状态。

（1）社会临场感和空间临场感统称为临场感，是一种"身临其境"的感觉。社会临场感是指消费者在电商直播互动中对人际关系变化的影响；空间临场感是指消费者在观看电商直播中所产生的感知空间距离的影响。根据本文的研究结论，消费者与主播和他人进行沟通互动时，卖家的积极互动会拉近与消费者的心理距离，从而提升社会临场感，也会使消费者感知产品距离被拉近，从而产生空间临场感。电商直播情境中主播与消费者的实时互动，让消费者有置身于大卖场的感觉，会更大程度地影响消费者的社会临场感和空间临场感。已有研究也表明在互动性高的虚拟社区中，消费者会感觉自己处于虚拟世界[35]，大大提升空间临场感；在虚拟环境下进行积极有效的沟通互动，会使消费者产生相互依存的联系感[36]，从而增加社会临场感。因此电商直播情境下，主播的互动属性和与其他消费者的互动会帮助消费者更了解产品信息，不断地互动会使消费者产生在线下购物的陪伴感，也会增进彼此的关系，从而增强消费者的空间临场感和社会临场感。

（2）情绪状态是指在观看电商直播过程中，消费者产生与其他消费者相同的情绪体验。本文将主播的互动内容分为两个维度，一个是互动属性，即介绍和回复与商品功能直接相关的内容；另一个是魅力属性，即直播间主播的娱乐性和感染力。根据本文的研究结论，主播的互动属性和魅力属性激发消费者的情绪共鸣。直播间主播在介绍产品时通过视觉、听觉等方面而形成更立体的个人形象和性格魅力[37]，从而显著影响消费者的情绪状态[38]。

（3）认知状态是指在观看电商直播过程中，消费者对于直播产品功能的理解认知。根据本文的研究结论，认知状态可以体现在感知风险和感知价值两个方面。感知风险是指消费者在购买直播产品时的产品质量风险；感知价值是指电商直播过程中，消费者所能感知到的利益与其在进行购买决策时所付出的成本进行权衡后对产品效用的总体评价[39]。本文研究发现主播的互动特征和魅力特征以及与他人的互动都正向影响消费者的认知状态。本文研究和以往的研究都发现直播间主播具体生动的产品介绍有助于消费者评估产品效用和质量。同时，主播以试穿试用等方法对产品细节进行补充，可以有效弥补消费者在网络购物中的商品触觉缺失[40]，降低消费者的感知风险，从而提高消费者对商家及产品的感知信任[41]。消费者可以与主播、其他消费者进行实时高度互动，使得消费者对产品信息有更全面深刻的了解，主播也可以通过自身的专业魅力属性，以专业的视角对产品进行真实客观的评价推荐，从而降低消费者在直播购物中的感知风险[42]。

4.3 情境因素对消费者内在状态的影响

根据扎根理论的分析结果，本文将情境因素分为物理情境和心理情境。物理情境是指消费者在观看电商直播的过程中，主播的言语渲染、限时限量的优惠刺激、产品数量刺激等外界刺激营造出真实的购物氛围[43]。心理情境是指消费者在观看电商直播的过程中，其他消费者的大量好评弹幕以及不断的购买动态引发出消费者的从众心理[44]。本文的研究结论表明直播间的物理情境和心理情境正向影响了消费者行为意愿的产生。直播购物环境中主播可以通过言语互动来讲述产品故事或者反复催促来营造紧张气氛，从而刺激消费者的购买意愿。直播间中其他消费者的高度互动引发的从众心理则成为促进消费者产生行为意愿的心理情境。消费者的从众心理也会促进对商品的感知价值，降低感知风险，进一步影响种草意愿和分享意愿等与购买相关的行为。

4.4 直播间消费者的内在状态对消费者行为意愿的影响

根据本文结果，将直播间消费者的相关行为定义为消费者在观看电商直播中而产生的购买意愿、种草意愿、分享意愿和参与意愿。其中"种草"是指被某种商品的优秀特质所吸引，对其产生体验或拥有的欲望的过程，也表示一件商品让自己发自内心地喜欢。"种草意愿"可以理解为消费者在直播间接触某商品时购买欲望的萌芽，后期可能会"长草"，直到最后的"拔草"即购买行为的产生。消费者的临场感、认知状态和情绪状态正向影响了消费者的分享意愿、参与意愿、种草意愿和购买意愿。本文认为这三个维度的内在状态是引发消费者直播间行为的重要机制，消费者内在状态共同作用促进了直播间中的购买意愿、分享意愿、参与意愿和种草意愿的产生。本文还发现根据扎根分析得到的内在状态与 Forlizzi 和 Battarbee 等提出的共同体验概念相契合。他们在用户体验的相关研究中提出共同体验是用户产品或服务的使用过程中，通过社交互动产生的共享注意力状态[45]。Shteynberg 提出了共享注意力产生的两个条件分别是紧密的社交联系和同步关注[46]。Lim 等进一步提出可以从参与感、认知共享和共鸣传播三个方面来测量共同体验[47]。这三个维度与本文的研究结果直播间消费者内在状态的三个维度相近，因此本文推导出直播间的互动因素和情境因素促进了消费者共同体验的产生。共同体验的相关研究也证实了共同体验的内在状态将会提升用户未来活动参与的意向[46, 48]。直播间的互动因素和情境因素会促使参与者达到共享注意力的状态，而共享注意力对用户行为动机的内化和行为采纳具有强化作用，即共同体验可以帮助用户内化自己的行为动机，增加消费者在直播间的参与、种草、分享和购买的意愿。本文的扎根分析和已有研究结论都进一步说明了直播间消费者的内在状态正向影响消费者各种行为意愿。电商直播消费者行为意愿形成机制如图 2 所示。

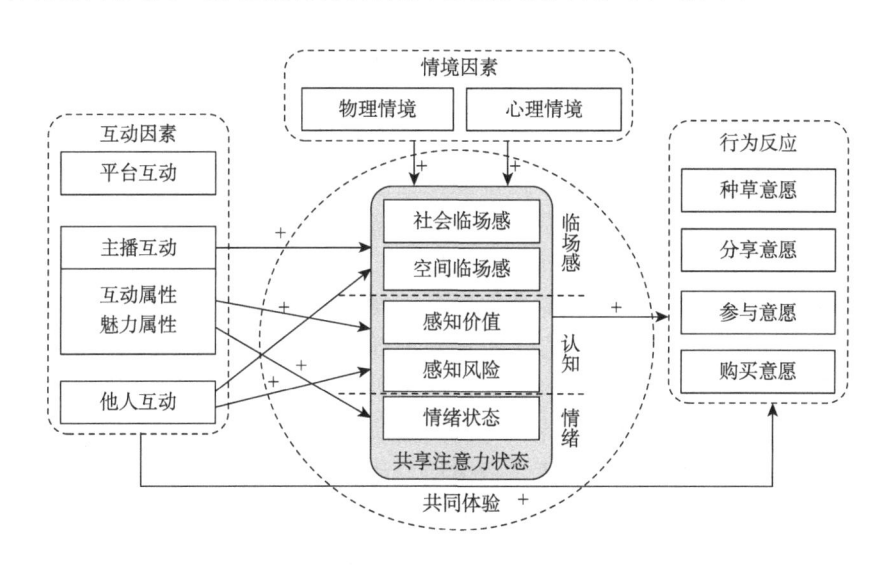

图 2　电商直播消费者行为意愿形成机制

5　结论与讨论

5.1　研究结论

本文基于扎根理论构建了主播互动、平台互动、他人互动、消费者内在状态、情境因素及消费者行为意愿的关系概念，得出直播购物情境下影响消费者在线行为意愿的概念模型，最终得出以下结论：①主播互动、平台互动、他人互动正向影响消费者行为反应；②主播互动中的互动属性正向影响消费者的共同体验；主播互动中的魅力属性正向影响共同体验状态中的情绪和认知；③他人互动正向影响临场感和认知状态；④消费者的共同体验状态在互动因素和情境因素对消费者行为意愿的影响中起中介作用；⑤直播间的物理情境和消费者的心理情境正向影响消费者的共同体验状态，从而影响消费者相关的行为意愿。

5.2 理论贡献

本文对电商直播情境中消费者相关行为意愿的产生进行了全面的梳理与考察,理论贡献主要体现在以下几个方面:①现有文献零散探讨了可能影响直播间消费者购买意愿产生的前置因素,这不仅使得潜在的影响因素和变量范畴未能得到探讨,而且对影响因素之间的逻辑关系缺乏系统性梳理。本文在访谈资料和直播弹幕数据的基础上通过扎根理论方法进行探索性研究,为直播间消费者行为意愿形成机理提出一个比较系统的理论框架,在一定程度上弥补了以往研究存在的不足。②直播间消费者行为的呈现方面,以往研究主要探讨消费者购买意愿的产生,而本文挖掘出以往研究未提及的直播间消费者的种草意愿、分享意愿和参与意愿。③以往对直播间内在状态的研究并未指出直播间消费者产生的共同体验,而本文发现直播间的互动因素和情境因素促进了消费者共同体验,这一内在机制的发现为探讨电商直播影响消费者购买意愿的产生机制提供了新的研究视角。

5.3 实践启示

第一,与主播互动、他人互动和平台互动会促进共同体验,进而影响购物行为。商家不能只把营销重点放在提升主播魅力和互动的策略上,还需要关注直播间他人的弹幕互动,促进他人亲近感的产生。电商直播平台管理者还应考虑直播平台环境的设计和布置,如分类清晰的导航、快捷寻找产品信息的链接和个性化的直播平台定制等功能,这都能促进消费者的在线购买意愿。电商直播平台管理者应屏蔽弹幕区的无用信息,提炼出其他消费者对产品的态度,有利于消费者对产品有更深入的了解,从而影响消费者的购买意愿。第二,直播间的物理情境和心理情境会促进共同体验的产生,进而影响购物相关行为。可见直播间的氛围和人气对消费者关于产品的认知有着非常重要的影响,商家需要重视直播间环境的布置以及考虑通过直播间多人直播来推动直播间人气。制造特定的积极情绪反应的机会,即制造观众未预期的惊喜,很容易使直播间观众与主播达成共识,进而促进与购买相关的行为。第三,制定提升主播综合素质的策略。首先,电商主播应提升自己的专业能力和专业素养,让消费者全面地了解产品信息;其次,电商主播应真诚积极地与消费者互动,增强消费者的临场感,提高消费者对主播的信任依赖,从而促进消费者的购买意愿;最后,商家需要培训电商主播的优秀表达能力,可以通过设计主播讲述"产品故事"来提升直播间情绪感染力,尝试将直播营销定位为"知识输出+故事讲述",进一步促进消费者的共同体验,从而刺激消费者的购买意愿。

5.4 研究局限及未来研究方向

本文的研究局限主要体现在以下两个方面:①访谈对象年龄在19~27岁,具有一定的代表性,但在今后的研究中需继续收集不同年龄段相关数据进行探讨,使得研究结论更具有普遍性;②消费者特质和产品类型都会对消费者在线购买意愿产生一定影响,由于文章篇幅和研究时间的原因,本文未能进一步深入探讨,未来的研究有必要进行更深入的考察。

参 考 文 献

[1] Meng L, Duan S, Zhao Y, et al. The impact of online celebrity in livestreaming E-commerce on purchase intention from the perspective of emotional contagion[J]. Journal of Retailing and Consumer Services, 2021, 63: 1-12.

[2] Wongkitrungrueng A, Assarut N. The role of live streaming in building consumer trust and engagement with social commerce sellers[J]. Journal of Business Research, 2020, 117: 543-556.

[3] 刘凤军, 孟陆, 陈斯允, 等. 网红直播对消费者购买意愿的影响及其机制研究[J]. 管理学报, 2020, 17（1）: 94-104.

[4] 刘忠宇, 赵向豪, 龙蔚. 网红直播带货下消费者购买意愿的形成机制——基于扎根理论的分析[J]. 中国流通经济, 2020, 34（8）: 48-57.

[5] 孟陆, 刘凤军, 段珅, 等. 信息源特性视角下网红直播对受众虚拟礼物消费意愿的影响[J]. 管理评论, 2021, 33（5）: 319-330.

[6] 谢莹, 李纯青, 高鹏, 等. 直播营销中社会临场感对线上从众消费的影响及作用机理研究——行为与神经生理视角[J]. 心理科学进展, 2019, 27（6）: 990-1004.

[7] 冯俊, 路梅. 移动互联时代直播营销冲动性购买意愿实证研究[J]. 软科学, 2020, 34（12）: 128-133, 144.

[8] Chen C C, Lin Y C. What drives live-stream usage intention? The perspectives of flow, entertainment, social interaction, and endorsement[J]. Pergamon, 2018, 35（1）: 293-303.

[9] 王宝义. 直播电商的本质、逻辑与趋势展望[J]. 中国流通经济, 2021, 35（4）: 48-57.

[10] 龚艳萍, 谭宇轩, 龚钜塘, 等. 直播营销中主播类型及其社会临场感效应研究：基于模糊集的定性比较分析[J]. 南开管理评论, 2023, 26（2）: 199-209.

[11] 孙凯, 刘鲁川, 刘承林. 情感视角下直播电商消费者冲动性购买意愿[J]. 中国流通经济, 2022, 36（1）: 33-42.

[12] 张婕琼, 韩晟昊, 高维和. 身临其境：网络直播用户行为意愿机制探析[J]. 外国经济与管理, 2022, 44（11）: 49-62.

[13] 费鸿萍, 周成臣. 主播类型与品牌态度及购买意愿——基于网络直播购物场景的实验研究[J]. 河南师范大学学报（哲学社会科学版）, 2021, 48（3）: 80-89.

[14] 黄敏学, 叶钰芊, 王薇. 不同类型产品下直播主播类型对消费者购买意愿和行为的影响[J]. 南开管理评论, 2021, 12: 1-21.

[15] Fei M, Tan H, Peng X, et al. Promoting or attenuating? An eye-tracking study on the role of social cues in E-commerce livestreaming[J]. Decision Support Systems, 2020, 142（1/2）: 113466.

[16] Xue J, Liang X, Xie T, et al. See now, act now: how to interact with customers to enhance social commerce engagement?[J]. Information & Management, 2020, 57（6）: 103324.

[17] 高夏媛, 李琪, 徐晓瑜, 等. 共同观看者对直播观众购买倾向的影响研究[J]. 西安交通大学学报（社会科学版）, 2021, 41（6）: 78-87.

[18] 穆芸, 张雨婷, 潘铮铮, 等. 女装品牌直播对消费者购买意愿的影响[J]. 北京服装学院学报（自然科学版）, 2022, 42（1）: 55-64.

[19] Park H J, Lin L M. The effects of match-ups on the consumer attitudes toward internet celebrities and their live streaming contents in the context of product endorsement[J]. Journal of Retailing and Consumer Services, 2020, 52: 21-28.

[20] 刁雅静, 何有世, 王念新, 等. 商品类型对消费者评论认知的影响：基于眼动实验[J]. 管理科学, 2017, 30（5）: 3-16.

[21] 李永诚, 宁昌会. 你"晒单"何以影响我购物？——产品呈现效应及作用机制研究[J]. 财经论丛, 2021,（8）: 91-101.

[22] 黄静, 邹淯鹏, 刘洪亮, 等. 网上产品动静呈现对消费者产品评价的影响[J]. 管理学报, 2017, 14（5）: 742-750.

[23] 陈毅文, 马继伟. 电子商务中消费者购买决策及其影响因素[J]. 心理科学进展, 2012, 20（1）: 27-34.

[24] 许悦, 郑富元, 陈卫平. 技术可供性和主播特征对消费者农产品购买意愿的影响[J]. 农村经济, 2021,（11）: 104-113.

[25] Cai J, Wohn D Y. Live Streaming Commerce: Uses and Gratifications Approach to Understanding Consumers'

Motivations[C]. Proceedings of the 52nd Hawaii International Conference on System Sciences, 2019.

[26] Li Y, Li X, Cai J. How attachment affects user stickiness on live streaming platforms: a socio-technical approach perspective[J]. Journal of Retailing and Consumer Services, 2021, 60: 1-9.

[27] 魏华, 高劲松, 段菲菲. 电商直播模式下信息交互对用户参与行为的影响[J]. 情报科学, 2021, 39（4）: 148-156.

[28] 龚潇潇, 叶作亮, 吴玉萍, 等. 直播场景氛围线索对消费者冲动消费意愿的影响机制研究[J]. 管理学报, 2019, 16（6）: 875-882.

[29] 陈向明. 扎根理论的思路和方法[J]. 教育研究与实验, 1999, （4）: 58-63, 73.

[30] 刘家国, 刘巍, 刘潇琦, 等. 基于扎根理论方法的中俄跨境电子商务发展研究[J]. 中国软科学, 2015, （9）: 27-40.

[31] 陈海权, 张镒, 郭文茜. 直播平台中网红特质对粉丝购买意愿的影响[J]. 中国流通经济, 2020, 34（10）: 28-37.

[32] 石文华, 蔡嘉龙, 绳娜, 等. 探究学习与在线评论对消费者购买意愿的影响[J]. 管理科学, 2020, 33（3）: 112-123.

[33] Hajli N. Social commerce constructs and consumer's intention to buy[J]. International Journal of Information Management, 2015, 35（2）: 183-191.

[34] 冯娇, 姚忠. 基于强弱关系理论的社会化商务购买意愿影响因素研究[J]. 管理评论, 2015, 27（12）: 99-109.

[35] Kimmel S. Visitors' flow experience while browsing a web site: its measurement, contributing factors and consequences[J]. Computers in Human Behavior, 2004, 20（3）: 403-422.

[36] Nambisan S, Baron R A. Virtual customer environments: testing a model of voluntary participation in value co-creation activities[J]. Journal of Product Innovation Management, 2009, 26（4）: 388-406.

[37] 韩箫亦, 许正良. 电商主播属性对消费者在线购买意愿的影响——基于扎根理论方法的研究[J]. 外国经济与管理, 2020, 42（10）: 62-75.

[38] 许贺, 曲洪建, 蔡建忠. 网络直播情境下服装消费者冲动性购买意愿的影响因素[J]. 东华大学学报（自然科学版）, 2021, （5）: 111-120.

[39] Parasuraman A. Reflections on gaining competitive advantage through customer value[J]. Journal of the Academy of Marketing Science, 1997, 25（2）: 154-161.

[40] 朱国玮, 吴雅丽. 网络环境下模特呈现对消费者触觉感知的影响研究[J]. 中国软科学, 2015, （2）: 146-154.

[41] 张艳辉, 李宗伟. 在线评论有用性的影响因素研究: 基于产品类型的调节效应[J]. 管理评论, 2016, 28（10）: 123-132.

[42] 赵保国, 王耘丰. 电商主播特征对消费者购买意愿的影响[J]. 商业研究, 2021, （1）: 1-6.

[43] 肖开红, 雷兵. 意见领袖特质、促销刺激与社交电商消费者购买意愿——基于微信群购物者的调查研究[J]. 管理学刊, 2021, 34（1）: 99-110.

[44] 耿黎辉, 姚佳佳. 网上促销中折扣和稀缺性对购买意愿的影响[J]. 经济与管理, 2020, 34（6）: 20-27.

[45] Forlizzi J, Battarbee K. Understanding Experience in Interactive Systems[C]. Proceedings of the 5th Conference on Designing Interactive Systems: Process, Practices, Methods, and Techniques, 2004.

[46] Shteynberg G. Shared attention[J]. Perspectives on Psychological Science, 2015, 10（5）: 579-590.

[47] Lim S, Cha S Y, Park C, et al. Getting closer and experiencing together: antecedents and consequences of psychological distance in social media-enhanced real-time streaming video[J]. Computers in Human Behavior, 2012, 28（4）: 1365-1378.

[48] Battarbee K, Koskinen I. Co-experience: user experience as interaction[J]. CoDesign, 2005, 1（1）: 5-18.

Research on the Mechanism of Consumer Purchase Behavior of Live Streaming Commerce Based on Grounded Theory

DIAO Yajing, YANG Qian, WU Jiahui, WANG Zhiying, GE Shilun

(School of Economics and Management, Jiangsu University of Science and Technology, Zhenjiang 212100, China)

Abstract Live streaming commerce is a new form of shopping. More and more platforms and businesses are trying to promote and sell products through live streaming. Based on the grounded theory, this study constructs a theoretical model of the mechanism of live streaming commerce on consumers' purchase behavior by analyzing the in-depth interview data of users participating in the live streaming and the danmaku comments in the live streaming room. The factors that promote purchase behavior in the model include live streaming interaction factors (anchor interaction, others interaction and platform interaction) and situational factors (physical situation and psychological situation); Consumer related behavioral responses include willingness to plant grass, willingness to participate, willingness to share and willingness to buy. The results clarify the relationship between the stimulating factors, consumers' internal state and consumers' purchase behavior, and put forward the intermediary mechanism of consumers' shared attention state in the live streaming room. The research conclusions of this paper enrich the relevant theories of live streaming shopping, and provide practical guidance for live streaming commerce platforms.

Keywords Live streaming commerce, Grounded theory, Common experience

作者简介

刁雅静（1979—），女，江苏科技大学经济管理学院副教授、硕士生导师，研究方向包括社交商务与电子商务、企业信息化理论与实践等，E-mail：dyj1979829@163.com。

杨倩（1997—），女，江苏科技大学经济管理学院2019级硕士研究生，研究方向为社交商务、电子商务，E-mail：yang121886@163.com。

吴嘉辉（1999—），男，江苏科技大学经济管理学院2021级硕士研究生，研究方向为社交商务、电子商务，E-mail：wjh99217@163.com。

王志英（1975—），女，江苏科技大学经济管理学院副教授、硕士生导师，研究方向包括云计算信息安全管理、信息安全行为等，E-mail：Wangzy_20066@163.com。

葛世伦（1964—），男，江苏科技大学经济管理学院教授、博士生导师，研究方向包括管理信息系统、企业信息模型、制造业信息化等，E-mail：gsl@just.edu.cn。

众包争议在线解决机制中判定的影响因素研究
——以闲置交易平台为例*

杨雪，庄雨

（南京大学商学院，江苏 南京 210093）

摘 要 如今部分二手闲置交易平台为了高效公正地解决在线纠纷，创新性地建立了众包争议在线解决机制。以某闲置交易平台为例，基于回归分析探究众包争议在线解决机制中纠纷责任判定的影响因素。结果表明，表述中的情绪、陈词次数、是否对图片进行标注、图片凭证的类型与数量以及买卖双方特定的理由对判定结果有显著的影响。基于结果，从维护消费者权益角度出发，对买家和平台方面提出了参考意见，本文具有一定的理论意义和实践指导意义。

关键词 众包争议在线解决机制，在线纠纷，退货

中图法分类号 C93

1 研究背景

随着移动互联网的发展，大数据、云计算等互联网技术的进步，以及居民收入和消费的增长，共享经济作为一种"新商业"形态得到迅速发展。根据国家信息中心发布的数据，2018 年的共享经济交易总额为 29 420 亿元，增幅达到 41.6%，市场参与人数约为 7.6 亿人，其推动服务业结构优化、快速增长和消费方式转型的新动能作用日益凸显（中国共享经济发展年度报告 2019）。共享经济的表现形式多种多样，对我们生活中衣食住行的各个方面都产生了深刻的影响，相关的平台和企业正在我们的生活中扮演越来越重要的角色，其中，二手闲置交易平台作为共享经济的一种形式获得了许多人的关注。

由于我国电商行业发展，共享经济理念逐渐渗透，加上物质财富大幅增长，人们生活中大量物品被闲置，交易闲置物品的需求增强，越来越多的人选择将闲置物品在线上平台进行出售，让优质闲置物品重获新生，促进资源优化利用，推动社会可持续发展，同时也能获得一定的收入。二手闲置交易平台企业通过互联网技术将供给方与需求方联系起来，整合闲置信息，提高搜索匹配效率，使用户可以方便地进行在线闲置交易。目前我国已有不少发展较为成熟的闲置交易平台，闲鱼、转转、爱回收、微拍堂等平台的规模逐渐扩大，吸引了大量的活跃用户，为人们进行闲置交易提供了便捷。根据第三方研究机构的报告，2019 年第一季度，阿里巴巴集团旗下闲鱼 APP 的月活跃用户达到了 2 439.9 万人次，在同类平台中优势明显，58 集团旗下的转转则以 1 142.9 万人位居第二（BigData-Research）。

如今，在网上买卖闲置物品已成为深受大众欢迎的交易模式，但由于网络购物不支持当面验货，买卖双方经常出现交易纠纷，面临退货换货的问题，而 C2C 二手闲置交易平台更有其特殊性。该类平

---

* 基金项目：国家自然科学基金面上项目（72272075，71872086）、南京大学新时代文科卓越研究计划"中长期研究专项"（14914220）、南京大学文科青年跨学科团队专项"中央高校基本科研业务费专项资金资助"（14370115）。

通信作者：杨雪，南京大学商学院教授、博士生导师，E-mail：yangxue@nju.edu.cn。

台的用户基本上都是个体的买家和卖家，退货规则由买卖双方沟通达成，因每单交易而异，并没有统一标准。平台卖家通常不以销售闲置为业，出售物品的频率不高，因此大部分卖家并不畏惧差评，也不支持无理由退货。由于平台交易信息不对称、买卖中的投机行为等问题，平台中的交易双方经常有陷入维权困境的风险，售卖假货、欺瞒诈骗、恶意退货、以假换真等情况依旧层出不穷。

为了高效公正地解决数量庞大的在线纠纷，维护消费者和商家的合法权益，建立争议在线解决机制已成为趋势。争议在线解决机制（online dispute resolution, ODR）在欧美国家已十分盛行，该服务通常由交易平台以外的其他第三方网站提供，如 Clicknsettle.com、Squaretrade.com 等。在我国，因为第三方中介机构发展不完善，交易网站往往自行充当纠纷解决机构的角色，建立相关的纠纷解决机制。《中华人民共和国电子商务法》第六十三条规定："电子商务平台经营者可以建立争议在线解决机制，制定并公示争议解决规则，根据自愿原则，公平、公正地解决当事人的争议。"因此，为了改善用户体验，增强纠纷解决能力，维护平台的公正性，许多在线交易平台都颁布了一系列措施加强自身监管，建立信用体系，完善争议在线解决机制。其中，常见的形式包括在线沟通、在线调解和在线仲裁等。若纠纷双方经历沟通和调解后仍不能达成一致，则将由第三方进行仲裁，判定责任归属。我国许多二手闲置交易平台的争议在线解决机制中都包含了在线仲裁，多数平台在进行交易纠纷仲裁时，仲裁者由平台方担任，拥有相关专业知识的平台客服将作为仲裁者介入，对责任归属和售后处理方式进行判定。

与此同时，有一些平台创新性地将众包与争议在线解决机制结合，让平台用户作为仲裁员进行责任判定，试图以更加民主、低廉、快速的方式解决纠纷，建立了众包争议在线解决机制（crowdsourced online dispute resolution, CODR）。目前 CODR 更多适用于二手闲置交易平台，由于该类平台纠纷数量更多，纠纷类型也更复杂多样，更需要基于每个纠纷案例进行针对性的判定，CODR 也就成了许多二手闲置平台管理者的选择。例如，闲鱼二手闲置交易平台借鉴英美法系中的陪审团制度建立了"闲鱼小法庭"机制，将随机邀请平台用户作为仲裁者进行过错判定或居间调解。众包争议在线解决机制的流程通常包括提交陈词、相互辩论以及上传图片凭证佐证陈词，而由平台用户担任的仲裁员将基于这些信息做出判断，并由多位仲裁员的投票结果最终决定争议的责任归属。然而，这一争议解决的过程只能在线上以文本和图片的方式进行呈现，过程中双方上传的信息通常并不能完整描述整个交易过程，并且有时带有强烈的主观色彩，甚至无法确定其真实性。再加上众包争议在线解决机制中的仲裁者并不一定具有相关的法律意识和专业知识，判断过程难以被规范，这就使得作为仲裁者的用户会受到其中各种因素的影响，如陈词内容特征、图片凭证的特征等，从而影响他们的最终判断。在这种情况下，对于一些缺乏相关经验的买家，很有可能因为在纠纷处理中忽视其中一些因素，从而获得不利于自身的判定，仲裁者带有一定偏见的判断也可能对维护消费者权益造成不利影响。又因为在通常情况下，卖方比买方拥有更多关于交易产品的信息[1]，这种信息不对称性使得买方在闲置交易中更容易受到侵害，维护买方权益也成为公正处理纠纷中的重要一环。目前，众包争议在线解决机制在纠纷解决领域仍然属于较为新兴的一种机制，部分平台也在逐渐试验与实践 CODR 机制，然而国内外关于 CODR 机制的研究还十分缺乏。许多学者已经证实众包在某些专业工作中是可靠而有效的，如识别虚假新闻、干预错误信息[2]、判断相关性等[3]，但在争议解决方面的众包形式则尚无实证研究，该机制是否能实现纠纷的公平解决，合理维护消费者权益，是一个亟待探究的问题。

综上所述，本文意图基于国内某闲置交易网站的众包争议在线解决机制，通过两阶段的回归分析，从买家角度探究在闲置交易平台的 CODR 中，哪些因素会对交易纠纷责任归属的判定产生影响。

本文的研究意义在于：①实证研究众包争议在线解决机制中纠纷责任判定的影响因素，从买家角度探讨目前相关平台中使用该机制进行交易纠纷判定的公平程度，以及识别判定过程中存在的问题。②从维护消费者权益角度为买家提供正确处理争议的意见，并为二手闲置交易平台中处理交易纠纷的管理机制和规范提供借鉴意义。③探究众包在法律相关领域应用的效果，分析"群众智慧"是否适合运用于纠纷判定领域。

2 理论基础

2.1 平台交易纠纷及退货研究

随着网络购物的增长，在线交易平台上充斥着大量交易纠纷，国内外学者对此进行了一系列研究，研究主要包括纠纷的发生、纠纷处理机制以及纠纷处理形式对在线平台产生的影响。Felstiner等将纠纷定义为"当一方发起索求而另一方拒绝时的一种特定形式的冲突"[4]。胡晓霞认为消费纠纷是指消费者购买、使用商品或者接受服务时与经营者之间发生的权利争议[5]。纠纷的形成包含四个阶段，分别是：①一方接收到负面的感知；②该当事人将这种感知转化为不满情绪；③向另一方提出不满并要求补偿；④另一方拒绝[4]。因此，平台纠纷的产生是由于买家在购物中产生不好的体验并感知，这种感知转化为不满情绪后，买家向卖家提出索赔，卖家拒绝要求，从而产生纠纷。有学者通过总结认为平台纠纷产生的主要原因有：①较高的市场不确定性[6]。在线交易平台市场结构多样化、缺乏实体产品体验以及平台之间缺乏统一的规范与制度等，导致市场不确定性较高，从而降低用户的信任感并产生争议。②投机主义行为[7]。在传统交易市场中，投机行为是指对私人利益的不道德追求。在电商平台交易中，在线交易双方均有可能利用信息不对称，通过不当行为来牟取私利，从而导致交易纠纷。平台中的投机主义行为主要包括卖家失实陈述、售卖假货、货不对板等；买家以假换真、强行拒收等。③银货分离的交易方式[8]。这种交易方式增加了买家付款与收货、卖家发货与收款以及退款与退货之间的时间长度，提高了买卖双方的沟通和时间成本，从而提高了交易纠纷产生的风险[9]。

退货是在交易纠纷中经常面临的一个问题，在二手闲置交易中，退货是买家最普遍的诉求之一。研究表明退货通常是消费者对产品不满意的结果[10]。Anderson认为，这种不满情绪主要由购买预期与实际的产品感知之间的差异造成。当消费者收到产品后，对产品的感知与购买期望相符时，他的期望得到确认，并对购买感到满意。如果对产品的感知低于期望值，则他会否定预期，导致不满意[11]。例如，在线零售商在销售中使用到的产品展示技术，会通过影响消费者预期从而影响商品的退货率[12]。除此之外，产品本身特征也会影响退货率，不同产品类别的退货率各不相同[13]。退货这一选择的价值，即产品价格的高低也会对退货率产生影响，价格低廉会导致较低的退货率[14]。

消费者网购退货的具体原因可以归纳为三类：①商家原因，包括商品问题（商品质量差、假货、与描述不符、存在瑕疵等）、价格问题（价格过高、购买后价格下降等）以及商家服务问题（缺乏沟通、发货超时等）；②个人原因，包括个人期望过高、喜好变化、自身下单错误（尺寸、颜色等选择错误）以及他人的影响；③快递公司原因，包括货物破损、送货时间超时、服务态度差等[15]。李东进等在基于远程购物环境下退货情况的研究中指出，个人偏好问题及产品质量问题是退货的两个重要原因[16]。在闲置交易平台的纠纷中，由于进行交易的是二手物品，商品质量方面产生的问题更为严重，一方面，二手商品的性质决定了其商品会存在一定的折旧和使用痕迹；另一方面，由于线上闲置交易具有信息不对称性，消费者无法在购买时亲自鉴别产品质量[17]。

然而，买家的退货诉求并不一定都是合理的。例如，研究发现买家在交易中同样可能存在投机行为。在线交易中消费者存在着退货欺诈行为，部分消费者会选择在使用完商品后进行退货，该行为被定义为"零售借用"，调查中大约 18%的购物者都从事过这种行为[18, 19]。

正如 Felstiner 等所说，纠纷是一个复杂的过程，包括模棱两可的行为、错误的回忆、不确定的规范、冲突的目标、不一致的价值观和复杂的制度。随着时间的流逝，情绪和目标的变化会使事情更加复杂[4]。因此，面对在线交易中数量庞大的、各式各样的交易纠纷和退货请求，做出公正的判决是一件困难的事。

2.2 在线仲裁与众包争议在线解决机制研究

随着互联网技术的发展，电子商务平台的发展与普及，消费者越来越多地选择在线上购物，网络交易规模量不断扩大的同时，平台上的交易纠纷数量也在不断增长。为了高效、公正、合理地解决在线纠纷，争议在线解决机制在近些年得到了迅速的发展[20]。争议在线解决机制是利用互联网技术促进线上争议解决的一种形式，目前在欧美国家最为流行，通常由交易平台以外的第三方网站提供相关服务，而在我国，因为第三方中介机构发展不完善，交易网站往往自行充当纠纷解决机构的角色，建立相关的纠纷解决机制。其形式主要包括在线沟通、在线调解、在线仲裁[21, 22]。本文研究机制形式着重于在线仲裁。在传统法律程序中，仲裁是一种第三方听证会的形式，在听证会上，争端各方陈述他们对问题的立场，传唤证人，并为各自的立场提供支持证据[23]。在线仲裁则是在线上完成仲裁程序，并由第三方（通常为在线争议解决机构）作为仲裁者做出最后判定。

与此同时，有一些平台创新性地将众包与争议在线解决机制结合，在纠纷责任判定中引入大众智慧，将群众的意见作为争议解决过程的一部分，试图以更加民主、低廉、快速的方式解决纠纷，建立了众包在线争议解决机制。众包是指组织把执行的任务以公开的形式将工作外包给外部受众，并为其支付报酬的大众承包模式[24]。众包在线争议解决机制则被定义为：将互联网技术和众包作为争议解决过程的一部分的一些非诉讼纠纷解决和法院诉讼机制。CODR 分为三种类型，第一种是网上民意调查，如 iCourthouse，在这些平台上，各方可以表达自己的感受并获得反馈，不需要法律语言，也不能保证公平的争议解决；第二种是在线模拟陪审团，如 eJury，它实际上并不解决任何争议，而是为双方当事人和律师提供一个机会，当他们在中立的评估者面前辩论时，可以看到案件的是非曲直；第三种是由私人实体执行的 CODR 裁决，通常是由在线平台发起的 CODR 程序，著名的例子有易趣印度社区法院和淘宝大众陪审[25, 26]。

目前国内外学者对众包这一领域进行了许多研究，但众包在线争议解决机制方面的实证研究仍较为少见。除了 CODR 之外，众包被运用在了许多其他领域，并已有一些研究表明众包方式在完成某些专业性工作中是有效而可靠的。Pennycook 和 Rand 考虑了利用群众智慧（而非专业检查员）来评估社交媒体平台中的新闻来源的可靠性，从而干预其中的虚假新闻。研究结果表明，虽然所处党派和个人特质等因素会影响评估结果，民众与专家的打分也呈现些许差异，但总体来说专业的事实检查员和群众的评分一致性非常高，因此研究认为利用众包的群众智慧能有效识别干预社交媒体中的错误信息、虚假新闻和带有严重政治偏见的新闻内容[2]。Vuurens 和 de Vries 则将目光放在利用众包来完成信息检索系统中文档相关性的判断，其中的匿名网络用户并不具有相关专业知识，所做的工作质量未知。研究通过比较众包注释者与专家注释者的一致性来评估他们的工作，最终得出结论，众包可以匹配专家注释者的工作质量[3]。然而，关于众包在纠纷判定中应用的研究仍比较缺乏。虽然有部分学者认为，大众作为基于经验反馈的积极提供者，他们的参与在纠纷判定中可能是有用的[27]，但目前并没有相关实证研究，因此亟待探究。

3 假设

3.1 陈述内容特征与责任判定

在传统的商业纠纷仲裁流程中，原被告作为纠纷双方在法庭对抗，陈述各自的事实和理由并提交证据，法官负责认定哪些证据确实充分，并根据结合陈述做出判决。在众包争议在线解决机制中，陈词和证据同样被作为责任判定的主要因素，买卖双方通过在线上发表文字陈述来讲明事件经过、表达自身观点，为自己辩护，同时需要提供图片凭证佐证观点，增强说服力，仲裁者则结合陈词和凭证两方面最终做出判断。根据信号传递理论，当仲裁者缺少买卖双方具体的交易信息时，前者会根据后者所提供的信息进行推断，这种推断也会反过来影响买卖双方对于纠纷信息的选择性提供[28]。由于目前国内平台对于在线争议解决机制中陈词方式一般没有严格、明确的规范，纠纷当事人表述的内容特征经常存在着较大的差异。研究表明，文本信息许多维度的细微变化能够对人们的认知产生影响[29-32]。本文认为，这将会对未经专业培训的仲裁者的判断产生一定影响，从而影响纠纷责任的判定结果。

3.1.1 陈词次数

众包争议在线解决机制流程中，纠纷当事人通常可以自愿、多次地上传陈词文本，阐述自己的立场和观点。研究表明更多的文本信息能够对人们的感知产生积极影响[33]。如果文本更长，则可能会刺激用户阅读得更为仔细，加深或改变原有的态度，降低其感知到的不确定性[34]。如果不存在额外的信息获取成本，文本长度会使得感知到的文本有用性增加[35]。同时，相关性分析表明，陈词次数与陈词总长度有高度的正向相关性。本文认为在 CODR 中，当事人发表的陈词次数越多，则越能充分地表达自己的观点，加强仲裁者的印象，一定程度上提高自身的可信度。因此提出假设：

H_1：陈词次数与纠纷当事人的获票比例是正向相关关系。

3.1.2 陈述中的情绪

研究表明表述中蕴含的情绪会对他人的感知造成影响[36]，在某些情况下，强烈的情感体验会干扰思索[37]。然而，情绪也起着重要的信息和激励作用，因此它们对认知的影响有时是有益的[38]。文本表达中的情绪极性能够影响阅读者的认知，积极的情感倾向表达，如礼貌用语、建议等，可以表达尊重，增加接收者对说话者的信任；而负面的情感倾向表达，如蔑视、威胁等，则会带给接收者负面的影响[28]。本文认为在 CODR 程序中，若当事人表达的是正面情绪，则能够展现出良好的礼貌素养以及积极寻求解决的态度，给仲裁者留下正面的印象，提升自身言论的可信度，从而正面影响仲裁者的判断；若当事人表达的是负面情绪，则有较大可能言辞中夹杂辱骂、威胁等不道德行为，从而给仲裁者留下负面印象，降低可信度。在实际的纠纷处理过程中，买卖双方陈述信息主要来自 CODR 界面中的双方陈词以及上传聊天记录图片凭证中的发言两个方面，因此提出假设：

H_{2a}：陈词中的正面情绪倾向与纠纷当事人的获票比例是正向相关关系。
H_{2b}：聊天记录中发言的正面情绪倾向与纠纷当事人的获票比例是正向相关关系。
H_{2c}：陈词中的负面情绪倾向与纠纷当事人的获票比例是负向相关关系。
H_{2d}：聊天记录中发言的负面情绪倾向与纠纷当事人的获票比例是负向相关关系。

3.1.3 陈述的逻辑性

纠纷当事人在表述中运用逻辑词条理清晰陈述自身观点，以更加精简的语句清晰明了地表达复杂的内容，在大段的表述中有效地、明确地突出重点，把握问题核心，一方面能够有助于仲裁者阅读并理解其立场与理由，一方面体现表达者思维的逻辑严密、推理缜密，从一定程度上提升仲裁者感知到的可信度。因此提出假设：

H_{3a}：陈词的表述逻辑性与纠纷当事人的获票比例是正向相关关系。

H_{3b}：聊天记录中发言的表述逻辑性与纠纷当事人的获票比例是正向相关关系。

3.2 图片凭证特征与责任判定

在线仲裁中，买卖双方需要提供图片信息作为凭证佐证自己的观点，其首要作用是作为证据和凭证来增强文字陈述的真实性和说服力。研究表明，图片在一些情况下能够对浏览者产生积极作用，增强他们感知到的信任度，增加文字说服力，并通过其样式属性将语义概念传达给消费者[39,40]，因此本文认为图片凭证的一些维度也会对责任判定造成影响。

3.2.1 上传图片凭证的数量

基于线索消除理论，与纯文字的交流相比，增加的图片信息能提供更多视觉线索，从而使得陈述的可信度提高[41]。本文认为，图片中传递的线索越丰富，越会增加参与者的信任感。在这种情况下，图片凭证的数量越多，作为证据传达的信息也就越多，能够加深仲裁者的印象，帮助理解当事人的观点，同时作为真实性依据减少仲裁者在判断中的不确定性，增加其对发布方的信任度。因此提出假设：

H_4：发布图片凭证数量与纠纷当事人的获票比例是正向相关关系。

3.2.2 发布图片凭证的类型

在争议在线解决流程中，买卖双方需要提供尽量丰富的各类凭证证明自己的立场。根据媒介丰富度理论，不同的媒介具有自身特点，高丰富度的媒介通常能够提供更多信息，用以沟通解决高复杂性、高信息需求和高模糊度的任务；低丰富度的媒介提供的信息较少，更适合用于完成常规的、易于理解的简单任务[42,43]。在众包争议在线解决机制中，虽然各类凭证以图片的形式展现出来，但其中所展现的可能是实物图片，也可能是聊天记录等文本信息，其中常见凭证类型主要包括：实物图片、发布信息、聊天记录、第三方证明、物流凭证。不同的图片凭证类型能够提供不同的信息，从不同角度对观点进行证明。实物图片能够真实地展现商品的外观、状态等；发布信息则展现了卖家发布产品时的描述信息，强调交易前卖方对产品的描述与承诺，并通常作为与商品现实状况的对比信息展现；聊天记录展示了买卖双方在交易过程中私下交流的真实信息；第三方证明展现了第三方专业人士的意见，对发布者的观点进行佐证，能够提高陈词的可信度；物流凭证能够展现交易中物流各个环节的时间与状态。其中，特定凭证能够传播特定信息，每份 CODR 数据中买卖双方上传的凭证类型都不尽相同，各类凭证的发布都会从某一方面丰富信息、提供佐证，从而增强自身观点的可信度。本文认为发布的特定凭证类型会对仲裁者的判定结果产生影响，因此提出假设：

H_5：发布特定类型的图片凭证（实物图片、发布信息、聊天记录、第三方证明、物流凭证）与纠纷当事人的获票比例是正向相关关系。

3.2.3 是否对图片进行标注突出

心理学理论指出，注意是人类信息加工过程中一项重要的心理调节机制，而视觉注意则能够帮助人类在众多的视觉信息中捕捉最重要、最有用、与当前行为最为相关的信息。在争议解决流程中，部分纠纷当事人在上传凭证的过程中，会在图片上进行标注，如对于一些重点模糊不清的图片凭证，使用画笔圈出想要传达的重点，或在图片上添加一些对于图片凭证的说明，从而突出通过该凭证想要传达的信息。这种做法有助于激发仲裁者的视觉注意，使其从视觉上能更加快速地捕捉重点，理解发布者的意图，并降低判定需要的时间成本，使得仲裁者在进行短时间内的判断时，提高图片凭证的有效性，从而提高当事人的可信度。因此提出假设：

H_6：对图片进行标注与纠纷当事人的获票比例是正向相关关系。

3.3 买卖双方陈述理由与责任判定

在争议在线解决机制中，买卖双方陈述理由是仲裁者判定的主要依据之一。本文基于平台预设退货理由，并通过对真实纠纷情况总结，认为在平台中买方退货理由主要包括以下三类：①商品质量问题；②收到商品少件或破损；③收到商品与描述不符。卖方拒绝理由则主要包括以下六类：①商品没问题，买家未举证或举证无效；②商品发出时完好；③要求买家承担发货运费；④商品已经影响二次销售；⑤申请时间已超售后服务时间；⑥一经售出不退换。本文认为，仲裁员在判定中，对特定大类的理由可能会产生相关的偏见，偏向支持买方或卖方。

在这三个买方退货理由中，"收到商品与描述不符"说明了买家因为闲置交易平台中的信息不对称或卖家的故意隐瞒，购买了不达预期的商品，该退货理由可以通过上传发布信息和实物图片等凭证进行前后对比，该类凭证较易取用，因此这一退货理由能被较为客观地进行证实，增强仲裁者感知到的可信度[39]，而其余两个理由通常因证据留存不足、无法证实发货时状态、判定的主观性较强等原因，无法通过凭证进行客观的证实，或遭到卖家的反驳，因此提出以下假设：

H_{7a}：特定的买方退货理由（收到商品与描述不符）与买家的获票比例是正向相关关系。

同时，在六个卖方拒绝理由中，"商品没问题，买家未举证或举证无效"通过直接反驳买家的退货理由，降低买家凭证的可信度，对买家产生不利；"要求买家承担发货运费"则说明卖家并未直接拒绝买家的退货申请，只是买卖双方在退货运费的角度未达成一致，也反映卖家已在退货问题上做出一些让步，可能会使得仲裁者在一定程度上对卖家做出支持；"申请时间已超售后服务时间"则较易通过凭证证实，从而获得仲裁者支持。其余三个理由中，"发出时完好"这一理由卖家不常留存凭证，"商品已经影响二次销售""一经售出不退换"则更偏向于卖家的主观观点与想法，对仲裁员的判定不会产生显著影响，因此提出以下假设：

H_{7b}：特定的卖方拒绝理由（"商品没问题，买家未举证或举证无效""要求买家承担发货运费""申请时间已超售后服务时间"）与买家的获票比例是负向相关关系。

4 研究方法

4.1 数据

本文数据皆来自国内某闲置交易网站 2019 年 4 月至 2022 年 5 月期间真实的众包争议在线解决机制案例，每份案例包含了该次争议解决的全过程数据，包括双方陈词、交易记录、产品发布信息、双方上传的图片凭证、投票结果及仲裁员评论。在收集数据前期，平台的争议解决程序随机分发给用户，研究人员在网络上通过不同的渠道寻找到了参加 CODR 程序的该平台用户，并以访谈、问卷形式邀请他们提供相关数据；在收集数据后期，平台增加争议解决评判入口，用户可以主动参与相关争议的评判，研究人员亦可通过该入口收集相关数据。争议解决数据可能包含用户隐私，因此研究人员要求用户将与隐私相关数据，如用户名、电话号码、收货地址等打码后提交，同时严格管理数据，将数据仅作研究用途，保证数据不泄露，从而保护平台用户的相关隐私。本次研究收集了某闲置交易平台众包争议在线解决机制的全过程的真实案例，共获得269条完整信息，其中7条数据由于买家撤诉而没有具体投票结果，拥有具体投票结果的完整数据共262条。

研究选取的平台为国内最大的二手闲置交易平台之一，该平台活跃用户人数众多，交易规模大，平台用户能够在平台中自主上传二手闲置物品并进行在线交易，实现闲置资源的优化利用。除了交易功能以外，该平台还是一个社区交流平台，平台将不同用户依据地理位置和兴趣爱好聚集在一起，促进用户之间交流，也为用户在闲置物品交易上提供了便利。2020年官方公布数据显示，2019年该平台商品交易总额已达到2 000亿元。因此该平台具有一定的行业代表性。

为了高效、合理、公正地解决平台上的争议，平台建立了一套独特的争议在线解决机制。出现纠纷时，平台首先要求买卖双方各自上传理由和图片凭证进行沟通，如沟通无法达成一致则进入CODR程序，若结果仍无法使双方满意，则由平台客服介入进行最终判定。

该平台将互联网技术与纠纷解决过程全面融合，创新性地引入众包争议在线解决机制，邀请第三方用户进行过错判定或居间调解，以此提升处理交易纠纷的公平性。平台的CODR程序主要运作机制如下。

（1）买卖双方在面临纠纷且沟通无果时，可进行共同申诉进入CODR程序。

（2）在CODR流程开始后，买卖双方能够在平台规定时间内描述问题、提供凭证、进行各自陈词。

（3）此后平台将随机邀请17位信用较好的其他用户作为仲裁员，根据双方陈词进行投票，率先获得9人支持的一方胜诉，若买方率先获得9票，则平台支持退货退款，若卖方率先获得9票，则平台驳回上诉并打款给卖方。

4.2 变量

研究具体使用的变量与说明如表1所示。

表1 变量说明表

变量名	说明
Result	投票结果，1表示买家获胜，0表示卖家获胜
B_StmtTimes	买家陈词次数
B_StmtAT	买家陈词表述逻辑性
B_StmtNeg	买家陈词负面情绪，1表示情绪极性为负面情绪，0表示并非负面情绪
B_StmtPos	买家陈词正面情绪，1表示情绪极性为正面情绪，0表示并非正面情绪
B_PicHighlight	买家是否对图片进行标注，1为标注，0为未标注
B_NumofAllPic	买家上传的图片凭证总数
B_NumofPic（CR）	买家上传的图片凭证数量（聊天记录）
B_NumofPic（PP, PM, TPE, LV, etc.）	买家上传的图片凭证数量（实物图片、发布信息、第三方佐证、物流凭证等）
B_PP	买家是否上传实物图片，1为上传，0为未上传
B_PM	买家是否上传发布信息，1为上传，0为未上传
B_CR	买家是否上传聊天记录，1为上传，0为未上传

续表

变量名	说明
B_TPE	买家是否上传第三方佐证，1 为上传，0 为未上传
B_LV	买家是否上传物流凭证，1 为上传，0 为未上传
B_CRAT	买家聊天记录表述逻辑性
B_CRNeg	买家聊天记录负面情绪，1 表示情绪极性为负面情绪，0 表示并非负面情绪
B_CRPos	买家聊天记录正面情绪，1 表示情绪极性为正面情绪，0 表示并非正面情绪
S_StmtTimes	卖家陈词次数
S_StmtAT	卖家陈词表述逻辑性
S_StmtNeg	卖家陈词负面情绪，1 表示情绪极性为负面情绪，0 表示并非负面情绪
S_StmtPos	卖家陈词正面情绪，1 表示情绪极性为正面情绪，0 表示并非正面情绪
S_PicHighlight	卖家是否对图片进行标注，1 为标注，0 为未标注
S_NumofAllPic	卖家上传的图片凭证总数
S_NumofPic（CR）	卖家上传的图片凭证数量（聊天记录）
S_NumofPic（PP，PM，TPE，LV，etc.）	卖家上传的图片凭证数量（实物图片、发布信息、第三方佐证、物流凭证等）
S_PP	卖家是否上传实物图片，1 为上传，0 为未上传
S_PM	卖家是否上传发布信息，1 为上传，0 为未上传
S_CR	卖家是否上传聊天记录，1 为上传，0 为未上传
S_TPE	卖家是否上传第三方佐证，1 为上传，0 为未上传
S_LV	卖家是否上传物流凭证，1 为上传，0 为未上传
S_CRAT	卖家聊天记录表述逻辑性
S_CRNeg	卖家聊天记录负面情绪，1 表示情绪极性为负面情绪，0 表示并非负面情绪
S_CRPos	卖家聊天记录正面情绪，1 表示情绪极性为正面情绪，0 表示并非正面情绪
B_Reason1	买家退货理由 1（商品质量问题），1 表示提出该理由，0 表示未提出
B_Reason2	买家退货理由 2（收到商品少件或破损），1 表示提出该理由，0 表示未提出
B_Reason3	买家退货理由 3（收到商品与描述不符），1 表示提出该理由，0 表示未提出
S_Reason1	卖家拒绝理由 1（商品没问题，买家未举证或举证无效），1 表示提出该理由，0 表示未提出
S_Reason2	卖家拒绝理由 2（商品发出时完好），1 表示提出该理由，0 表示未提出
S_Reason3	卖家拒绝理由 3（要求买家承担发货运费），1 表示提出该理由，0 表示未提出
S_Reason4	卖家拒绝理由 4（商品已经影响二次销售），1 表示提出该理由，0 表示未提出
S_Reason5	卖家拒绝理由 5（申请时间已超售后服务时间），1 表示提出该理由，0 表示未提出
S_Reason6	卖家拒绝理由 6（一经售出不退换），1 表示提出该理由，0 表示未提出
Price	产品价格

研究的因变量为买家获胜情况，第一阶段回归的自变量为买卖双方的：①陈词内容特征，其特征向量包括陈词次数、陈词表述逻辑性、陈词负面情绪、陈词正面情绪。②图片凭证特征，其特征向量包括上传的图片凭证总数、是否对图片进行标注、是否上传特定类型的凭证（包括实物图片、发布信息、聊天记录、第三方佐证和物流凭证）。③买卖双方陈述理由，其特征向量包括买家是否提出以下退货理由：商品质量问题、收到商品少件或破损、收到商品与描述不符；卖家是否提出以下拒绝理由：商品没问题、买家未举证或举证无效、商品发出时完好、要求买家承担发货运费、商品已经影响二次销售、申请时间已超售后服务时间、一经售出不退换。研究的控制变量为商品价格。

第二阶段回归则将聊天记录凭证与其他类型凭证分开分析，因此在第一阶段回归的基础上加入聊天记录发言内容特征变量，包括以下特征向量：聊天记录表述逻辑性、聊天记录负面情绪、聊天记录正面情绪。同时也将聊天记录的数量与其他凭证的数量分开统计，去除上传的图片凭证总数，并加入上传的图片凭证数量（聊天记录）、上传的图片凭证数量（实物图片、发布信息、第三方佐证、物流凭证等）两个特征向量。

其中文本情绪相关变量通过科大讯飞 API（application programming interface，应用程序编程接口）计算获得。科大讯飞基于哈尔滨工业大学研发的语言技术平台，提供针对简体中文文本的情感分析。情感分析是对带有情感色彩（褒义贬义/正向负向）的主观性文本进行分析，以确定该文本的观点、喜好、情感倾向（科大讯飞情感分析 API 文档）。

表述逻辑性变量在本文中被规定为运用逻辑词的数量，该变量通过中国科学院心理研究所"文心"（TextMind）系统计算获得。"文心"中文心理分析系统是由中国科学院心理研究所计算网络心理实验室，基于 LIWC2007 以及 C-LIWC 两个词库，针对中国简体中文环境下的语言特点，研发的针对中文文本进行语言分析的软件系统。"文心"系统支持分析文本中使用的不同类别语言的程度、偏好等特点，提供从简体中文自动分词，到语言心理分析的解决方案（"文心"中文心理分析系统使用手册）。其中能体现表述逻辑性的词语包括数字、暂定词、因果词、洞察词、肯定词、包含词、排除词这七类词[44]。

买卖双方陈述理由及相关特征变量通过邀请专家进行人工概括总结与标注获得，以确保变量的准确性和可解释性。在尝试使用 LDA 等机器学习方法进行变量获取的过程中，由于文本信息琐碎、概括性不强、存在无关内容等文本特点，LDA 基础模型无法准确得出具有可解释性的、概括性的准确理由与相关变量，因此最终选择人工概括总结与标注的方法，以求提高研究的严谨性与准确性。

4.3 模型

本文运用的主要模型为逻辑回归模型，逻辑回归分析分为两个阶段进行。考虑到在所有的凭证类型中，聊天记录图片凭证主要展示的实则为文本信息，与双方陈词一起成为买卖双方表述的文本信息主要来源，但是聊天记录凭证中的文本信息又不同于针对仲裁者公开表述的双方陈词，而是展现了买卖双方私下的交流情况，因此本文希望将双方陈词与聊天记录的相关变量分开考虑。同时，由于不是每一次争议处理中买卖双方都会发布聊天记录作为凭证，在所有完整数据中，仅有 220 份含有聊天记录凭证，若直接将聊天记录相关变量加入回归会导致数据量减少。因此，在第一阶段，本文将所有图片凭证合并分析，不单独考虑聊天记录中文本特征的影响，在这种情况下数据量相对较多，对于其他变量的研究结果更为准确；而第二阶段，本文则将聊天记录凭证与其他凭证分开，单独考虑其数量和其中的文本信息是否会对责任判定产生影响。

具体回归模型如下：

$$\ln \frac{BR}{1-BR} = \beta_1 SF + \beta_2 PT_1 + \beta_3 RS + \alpha_1 + \varepsilon_1 \tag{1}$$

$$\ln \frac{\mathrm{BR}}{1-\mathrm{BR}} = \beta_4 \mathrm{SF} + \beta_5 \mathrm{PT}_2 + \beta_6 \mathrm{PT}_3 + \beta_7 \mathrm{RS} + \alpha_2 + \varepsilon_2 \tag{2}$$

式（1）为第一阶段逻辑回归模型，BR 表示投票结果，即买家获胜情况，SF 表示陈词内容特征，PT₁表示所有图片凭证的特征，RS 表示买卖双方陈述理由。式（2）为第二阶段回归模型，BR、SF、RS 表示内容同上，PT₂表示聊天记录凭证的内容特征，PT₃表示除聊天记录内容特征以外的其他图片凭证特征。α_1、α_2为截距项，ε_1、ε_2为误差项。

除回归分析以外，本文还对所有变量进行了描述性统计分析，并对仲裁员在评判过程中的评论进行了关键词分析。其中关键词提取是从文本中将与文本意义最相关的一些词抽取出来的技术，由科大讯飞 API 提供技术支持。

5 结果及讨论

5.1 结果

5.1.1 将所有类型凭证合并分析时

第一阶段的回归分析的描述性统计结果如表 2 所示，共有 262 条有效样本，其中买家胜利的比例约 49.6%，约占样本总数的一半。具体的回归分析结果详见表 3。

表 2　第一阶段描述性统计结果

	变量	样本数	平均值	标准差	最小值	最大值
	投票结果	262	0.496	0.501	0	1
买方因素	B_StmtTimes	262	4.809	2.178	1	15
	B_StmtAT	262	0.154	0.089	0	0.5
	B_StmtNeg	262	0.256	0.437	0	1
	B_StmtPos	262	0.286	0.453	0	1
	B_NumofAllPic	262	7.592	6.002	0	45
	B_PicHighlight	262	0.271	0.445	0	1
	B_PP	262	0.79	0.408	0	1
	B_PM	262	0.218	0.413	0	1
	B_CR	262	0.634	0.483	0	1
	B_TPE	262	0.08	0.272	0	1
	B_LV	262	0.057	0.233	0	1
	B_Reason1	262	0.336	0.473	0	1
	B_Reason2	262	0.126	0.332	0	1
	B_Reason3	262	0.489	0.501	0	1
卖方因素	S_StmtTimes	262	4.118	2.304	1	14
	S_StmtAT	262	0.189	0.083	0	0.5
	S_StmtNeg	262	0.309	0.463	0	1

续表

	变量	样本数	平均值	标准差	最小值	最大值
卖方因素	S_StmtPos	262	0.363	0.482	0	1
	S_NumofAllPic	262	6.168	6.029	0	39
	S_PicHighlight	262	0.237	0.426	0	1
	S_PP	262	0.454	0.499	0	1
	S_PM	262	0.328	0.47	0	1
	S_CR	262	0.649	0.478	0	1
	S_TPE	262	0.065	0.247	0	1
	S_LV	262	0.076	0.266	0	1
	S_Reason1	262	0.634	0.483	0	1
	S_Reason2	262	0.122	0.328	0	1
	S_Reason3	262	0.103	0.305	0	1
	S_Reason4	262	0.164	0.371	0	1
	S_Reason5	262	0.031	0.172	0	1
	S_Reason6	262	0.202	0.402	0	1
	Price	262	372.512	576.159	0.01	3 800

表3 第一阶段回归分析结果

	投票结果	相关系数	标准误	t值	p值	95%置信区间		显著性
买方因素	B_StmtTimes	0.487	0.124	3.92	0	0.244	0.731	***
	B_StmtAT	−1.953	2.131	−0.92	0.359	−6.13	2.224	
	B_StmtNeg	0.587	0.434	1.35	0.176	−0.264	1.438	
	B_StmtPos	1.164	0.436	2.67	0.008	0.31	2.018	***
	B_NumofAllPic	0.007	0.046	0.15	0.879	−0.083	0.096	
	B_PicHighlight	1.502	0.452	3.32	0.001	0.617	2.387	***
	B_PP	1.341	0.501	2.68	0.007	0.359	2.323	***
	B_PM	0.139	0.506	0.27	0.784	−0.852	1.13	
	B_CR	0.896	0.387	2.31	0.021	0.137	1.654	**
	B_TPE	0.785	0.668	1.17	0.24	−0.525	2.095	
	B_LV	0.547	1.014	0.54	0.59	−1.441	2.534	
	B_Reason1	1.539	0.765	2.01	0.044	0.038	3.039	**
	B_Reason2	1.517	0.938	1.62	0.106	−0.321	3.354	
	B_Reason3	1.87	0.734	2.55	0.011	0.431	3.309	**
卖方因素	S_StmtTimes	−0.236	0.109	−2.17	0.03	−0.449	−0.023	**
	S_StmtAT	−2.752	2.044	−1.35	0.178	−6.757	1.253	

续表

	投票结果	相关系数	标准误	t值	p值	[95%置信区间]		显著性
卖方因素	S_StmtNeg	1.055	0.469	2.25	0.025	0.136	1.974	**
	S_StmtPos	0.349	0.412	0.85	0.397	−0.458	1.155	
	S_NumofAllPic	−0.058	0.046	−1.27	0.205	−0.149	0.032	
	S_PicHighlight	−0.526	0.464	−1.13	0.257	−1.434	0.383	
	S_PP	−0.541	0.379	−1.43	0.153	−1.284	0.202	
	S_PM	−0.547	0.431	−1.27	0.205	−1.392	0.299	
	S_CR	−1.062	0.407	−2.61	0.009	−1.86	−0.263	***
	S_TPE	−0.419	0.709	−0.59	0.554	−1.809	0.97	
	S_LV	0.891	0.743	1.20	0.231	−0.566	2.348	
	S_Reason1	−1.092	0.497	−2.20	0.028	−2.067	−0.118	**
	S_Reason2	−0.17	0.671	−0.25	0.801	−1.485	1.146	
	S_Reason3	−1.631	0.717	−2.28	0.023	−3.036	−0.227	**
	S_Reason4	−0.725	0.584	−1.24	0.215	−1.87	0.42	
	S_Reason5	−1.816	1.436	−1.26	0.206	−4.63	0.999	
	S_Reason6	−0.294	0.49	−0.60	0.548	−1.253	0.665	
	Price	0	0	−0.31	0.757	−0.001	0	
	常数项	−2.633	1.189	−2.22	0.027	−4.962	−0.303	**
因变量均值		0.496			因变量标准差		0.501	
伪 R^2		0.370			样本数		262	
卡方分布		134.521			Prob > chi2		0	
Akaike crit.（AIC）		294.673			Bayesian crit.（BIC）		412.428	

***表示 $p<0.01$，**表示 $p<0.05$

1. 陈述内容特征

表3回归结果显示买家陈词次数对买家获胜有显著的正向影响，而卖家陈词次数对买家获胜有显著的负向影响，支持 H_1。本文认为在买卖双方的对抗中，陈词次数的多少是相对的，若卖方发表的陈词次数越多，则买方发表的陈词次数就相对越少；同理，若卖方发表的陈词次数越少，则买方发表的陈词次数就相对越多。陈词次数越多，通常传递的信息越多，表述中包含的细节更丰富，对观点重复的次数也更多，从而使得仲裁员对其表达的观点印象更为深刻，同时感知到的观点的可信度也在一定程度上增强；而陈词次数越少，则表达的信息观点越少，使仲裁者感知到的可信度降低。众包争议在线解决机制中的争议过程是通过线上文字和图片进行展示，仲裁员在线上浏览时，陈词次数多的一方在视觉上所占篇幅更多。在实际情况中，有部分被随机邀请参与 CODR 的仲裁员由于不具有足够的参与意愿，因此只会粗略浏览，并不一定会仔细阅读、认真思考判别其中的观点和逻辑，对于这些仲裁员来说，更多的陈词次数更能显示出表述者表达的愿望更为强烈，对本次纠纷更为重视，也更能从视觉上抓住其目光，使得仲裁员更加偏向陈词次数多的一方。

同时，结果显示买家陈词的正面情绪对买家获胜有正向影响，卖家陈词的负面情绪对买家获胜也有正向影响，支持 H_{2a} 和 H_{2c}。由表 2 描述性统计结果可知，在纠纷处理的双方陈词过程中，28.6%的买家和 36.3%的卖家表达出正面情绪，25.6%的买家和 30.9%的卖家表达出负面情绪。在 CODR 中，由于买卖双方存在争议、无法达成一致，有相当一部分当事人会在陈词中表达出焦虑、愤怒、仇恨等负面情绪，更有甚者会做出辱骂、威胁等举动。然而，结果显示作为仲裁员更有可能偏向表达出正面情绪的一方。本文认为有礼貌、尊重、真诚的表述能带给接收者更为积极的印象，如果当事人主动地表达观点和理解，并积极寻求问题的解决，能够使仲裁员认为表述者更为通情达理，展现出当事人在面对纠纷时的优良素养。如图 1 显示，仲裁员评论的关键词多次提到"态度""脾气""文明"等相关词语，可见部分仲裁员在评判过程中较为关注表述与措辞的情绪，并将其与双方的自身素养与态度相联系。当事人表述的言辞在某些方面甚至于关乎陈述者的道德问题，仇恨、愤怒等强烈的负面情绪很有可能使得当事人做出辱骂、威胁等不道德行为，给仲裁者留下粗鲁无礼、无理取闹的负面印象，并降低信源的可信度；而积极的情绪与表述则从一定程度上展现出良好的礼仪和礼貌教养，使得表述者作为信源的可信度提高。

图 1 仲裁员评论关键词云图

2. 图片凭证特征

研究结果显示，在各种凭证类型中，买家上传实物图片和聊天记录这一类凭证对买家获胜有正向影响，而卖家上传聊天记录则会对买家获胜产生负面影响，部分支持 H_5。首先，实物图片的内容通常是交易商品本身，能够清晰地向他人展示商品的外观、状态等，如商品存在破损、污渍、货不对板等各种情况，均能通过实物图片最直观地展现出来，从而佐证买家的退货理由，增强所述情况的可信度。其次，聊天记录凭证与其他凭证的不同在于其包含了大量的文本信息，展示了买卖双方私下交流的情况。纠纷当事人上传这一凭证通常是为了展现在私下交流中曾提及但对方未在陈词中表明的一些信息。例如，双方是否曾就某些争议点达成过一致、另一方是否展现出与陈词中观点矛盾的言辞、私下是否表现出恶劣态度和行为等。通常聊天记录这一类凭证由买卖双方共同持有，伪造可能性较低，其真实性较为可靠，是仲裁员判定的重要依据；且该类凭证能够通过双方的交流，展现出整个交易的过程，传递出的信息较为丰富。如若对方在聊天记录中的言辞与陈词有矛盾，那么可能降低其整体言辞的可信度。因此，聊天记录凭证对仲裁员的责任判定有着较为显著的影响。

同时，买家对图片进行标注对买家获胜有显著的正向影响，支持 H_6。在样本中约有 27.1%的买家和 23.7%的卖家会对上传的图片凭证进行标注。当事人在提供图片凭证时，可能会因为图片质量低、瑕疵过于微小等问题而产生图片凭证表达意思不清，仲裁者无法立刻理解的情况。在这种情况下，当事人在图片凭证上圈出想要传达的重点信息或是进行一句话的注解，有利于仲裁员更加快速捕捉图片凭证的细节、留下更深刻的印象，从而提升上传图片作为凭证的有效性。通常仲裁员作为业余仲裁者，并不会在纠纷判定上花费过多的时间成本，对于一些表达内容模糊不清的图片凭证，他们若不能在第一时间理解上传者想要表达的内容，则不会花费时间深入探究，该图片凭证对于观点证明来说就是无效的。因此，买家对图片进行标注能够使得图片凭证更容易被仲裁员理解，突出当事人想要表达的重点，从而提升其作为证据的有效性，并对纠纷的责任判定产生影响。

3. 买卖双方陈述理由

回归结果显示，当买家的退货理由为"商品质量问题"或"收到商品与描述不符"时，会对买家的获胜情况有正面的影响，部分支持 H_{7a}。"商品质量问题"是纠纷处理中最为常见的问题之一，该问题通常可以拍照的方式进行取证，并通过图片形式在判定过程中进行展现，从而增强说服力。因此对于买家来说，该类问题较容易通过凭证证明。且"商品质量问题"是一类较为主观的问题，当买家收到的商品未达到预期时，则会认为该商品质量不达标。但质量是否达标是一个较为模糊的判断，仲裁员判定中通常也没有清晰的标准，然而研究表明，在这种情况下仲裁员更容易偏向支持买家退货。"收到商品与描述不符"通常意味着卖家对商品的原始描述存在偏差，买家因为信息不对称或是因为卖家故意的隐瞒、欺诈而误买了商品，当买家因为该理由退货时，买家同样可以通过展现卖家的原始发布信息以及收到货后的实物图片进行对比，来证明其退货理由的可信度，更易说服仲裁员。

同时，结果也显示了当卖家的退货理由为"商品没问题，买家未举证或举证无效"或"要求买家承担发货运费"时，会对买家的胜出产生负面影响，部分支持 H_{7b}。"商品没问题，买家未举证或举证无效"意味着卖家指出买家的证据并不充足，或是否认买家证据的有效性，通常在提出该理由后，卖家会阐述并证明买家所提理由无效，从而降低买家言论的可信度，让仲裁者更偏向卖方。同时，如图 1 所示，通过对仲裁员评论关键词的分析，我们发现与物流相关的关键词在其中较频繁地出现，如"快递""运费""邮费""拒收"等，由此可见，二手闲置交易中争议经常发生在物流环节。交易过程的物流环节是买卖双方均无法管控的，送货过程中出现的问题也成为在很多情况下争论不清的重点，同时，运费作为退货退款中主要支付的费用，由买卖双方谁来承担这一损失也是常见的争议点。研究结果显示，当卖家因运费而拒绝退货时，仲裁员会表现出较多的理解，并认为买家坚持退货的同时也应该承担相应的退货运费，从而做出对买家不利的判定。

5.1.2 将聊天记录与其他类型凭证分开分析时

第二阶段的回归分析中，由于加入了聊天记录相关变量，因此相较第一阶段减少了未上传聊天记录的相关案例，样本总数为 220。描述性统计如表 4 所示，其中买家胜利的比例约 50.1%，约占样本总数的一半。具体的回归分析结果详见表 5。

表 4 第二阶段描述性统计结果

	变量	样本数	平均值	标准差	最小值	最大值
	投票结果	220	0.5	0.501	0	1
买方因素	B_StmtTimes	220	4.923	2.231	1	15
	B_StmtAT	220	0.159	0.089	0	0.5

续表

	变量	样本数	平均值	标准差	最小值	最大值
买方因素	B_StmtNeg	220	0.259	0.439	0	1
	B_StmtPos	220	0.277	0.449	0	1
	B_PicHighlight	220	0.291	0.455	0	1
	B_NumofPic PPPMTPELV	220	4.791	4.641	0	33
	B_NumofPic（CR）	220	3.277	4.017	0	26
	B_PP	220	0.782	0.414	0	1
	B_PM	220	0.245	0.431	0	1
	B_TPE	220	0.077	0.268	0	1
	B_LV	220	0.064	0.245	0	1
	B_CRAT	220	0.168	0.079	0	0.5
	B_CRNeg	220	0.445	0.498	0	1
	B_CRPos	220	0.391	0.489	0	1
	B_Reason1	220	0.341	0.475	0	1
	B_Reason2	220	0.118	0.324	0	1
	B_Reason3	220	0.482	0.501	0	1
卖方因素	S_StmtTimes	220	4.232	2.369	1	14
	S_StmtAT	220	0.189	0.083	0	0.5
	S_StmtNeg	220	0.332	0.472	0	1
	S_StmtPos	220	0.364	0.482	0	1
	S_PicHighlight	220	0.241	0.429	0	1
	S_NumofPic PPPMTPELV	220	2.959	4.28	0	30
	S_NumofPic（CR）	220	3.964	4.25	0	23
	S_PP	220	0.455	0.499	0	1
	S_PM	220	0.332	0.472	0	1
	S_TPE	220	0.059	0.236	0	1
	S_LV	220	0.064	0.245	0	1
	S_CRAT	220	0.176	0.102	0	1
	S_CRNeg	220	0.414	0.494	0	1
	S_CRPos	220	0.423	0.495	0	1
	S_Reason1	220	0.641	0.481	0	1
	S_Reason2	220	0.118	0.324	0	1
	S_Reason3	220	0.105	0.307	0	1
	S_Reason4	220	0.164	0.371	0	1
	S_Reason5	220	0.027	0.163	0	1
	S_Reason6	220	0.205	0.404	0	1
	Price	220	356.988	541.028	0.01	3 800

表5 第二阶段回归分析结果

	投票结果	相关系数	标准误	t值	p值	95%置信区间		显著性
买方因素	B_StmtTimes	0.399	0.137	2.92	0.004	0.131	0.666	***
	B_StmtAT	−3.107	2.439	−1.27	0.203	−7.887	1.673	
	B_StmtNeg	0.519	0.525	0.99	0.323	−0.51	1.549	

续表

	投票结果	相关系数	标准误	t值	p值	95%置信区间		显著性
买方因素	B_StmtPos	1.761	0.533	3.31	0.001	0.717	2.805	***
	B_PicHighlight	1.195	0.501	2.38	0.017	0.213	2.177	**
	B_NumofPic PPPMTPELV	0.093	0.064	1.45	0.147	−0.033	0.218	
	B_NumofPic（CR）	0.159	0.068	2.33	0.02	0.025	0.292	**
	B_PP	1.504	0.621	2.42	0.015	0.288	2.721	**
	B_PM	−0.097	0.537	−0.18	0.857	−1.149	0.956	
	B_TPE	1.323	0.856	1.55	0.122	−0.354	3	
	B_LV	0.245	1.129	0.22	0.829	−1.969	2.458	
	B_CRAT	1.393	2.667	0.52	0.601	−3.835	6.621	
	B_CRNeg	−0.714	0.596	−1.20	0.231	−1.882	0.453	
	B_CRPos	0.234	0.6	0.39	0.696	−0.942	1.411	
	B_Reason1	2.051	0.899	2.28	0.022	0.29	3.812	**
	B_Reason2	1.107	1.024	1.08	0.279	−0.899	3.114	
	B_Reason3	2.305	0.89	2.59	0.01	0.561	4.05	***
卖方因素	S_StmtTimes	−0.178	0.123	−1.45	0.147	−0.419	0.062	
	S_StmtAT	−1.835	2.329	−0.79	0.431	−6.399	2.729	
	S_StmtNeg	1.034	0.536	1.93	0.054	−0.016	2.083	*
	S_StmtPos	0.348	0.479	0.73	0.467	−0.59	1.287	
	S_PicHighlight	−0.595	0.527	−1.13	0.259	−1.628	0.439	
	S_NumofPic PPPMTPELV	−0.196	0.09	−2.19	0.029	−0.372	−0.02	**
	S_NumofPic（CR）	−0.135	0.062	−2.17	0.03	−0.258	−0.013	**
	S_PP	−0.148	0.495	−0.30	0.765	−1.118	0.821	
	S_PM	0.027	0.516	0.05	0.958	−0.984	1.038	
	S_TPE	0.611	0.918	0.67	0.506	−1.188	2.41	
	S_LV	0.005	0.957	0.01	0.996	−1.872	1.881	
	S_CRAT	0.359	1.832	0.20	0.845	−3.231	3.949	
	S_CRNeg	−0.363	0.593	−0.61	0.54	−1.526	0.799	
	S_CRPos	−0.314	0.565	−0.56	0.578	−1.422	0.794	
	S_Reason1	−1.335	0.567	−2.35	0.019	−2.448	−0.223	**
	S_Reason2	−0.034	0.807	−0.04	0.967	−1.615	1.547	
	S_Reason3	−1.928	0.861	−2.24	0.025	−3.616	−0.24	**
	S_Reason4	−1.093	0.677	−1.61	0.107	−2.421	0.235	
	S_Reason5	−0.775	1.48	−0.52	0.601	−3.675	2.126	
	S_Reason6	−0.427	0.576	−0.74	0.458	−1.556	0.702	
	Price	0	0	−0.78	0.435	−0.001	0	
	常数项	−3.076	1.486	−2.07	0.038	−5.989	−0.163	**
	因变量均值			0.500		因变量标准差		0.501
	伪 R^2			0.393		样本数		220
	卡方分布			119.994		Prob > chi2		0.000
	Akaike crit.（AIC）			262.990		Bayesian crit.（BIC）		395.342

***表示 $p<0.01$，**表示 $p<0.05$，*表示 $p<0.1$

如表 5 所示，在第二阶段的回归分析中，陈述内容特征：买家陈词次数、买家陈词的正面情绪、卖家陈词的负面情绪；图片凭证特征：买家对图片进行标注、买家上传实物图片；买卖陈述理由：买家的退货理由为"商品质量问题"或"收到商品与描述不符"，卖家的退货理由为"商品没问题，买家未举证或举证无效"或"要求买家承担发货运费"，仍呈现出与第一阶段相同的影响。

在这一阶段新增的聊天记录特征变量中，其上传数量呈现出了对结果的显著影响，研究结果显示，买家上传聊天记录的数量对买家的获胜情况有正向影响，而卖家上传聊天记录的数量对买家的获胜情况有负向影响，部分支持 H_4。如前文所述，聊天记录图片凭证展现的是交易中买卖双方私下的交流过程，上传越多的聊天记录，越能展现较为完整的沟通过程，有利于仲裁员了解实情并做出相应判断。另外，纠纷当事人上传的图片凭证通常有利于证明自身观点，增强观点的可信度，因此买卖双方选择上传聊天记录，说明本身展现的沟通过程就更能够佐证他这一方观点的可信性，在这种情况下，更为详细的聊天记录展示了更加细节完整的私下沟通过程，能够加强自身观点，获得有利于自己的纠纷判定结果。同时，卖家上传的除聊天记录以外的图片凭证的数量也会对买家获胜产生负面影响。

5.2 讨论

本文基于国内某闲置交易平台的真实案例，研究了众包争议在线解决机制中影响纠纷责任判定的因素，研究结果显示：①陈述内容特征中，买家陈词次数对买家获胜有显著的正向影响，而卖家陈词次数对买家获胜有显著的负向影响；买家陈词的正面情绪对买家获胜有正向影响，卖家陈词的负面情绪对买家获胜也有正向影响。②图片凭证特征中，买家对图片进行标注对买家获胜有显著的正向影响；买家上传实物图片和聊天记录这类凭证对买家获胜有正向影响，而卖家上传聊天记录则会对买家获胜产生负面影响；买家上传聊天记录的数量对买家的获胜情况有正向影响，而卖家上传聊天记录的数量以及除聊天记录以外的图片凭证的数量对买家的获胜情况有负向影响。③买卖双方陈述理由中，当买家的退货理由为"商品质量问题"或"收到商品与描述不符"时，会对买家的获胜情况有正向影响；当卖家的退货理由为"商品没问题，买家未举证或举证无效"或"要求买家承担发货运费"时，会对买家的胜出产生负向影响。

基于以上发现，本文认为将群众智慧运用于责任判定领域，能够从一定程度上高效地解决在线纠纷，但由于展现形式与判断过程并没有严格的规范，以及部分仲裁者专业知识和法律意识的缺乏，故责任判定的结果会受一些因素影响。在众包争议在线解决机制中，除了理由的合理性之外，还有其他因素会对纠纷判定产生影响，从而影响结果的公平性。因此，从保护消费者利益的角度出发，本文对买家提出以下几点建议：①在发表陈词时表达出积极的情绪，用礼貌、尊重的语气陈述自身观点，应展现良好的修养和风度，表现出积极解决争议的意愿；②具体、多次地发表陈述，展现出积极的表达意愿，尽可能多地描述细节，提高自身言论的可信度；③在发布一些重点不清的图片凭证时，需要通过做标记或注释来突出重点，利于仲裁者快速理解和判断；④尽量通过上传实物图片与聊天记录来证明自身所持观点，为仲裁员展现详细的评判依据；⑤当认为有"商品质量问题"或"收到商品与描述不符"时，应进行拍照取证并积极维权，在该种情况下有较大可能维权成功，而当卖家提出"商品没问题，买家未举证或举证无效"或"要求买家承担发货运费"时，应更为谨慎地维权。

从平台角度而言，本文认为：①平台应该对仲裁者用户的选取标准做出调整，除了信用度以外，应尽量挑选有相关法律意识并有参与意愿的用户；②针对一些纠纷中常见的专业性问题，平台应该提供相关的专业支持；③平台应制定相应的责任判定规范，给予业余参与者一定指导，减少与纠纷无关因素的影响。

本文除了以上提及的实践指导意义以外，在理论方面有以下意义：首先，众包争议在线解决机制在近些年兴起，受到了许多关注，但目前国内外关于该机制的研究仅存在于理论方面，相关的实证研究仍十分缺乏，本文运用真实的 CODR 案例数据进行分析，通过对众包争议在线解决机制中影响纠纷责任判定的因素的实证研究，对这一领域的现有文献进行拓展。其次，众包争议在线解决机制也是众包在法律相关领域的重要应用，本文对该机制的实证研究补充了众包相关领域文献的不足。再次，本文还从买家角度出发，提出了参与纠纷解决流程的参考意见，对维护消费者权益具有一定的实践意义。最后，本文也从平台角度提出了指导意见，对于促进众包争议在线解决机制判定公平性做出了一些贡献。

然而本文还存在一些不足之处：①数据量较少。由于平台众包争议在线解决机制程序的判定邀请是经过筛选后随机发送给用户的，并非所有平台用户都能收到，故而寻找参与过 CODR 程序群体的难度较大，而且符合要求的用户收到邀请的频率也很低。同时，本次研究对数据完整性要求较高，每份数据包含的内容很多，再加上数据中包含部分隐私相关内容，因此用户提供完整数据的时间成本较高，提供的意愿较弱，数据的搜集难度大，搜集到的有效数据量有限。②仲裁员相关特征数据无法获得。研究中选取的平台无法获得仲裁员自身特征的相关数据，然而一些研究证实，当一个个体与他人存在某方面相似性时，如身份、性格、背景等，则该个体更易与他人结成心理上的同盟关系；且当人们认为自己与信息源有某些相似之处时，更容易对其产生认同感和亲切感[45]，因此仲裁员的自身特征对责任判定可能也存在一定影响。例如，当仲裁者在平台中更多作为卖家时，则更有可能与争议中的卖家共情，从而偏向卖家；而当仲裁者在平台中更多作为买家时，则更有可能偏向买方。然而本文在相关数据的收集上有所局限，无法获得这方面数据，未来的研究可将该因素纳入考虑。

参 考 文 献

[1] Spence M. Job market signaling[J]. The Quarterly Journal of Economics，1973，87（3）：355-374.

[2] Pennycook G, Rand D G. Fighting misinformation on social media using crowdsourced judgments of news source quality[J]. Proceedings of the National Academy of Sciences，2019，116（7）：2521-2526.

[3] Vuurens J B P, de Vries A P. Obtaining high-quality relevance judgments using crowdsourcing[J]. IEEE Internet Computing，2012，16（5）：20-27.

[4] Felstiner W L F, Abel R L, Sarat A. The emergence and transformation of disputes：naming, blaming, claiming[J]. Law and Society Review，1980，15（3/4）：631-654.

[5] 胡晓霞. 消费纠纷的在线解决：国外典型经验与中国方案[J]. 法学论坛，2019，34（4）：106-115.

[6] Grewal R A, Chakravarty A, Saini A. Governance mechanisms in business-to-business electronic markets[J]. Journal of Marketing，2010，74（4）：45-62.

[7] 汪旭晖，张其林. 平台型电商企业的温室管理模式研究——基于阿里巴巴集团旗下平台型网络市场的案例[J]. 中国工业经济，2016，（11）：108-125.

[8] 李小玲，任星耀，郑煦. 电子商务平台企业的卖家竞争管理与平台绩效——基于VAR模型的动态分析[J]. 南开管理评论，2014，17（5）：73-82, 111.

[9] 汪旭晖，王东明. 互补还是替代：事前控制与事后救济对平台型电商企业声誉的影响研究[J]. 南开管理评论，2018，21（6）：67-82.

[10] Engel J F, Blackwell R D, Miniard P W. Consumer Behavior[M]. New York：Dryden Press, 1986.

[11] Anderson R E. Consumer dissatisfaction: the effect of disconfirmed expectancy on perceived product performance[J]. Journal of Marketing Research, 1973, 10（1）: 38-44.

[12] De P, Hu Y, Rahman M S. Product-oriented web technologies and product returns: an exploratory study[J]. Information Systems Research, 2013, 24（4）: 998-1010.

[13] Hess J D, Mayhew G E. Modeling merchandise returns in direct marketing[J]. Journal of Direct Marketing, 1997, 11（2）: 20-35.

[14] Anderson E T, Hansen K, Simester D. The option value of returns: theory and empirical evidence[J]. Marketing Science, 2009, 28（3）: 405-423.

[15] 张圣亮, 张结娣. 消费者基于不同原因的网购退货对购后行为的影响[J]. 大连理工大学学报（社会科学版）, 2016, 37（4）: 33-38.

[16] 李东进, 吴波, 李研. 远程购物环境下退货对购后后悔影响研究[J]. 南开管理评论, 2013, 16（5）: 77-89.

[17] Wood S L. Remote purchase environments: the influence of return policy leniency on two-stage decision processes[J]. Journal of Marketing Research, 2013, 38（2）: 157-169.

[18] Piron F, Young M. Retail borrowing: insights and implications on returning used merchandise[J]. International Journal of Retail & Distribution Management, 2000, 28（1）: 27-36.

[19] Rosenbaum M S, Kuntze R. Looking good at the retailer's expense: investigating unethical retail disposition behavior among compulsive buyers[J]. Journal of Retailing and Consumer Services, 2005, 3（12）: 217-225.

[20] 黄现清. 基于《电子商务法》的电商平台争议解决机制研究[J]. 商业经济研究, 2021, 4（8）: 72-74.

[21] 吴德胜. 网上交易中的私人秩序——社区、声誉与第三方中介[J]. 经济学（季刊）, 2007,（3）: 859-884.

[22] 杨熙玲. 谈网络消费争议中在线调仲式机制[J]. 商业时代, 2014, 4（14）: 70-72.

[23] Ross W H, Conlon D E. Hybrid forms of third-party dispute resolution: theoretical implications of combining mediation and arbitration[J]. Academy of Management Review, 2000, 25（2）: 416-427.

[24] 张利斌, 钟复平, 涂慧. 众包问题研究综述[J]. 科技进步与对策, 2012, 29（6）: 154-160.

[25] van den Herik J, Dimov D. Towards crowdsourced online dispute resolution[J]. Journal of International Commercial Law and Technology, 2012, 7（2）: 99-111.

[26] Gao W. "Let the collective intelligence shine through" crowdsourced online dispute resolution from a Chinese perspective[J]. Peking University Law Journal, 2018, 6（2）: 283-304.

[27] Raymond A H, Stemler A. Trusting strangers: dispute resolution in the crowd[J]. Cardozo Journal of Conflict Resolution, 2014, 16: 357.

[28] Morgan R M, Hunt S D. The commitment-trust theory of relationship marketing[J]. Journal of Marketing, 1994, 58（3）: 20-38.

[29] Brett J M, Olekalns M, Friedman R, et al. Sticks and stones: language, face, and online dispute resolution[J]. Academy of Management Journal, 2007, 50（1）: 85-99.

[30] Packard G, Moore S G, McFerran B. (I'm) happy to help (you): the impact of personal pronoun use in customer-firm interactions[J]. Journal of Marketing Research, 2018, 55（4）: 541-555.

[31] Weingart L R, Behfar K, Bendersky C, et al. The directness and oppositional intensity of conflict expression[J]. Academy of Management Review, 2015, 40（2）: 235-262.

[32] Yin D, Bond S D, Zhang H. Keep your cool or let it out: nonlinear effects of expressed arousal on perceptions of consumer reviews[J]. Journal of Marketing Research, 2017, 54（3）: 447-463.

[33] 殷国鹏. 消费者认为怎样的在线评论更有用？——社会性因素的影响效应[J]. 管理世界, 2012,（12）: 115-124.

[34] Schuff D, Mudambi S. What makes a helpful online review? A study of customer reviews on Amazon.com[J]. Social Science Electronic Publishing, 2012, 34（1）: 185-200.

[35] Johnson E J, Payne J W. Effort and accuracy in choice[J]. Management Science, 1985, 31（4）: 395-414.

[36] Johnson E J, Tversky A. Affect, generalization, and the perception of risk[J]. Journal of Personality and Social Psychology, 1983, 45（1）: 20.

[37] Tice D M, Bratslavsky E, Baumeister R F. Emotional distress regulation takes precedence over impulse control: if you feel bad, do it![J]. Journal of Personality and Social Psychology, 2001, 80（1）: 53.

[38] Naqvi N, Shiv B, Bechara A. The role of emotion in decision making: a cognitive neuroscience perspective[J]. Current Directions in Psychological Science, 2006, 15（5）: 260-264.

[39] Phillips B J, McQuarrie E F. The development, change, and transformation of rhetorical style in magazine advertisements 1954-1999[J]. Journal of Advertising, 2002, 31（4）: 1-13.

[40] Xu Q. Should I trust him? The effects of reviewer profile characteristics on eWOM credibility[J]. Computers in Human Behavior, 2014, 33: 136-144.

[41] Toma C L. Perceptions of Trustworthiness Online: The Role of Visual and Textual Information[C]. Proceedings of the 2010 ACM Conference on Computer Supported Cooperative Work, 2010.

[42] 董滨, 庄贵军. 跨组织合作任务与网络交互策略的选择——基于媒介丰富度理论[J]. 现代财经（天津财经大学学报）, 2019, 39（10）: 32-45.

[43] Daft R L, Lengel R H, Trevino L K. Message equivocality, media selection, and manager performance: implications for information systems[J]. MIS Quarterly, 1987, 11（3）: 355-366.

[44] 蒋景阳, 欧阳静慧. 中国英语学习者分析性思维发展实证研究[J]. 语言战略研究, 2016, 1（5）: 37-44.

[45] Triandis H C. Attitude and Attitude Change[M]. New York: Wiley and Sons, 1971.

A Research on the Influential Factors of Outcomes of the Disputes in Crowdsourced Online Dispute Resolution—Taking an Idle Trading Platform as an Example

YANG Xue, ZHUANG Yu

(College of Business, Nanjing University, Nanjing 210093, China)

Abstract Recently, the idle trading platforms have gained much attention. However, this kind of platforms are often filled with a large number of transaction disputes. In order to solve online disputes efficiently and fairly, some platforms innovatively established the Crowdsourced Online Dispute Resolution (CODR). Taking a Chinese idle trading platform as an example, the study explores the influential factors of outcomes of disputes in CODR based on regression analysis. Results show that the emotion in the expression, the number of statements, whether to mark the graphic evidence, the type and the quantity of graphic evidence and some specific reasons have significant impacts on the outcomes of disputes. Based on this result, the research puts forward some suggestions for buyers and platforms from the perspective of protecting consumers' rights and interests. The article has certain theoretical and practical significance.

Keywords Crowdsourced online dispute resolution, Online disputes, Returns

作者简介

杨雪（1981—），女，南京大学商学院教授、博士生导师，研究方向为电子商务与移动商务、信息系统等，E-mail：yangxue@nju.edu.cn。

庄雨（1997—），女，南京大学商学院硕士在读，研究方向为电子商务，E-mail：568208246@qq.com。

开通私人医生服务对医生团队及团队成员绩效的影响[*]

刘璇，周舒晴，李嘉

（华东理工大学商学院，上海 200237）

摘 要 私人医生服务团队作为一种新的医疗服务模式，可以为患者提供更加全面、个性化的持续医疗服务，对于缓解线下就医困难具有重要意义。目前对国内私人医生服务以及其对医生团队和团队成员绩效的影响研究较少。本文运用倾向性得分匹配（propensity score matching，PSM）方法，通过好大夫在线网站上医生团队和非医生团队数据，实证研究了开通私人医生服务对医生团队及团队成员绩效的影响。结果显示，开通私人医生服务会显著促进医生团队及团队成员绩效，其中私人医生服务的开通对领衔医生绩效的促进作用显著，而对于非领衔医生的影响并不显著。研究结论丰富了私人医生服务领域的研究成果，揭示了新模式下医生团队绩效提升机理，也为不同角色医生发挥自身在团队中的作用提供了实践指导。

关键词 私人医生服务团队，医生绩效，领衔医生，倾向性得分匹配

中图分类号 C931.2

1 引言

在线健康社区（online health community，OHC）已经成为加强医患沟通和寻求健康支持的重要平台[1]。对于缓解线下医疗资源紧张、改善我国医疗资源不平衡具有重要意义[2]。医生团队作为一种新兴的在线医疗模式，由在线社区的医生自组织形成，为患者提供多对多的医疗服务，以满足患者的不同需求[3]，这种团队合作的医疗服务形式显著提升了组织绩效[4]。私人医生服务则是为患者提供一对一定制健康咨询的服务模式，该模式可以给予客户更全面、及时、持续的健康指导[5]。私人医生团队的出现是医生团队与私人医生服务模式的结合。私人医生团队由来自不同医院、科室的医生组成，团队成员相互合作共同为患者提供专属、长期、稳定的医疗服务，相比于个体私人医生，私人医生团队的构成更为多元，可以有效降低误诊率，减少患者疑虑[6]；相比于普通的医生团队，私人医生团队可以提供全程健康监控和指导，提供更加及时、灵活的服务。图 1 对比了三种不同的服务模式。

在线健康社区中，医生团队通过开通私人医生服务形成私人医生服务团队。从好大夫在线平台的数据来看，平台自 2018 年左右开通私人医生服务模式，截至 2021 年 9 月，已有超过 2 700 支医生团队开通了私人医生服务，并且超过 81 000 名患者申请了私人医生团队服务，可见，私人医生团队服务作为一种新的服务模式已经逐渐进入更多人的视野，受到医疗服务提供者及患者的广泛关注。私人医生

---

[*] 基金项目：国家自然科学基金面上项目 "互联网环境下促进分级诊疗的机理、模式与方法研究"（71971082）、"社会化媒体环境下电子健康知识挖掘研究"（71471064），上海市 "科技创新行动计划" 软科学研究项目 "在线医疗社区中医生付费知识活动参与机理及影响研究"（22692110200）、"在线健康咨询平台上虚拟医生团队组织创新模式研究"（19692106700）。

通信作者：刘璇，华东理工大学商学院副教授，E-mail：xuanliu@ecust.edu.cn。

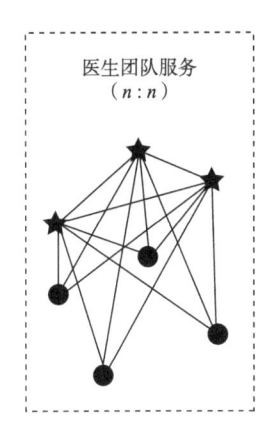

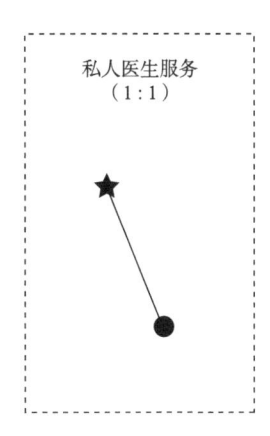

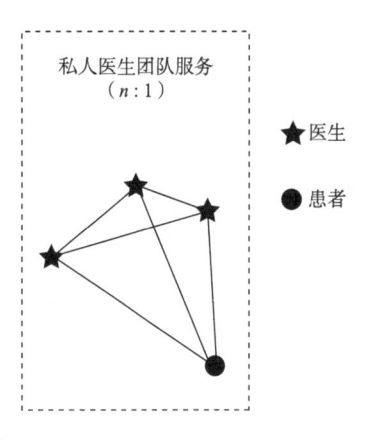

图 1 医生服务模式对比

服务模式的出现增加了医生团队的服务形式，医生团队通过开通私人医生服务提高了自身的服务多样性，拓宽了医患沟通的渠道。与传统的在线问诊服务不同，私人医生服务需要医生团队为患者提供长期的健康咨询，患者可以从更加频繁的医患沟通过程中得到更多的信息支持和情感支持[7]，增强医患信任[8]，与此同时，医生团队也要花费更多的时间和精力为同一患者服务，会对团队的其他问诊服务产生影响。所以，在私人医生服务发展初期，医生团队是否应该积极参与这一新的服务模式，开通这一服务对医生团队绩效的影响如何，已成为一个十分重要的研究话题。在线健康社区中，医生团队通常由起主导作用的领衔医生和其他非领衔医生成员组成，团队领衔医生是团队中地位最高的人，在团队服务中起关键作用[9]，其表现可以向患者传达团队形象，是患者衡量团队医疗水平的重要依据[10]。团队非领衔医生由来自不同科室的医生组成，他们可以针对复杂病情提出更全面的建议，辅助领衔医生协同工作[11]。根据信任转移理论，个体对一个目标的信任会转移到与目标相关联的其他主体上，患者对医生团队的信任会转移到团队成员身上[12, 13]，医患信任的增加会减少患者对风险和不确定性的认知，增加医生的患者选择[14]，进一步促进医生个人绩效。但团队私人医生服务的开通使得医生必须要将更多的关注放在申请团队私人医生服务的患者身上，还需要与团队成员进行更多的沟通与协作，这将会影响医生个人的其他健康咨询服务。因此，团队开通私人医生服务对团队成员个人的绩效将会产生怎样的影响，尤其是对团队内部不同角色的医生之间是否会有不同的影响机制有待进一步研究讨论。基于此，本文主要解决以下两个问题：①基于好大夫在线平台医生团队（包括开通私人医生服务和未开通私人医生服务的团队）数据，探究开通私人医生服务对医生团队绩效的影响；②基于信任转移理论，探究医生团队开通私人医生服务后对团队成员（不区分角色）个人绩效的影响，并进一步探索团队加入私人医生服务分别对领衔医生和非领衔医生两种不同角色医生个人绩效的影响。

倾向性得分匹配是使用观测数据或非实验数据进行试验效果或效应分析的一种流行的"反事实推断模型"，通过减少组别间混杂变量的影响测量干预对实验对象的影响，从而对实验组和对照组进行更合理的比较，广泛应用于政治学中对政策干预效应的研究以及医学领域中的疗效对比研究[15]。在本文中，由于医生团队不可能同时存在开通和未开通私人医生服务的情况，因此通过二手数据用倾向性得分匹配的方法，构造开通私人医生团队服务的"反事实假设"（不开通该服务的情况），通过实证分析探究医生团队开通私人医生服务的行为与医生团队层面绩效的关系，进一步地，从个人层面探究团队内部领衔医生以及非领衔医生受团队开通私人医生服务的影响情况。本文研究的开展能丰富私人医生服务领域的研究成果，为在线健康领域组建高效医生团队、提高在线医生绩效提供实践指导。

2 文献综述

为了研究团队服务模式下开通私人医生服务对团队以及团队内部不同角色成员绩效的影响，本文讨论了私人医生服务的发展现状、团队私人医生服务与传统私人医生服务以及基础医生团队服务的不同，之后对现有医生个人及团队绩效的研究进行梳理，找到有待进一步解决的问题。本文认为医生团队模式下，患者对医生团队的信任也会影响患者对团队成员的信任，患者对团队的信任会转移到团队成员身上，并进一步影响团队成员个人绩效，因此介绍了信任转移理论及其应用，为后续的研究提供参考和借鉴。

2.1 医生不同服务模式研究

2.1.1 从家庭医生到私人医生

21世纪以来，我国人口老龄化严重，慢性病患者增加，医疗资源分布不均等问题凸显[16]，开展家庭医生服务并寻找更优的服务运行模式成为我国医疗健康发展新的趋势[17]。推进家庭医生签约服务是我国医疗卫生体制改革的重要目标[18]。2009年后，国家出台相关的法律法规不断规范和完善家庭服务签约制度，并提出建立适合中国国情的家庭医生合同制度[19]。

在相关政策的推动下，我国家庭医生制度的相关工作不断完善，并取得一定成效。我国的家庭医生一般依托于社区卫生保健服务，以全科医生为基础，与签约家庭建立长期稳定的服务关系，为签约家庭和个人提供安全、有效、持续的基础医疗服务，在合理利用卫生资源和改善社区居民的健康状况方面，发挥着重要和积极的作用[20]。但我国社区卫生服务相对滞后，大部分社区医生的专业发展也处于起步阶段[21]，整体"看病难"的问题依然存在，现有的就医模式已经无法满足一部分就医需要。市场的不断成熟和扩大，促使私人医生服务的出现，填补了市场空白，并且很快受到了一部分人的欢迎[22]。私人医生是指能够处理客户出现的诸多医疗问题的全科医生，在日常生活中，给予客户健康指导和医疗咨询，快速处理重大医疗事件[23]。

在一些发达国家，私人医生的服务已经比较成熟[24]。在我国，私人医生一般由大医院的在职医生或者医生团队担任，通过在线健康社区与患者建立联系，开通私人医生服务板块，为患者提供专属的一对一服务。其主要服务于以慢性病患者为主的收入较高的人群[23]。随着在线医疗社区的发展，医疗服务形式的多样性不断增加，国内各大医疗平台先后上线了私人医生服务，让患者享受医生的全面守护。截至2021年9月，好大夫在线平台已有超过23 900名医生开通线上私人医生服务，涉及1 643个科室，为超过260 000名患者提供以病人为中心的个性化照顾，提高生命质量。

2.1.2 从医生团队到私人医生团队

随着服务创新和信息技术的发展，在线医疗社区的服务种类越来越丰富。传统的一对一在线咨询往往不能提供给患者及时准确的治疗计划，创建跨医院、跨区域的医生团队已成为医生提供互联网医疗服务的新模式[25]。医生团队的建设是医疗改革的重心，单个医生承担患者的治疗工作不利于患者的健康发展。卫生保健从业人员和研究人员都越来越认识到团队合作在有效的病人护理和保证病人安全方面的作用[26]。医生团队可以为患者提供更全面的护理和康复设计以及更加个性化的服务[27]，降低医疗风险，提高复杂疾病的治愈率，增强患者的满意度和幸福感[28]。除此之外，开展在线医生团队服务对提高医疗保健人员在健康市场上的综合竞争力具有重要作用，研究表明，当个体医生加入在线医生团队之后，医生的个人在线咨询和声誉都将得到提高，加入医生团队可以帮助医生提高自己的能力和服务质量，从而促进医生的品牌建设和声誉提升[29-31]。

私人医生团队是私人医生与医生团队的结合。在线健康社区中，医生通过自组织的方式形成跨医院、跨科室的医生团队，再以团队形式开通私人医生服务，与患者建立长期稳定的医疗服务关系，更好地处理复杂病情，提供全面的健康监测[20]。组成私人医生团队的个体医生由于资历、分工等因素的不同可分为领衔医生和非领衔医生，领衔医生一般由职称、资历较高的医生担任，在团队中起主导作用，是团队的核心人物[32]；非领衔医生是团队中除领衔医生外的其他医生，他们与领衔医生紧密协作，共同为患者服务。区别于传统在线医生团队与患者之间的多对多单次服务关系，私人医生团队可为患者提供多对一的长期稳定医疗咨询服务，及时监测患者的健康状态，掌握更加全面的个人健康数据，为患者制定更加私密、个性化的疾病处理方案[33]。私人医生服务团队的出现不仅有效满足了客户的健康需求，更是弥补了国内全科医生相对缺乏的现实问题，具有很高的现实意义价值。医生团队开通私人医生服务之后，增加了自身服务的多样性，加强了医患交互，增加了医患沟通的渠道和认知途径，对于加强医患信任和增加患者选择具有重要意义[34]。医生团队与私人医生团队的对比见表1。

表 1　医生团队与私人医生团队的对比

对比要素	医生团队　　　开通私人医生服务　　　私人医生团队	
医生关系	领衔医生与非领衔医生合作	领衔医生与非领衔医生合作
医患关系	多对多	多对一
患者关系	与其他患者无互动	可加入医生会员俱乐部，与其他患者充分互动
服务方式	有限次数交流	不限次数交流，长期监控

注：私人医生服务团队在医生团队基础上形成，根据患者的购买需求，既可以提供私人医生团队服务，也可以提供普通的医生团队服务

2.2　在线健康社区医生及团队绩效相关研究

在线健康社区为患者就医问诊提供了新的渠道，在线医疗服务的参与可以显著提高患者的忠诚度，改善医生的表现，提高医疗服务效率[35, 36]。在线医生团队作为一种新的虚拟组织模型，其发展模式以及相关绩效的研究具有较高的现实意义和价值[10]。现有文献对于在线医疗社区中医生绩效的讨论主要包括医患交互和医生信息披露两个方面，而对于医生团队绩效的讨论主要从团队水平因素和个体水平因素[37]两个方面展开，相关研究如表2所示。

表 2　医生及团队绩效影响因素相关研究

研究问题	研究角度	研究内容
医生绩效	医患交互	在医患交互的过程中，医生和患者之间的潜在社会关系和知识匹配程度都将对患者的选择产生影响，其中既包括医生的知识技能储备，也包括患者的知识素养[38]
医生绩效	医生信息披露	医生展现出来的专业能力、诚信、在线声誉以及患者评分等因素都会影响患者对医生初始信任的建立，收到更多的感谢信和投票，拥有更多高水平的学术成果和临床头衔都会增加医生收入[39, 40]，医生积极的情感表达等语言特征会影响患者得到的信息支持和情感支持，从而对患者选择产生影响[41, 42]，最终影响医生绩效
医生团队绩效	团队水平因素	医生的声誉多样性和经验多样性可以增加团队绩效[3]，地位资本多样性和决策资本多样性则对团队绩效产生负面影响[25]。团队组成的多样性可能会导致团队交互模式、突发状态以及团队氛围的感知多样性，最终对团队绩效产生影响[43]
医生团队绩效	个体水平因素	团队领衔医生的声誉可以正向影响团队绩效[25]。领衔医生的声誉相当于团队的品牌，可以吸引患者选择团队。进一步地，可以增加团队中非领衔医生成员被选中的机会[11]

2.3 信任转移理论相关研究

信任转移理论是建立信任的一种有效的方式，该理论认为，用户对未知服务的采纳意愿可能受到对已知服务信任的影响，个体的信任会在相关联的目标之间进行转移[44]。Milliman 和 Fugate 在文章中提出信任转移可以作为一种说服他人的技巧，通过使用信任转移技巧增加销售人员的订单量[45]。Doney 和 Cannon 研究供应商信任与购买意愿时发现，虽然只有对供应商公司的信任才会直接影响购买意向，但对销售人员的信任是建立供应商信任的一个重要条件[46]。这表明信任转移确实是建立信任的一个重要的因素[44]。

现阶段信任转移理论主要应用于三种场景：线上渠道之间的转移、线下渠道之间的转移以及线上线下渠道之间的相互转移[44]。例如，在网上银行环境中，用户对线下银行的信任会影响银行在线系统的流量和用户满意度，线下业务信任是线上业务成功的关键因素[47]；在网络消费环境中，客户自己的经验可以被视为一个可靠的信任来源，线下感知到的商品质量与服务情况对网上店铺形象起决定作用[48, 49]；在研究线上到线下商业环境中的信任转移时发现，用户对中介平台的信任会正向影响用户社区信任进而影响用户对社区中重点商户的信任[50]。在信任转移理论中，信任的转移是有条件的，只有当两个事物之间具有密切联系时，才可以发生信任转移，如信任从评论网站转移到评论者社区再转移到特定的评论者，而不能直接从评论网站转移到特定的评论者[51]。当委托人在两个事物之间感知到较高的相似性和较多的交互时，信任可以从其中一个事物转移到另一个事物[12]，二者之间的信任转移可以通过认知过程发生，认知过程是基于对信任实体和未知实体之间关系的了解[52]。

2.4 文献总结

通过对现有文献的梳理可以发现，在目前医疗资源服务供不应求的大环境下，随着人口老龄化和慢性病发病率的增加，公共卫生保健提供服务将进一步紧张，私人医生服务模式已经成为一种新的趋势。现有对于在线医生团队的讨论，大都从团队构成以及领衔医生个人特征入手，较少有研究考虑团队整体的服务行为，团队服务形式的增加与团队自身表现之间的关系还需要进一步验证。对于医生绩效的研究主要考虑医生个人因素，较少研究关于团队整体行为对于医生个人绩效的影响，尤其是对于团队内部处于不同角色的领衔医生和非领衔医生成员个人层面，二者的身份地位不同，对于团队的依赖程度有待研究，所以，研究团队私人医生服务开通行为和团队绩效以及团队成员个人绩效的关系显得非常重要。

现有对于信任转移理论的研究主要集中在电子商务领域，研究信任转移对线上线下购买意愿、品牌忠诚及社区承诺等方面的影响。在线健康社区中，患者对于医生的选择行为以及对于医生服务的购买意愿与电子商务环境下消费者的购买行为具有一定的相似性，医患之间长期关系的建立也涉及医患信任与忠诚的问题，所以信任转移理论在医疗健康领域具有很大的应用价值，需要进一步探索。

3 研究假设

医生的服务多样性可以反映医生提供医疗服务的意愿，正向影响患者的选择决策意向，服务多样性更高的医生会获得更高的绩效[34]。对医生团队来说，开通团队私人医生服务可以增加医生团队服务的多样性，给患者提供更多可选择的服务形式，加强医患沟通，提高患者的忠诚度。团队私人医生服务是多对一的长期医疗服务，患者可以向医生团队进行长期多次健康咨询，获得更多的社会支持，增强对医生团队的信任[8]。因此，本文认为医生团队开通私人医生服务可以促进团队绩效。基于此，提出：

H₁：开通私人医生服务会对医生团队绩效产生正向影响。

以往的研究表明，情感性的社会支持和信息性的社会支持都会影响消费者的信任[8]。在线健康社区中，私人医生团队会与私人医生服务申请者建立一对一的健康咨询关系，在这一过程中会产生更多的信息交互与情感交互，增强医生团队与患者之间的信任。医生团队由个体医生组合而成，二者面对相同的患者群体，个体医生作为医生团队的组成部分，与团队表现息息相关，患者对团队的印象会映射到医生个体身上，根据信任转移理论，患者对于医生团队的信任也会转移到团队医生成员身上，更高的团队信任对应着更高的医生信任[13]。因此，本文认为医生团队开通私人医生服务后，团队成员个体层面的绩效会有所提高。

医生团队中通常包括领衔医生和其他非领衔医生成员，团队领衔医生一般由高水平医院的知名专家担任，在团队中发挥主导作用。非领衔医生成员由来自不同科室的医生组成，协助领衔医生共同为患者服务。团队中的不同身份在患者购买决策中发挥至关重要的作用[53]。所以研究拟进一步探索团队加入私人医生服务对不同角色医生绩效的影响。对于领衔医生来说，领衔医生的身份往往象征着更大的努力和更高的服务质量，可以增加患者感知到的情感支持和信息支持，更有利于医患信任的建立，所以领衔医生可以更容易地将患者对于团队的信任转移到医生个人，吸引更多的个人患者[54]。对于团队中的非领衔医生成员，研究表明当团队中其他非领衔医生成员的声誉处于较低水平时，他们之间存在着合作关系，非领衔医生可以共享团队和领衔医生的资源，增加被患者选择的可能；当团队中其他非领衔医生成员的声誉处于较高水平时，二者间会产生竞争关系[11]。在本文的研究中由于私人医生服务出现至今时间较短，私人医生服务团队还是由领衔医生主导，非领衔医生成员尚未形成竞争力，其声誉等绩效水平与领衔医生存在较大差距，所以本文考虑团队层面的信任向非领衔医生个人层面的转移，认为团队和领衔医生绩效的增加会对非领衔医生成员有正向的溢出作用，其个人绩效可以受到团队和领衔医生的带动，基于此，研究提出：

H₂：开通私人医生服务对团队医生个人绩效产生积极影响。

H₃：开通私人医生服务对团队领衔医生个人绩效产生积极影响。

H₄：开通私人医生服务对团队非领衔医生个人绩效产生积极影响。

团队及医生绩效研究模型见图2。

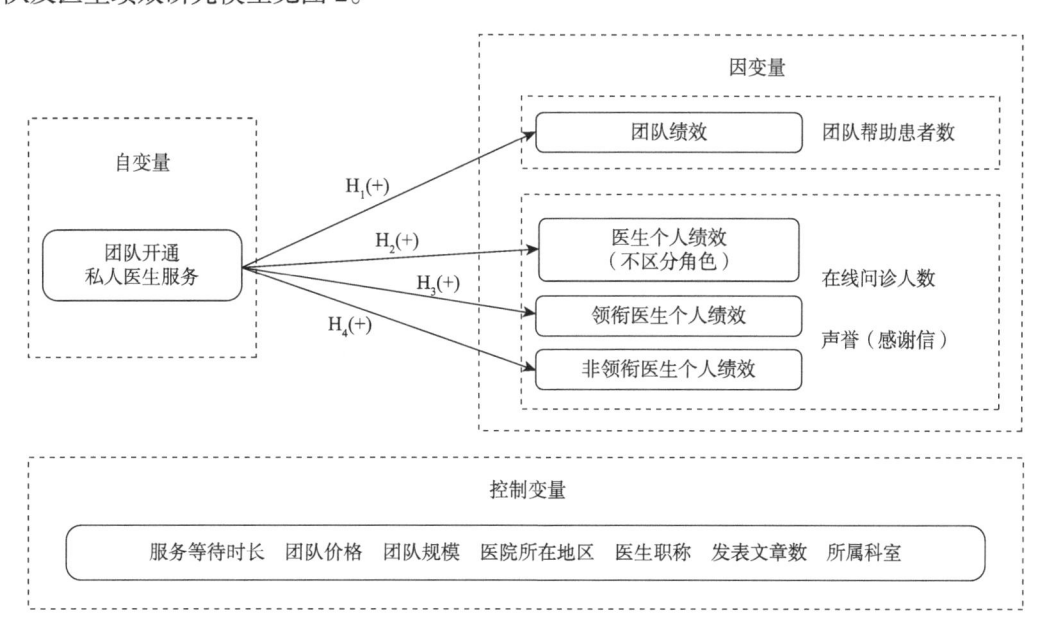

图2 团队及医生绩效研究模型

4 数据和方法

4.1 数据和变量定义

本文使用的数据来自国内领先互联网平台好大夫在线，首先基于平台医生团队列表获取全部医生团队数据，对不完全数据进行剔除之后，共计 2 448 个团队 6 572 条医生个人数据，其中开通私人医生服务的团队 358 个，未开通私人医生服务的团队 2 090 个。团队层面的数据包括团队服务等待时长、团队价格、团队帮助人数、团队规模、领衔医生和非领衔医生列表。其中，领衔医生一般由相关领域的专家担任，在团队中起主导作用，是团队的核心人物[32]；非领衔医生是团队中除领衔医生外的其他医生，他们辅助领衔医生协同工作。医生个人层面的数据包括医生职称、医生所属科室、医院所在地区、医生发表文章数量等信息。本文涉及的变量总结如表 3 所示。全部数据来自网站以及好大夫在线 APP 公开数据，不涉及隐私。

表 3 变量定义

类别	变量名称			变量含义
分组变量	团队私人医生参与行为			二分类变量，开通私人医生服务为 1，未开通私人医生服务为 0
因变量	团队层面	团队帮助人数		衡量医生团队的绩效
	医生层面	团队成员（不区分角色）	在线问诊量	衡量医生订单量
			感谢信	衡量医生服务质量
		领衔医生	在线问诊量	衡量领衔医生订单量
			感谢信	衡量领衔医生服务质量
		非领衔医生	在线问诊量	衡量非领衔医生订单量
			感谢信	衡量非领衔医生服务质量
匹配变量	团队价格			连续变量，取自然对数后进入模型
	团队服务等待时长			二分类变量，其中团队回复快记为 1，团队回复正常、慢记为 0
	团队规模			连续变量，团队内部医生人数
	医院所在地区			多分类变量，东部为 1，中部为 2，西部为 3
	医生职称			多分类变量，初级为 1，中级为 2，副高级为 3，高级为 4
	医生所属科室			多分类变量，按照科室名称首字母进行排序（例如，白内障专科为 1，病理科为 2），对排序结果取自然对数后进入模型
	医生发表文章数量			连续变量，医生发表的文章数量，结果取自然对数后进入模型

因变量为医生团队及个人绩效，在线健康社区中，医生绩效可以通过用户反馈的服务质量和订单量来衡量[55]。在医生团队层面，用户反馈服务质量数据无法通过网站公开数据获取，所以团队绩效用医生在线问诊量来衡量[3]。在医生个体层面，医生所获得感谢信的数量是衡量医生服务质量的重要指标[40]，所以医生个人绩效通过在线问诊量及感谢信的数量来衡量。

对于匹配变量，在研究医生团队绩效时，除了开通私人医生服务之外，团队价格、团队服务等待时长、团队规模、医院所在地区都会对医生团队的最终绩效产生影响[6, 55]。具体地，团队价格作为一种经济手段会影响患者的选择意愿；团队服务等待时长反映了团队的平均回复速度，其快慢程度会影响患者对团队的选择；团队规模指团队所包含的医生数量，加入此变量可控制团队参与服务的成员数对其在线问诊量的影响；医院所在地区与经济消费水平、医疗保障情况有关；同时，领衔医生可以代表团队医生的最高水平，通过领衔医生职称对领衔医生的学历和资历进行控制[31]。在研究医生个人绩效时，团队的参与行为也会对医生个人绩效产生影响[13]，所以选取团队价格、团队服务等待时长、团队规模作为团队方面的匹配变量[6]，同时结合数据的可获取性，加入可能影响医生绩效的个体层面因素，包括医院所在地区、医生职称、医生发表文章数量、医生所属科室。其中，医院所在地区与经济消费水平、医疗保障情况有关；医生职称用以控制医生的学历和资历对医生绩效的影响；医生发表文章数量体现医生在在线健康社区平台上的努力程度；医生所属科室用以控制不同科室对医生绩效的影响。

4.2 方法

倾向性得分匹配是由美国统计学家 Rosenbaum 和 Rubin 于 1983 年提出的一种可以同时调整大量混杂因素的统计方法[56]。在本文中，主要比较医生团队在开通私人服务之后，团队和个体绩效会发生怎样的变化，而不同的医生团队在未开通私人医生服务之前，由不同的团队价格、不同的医院科室和团队规模等事前因素的存在而导致原本的医生绩效存在差异，无法找到两支完全一样的团队进行事后比较。因此，如果直接用未开通私人医生服务的医生团队进行对比，将会导致选择偏差，从而影响结果的真实性。为了解决这个内生性问题，本文采用倾向性得分匹配法，构造反事实推断框架，剔除团队和个体异质性对团队及个体绩效的影响。

具体研究步骤为：

（1）根据分组变量进行分组。

本文以自变量私人医生服务开通情况为分组变量（Treat），开通私人医生服务的医生团队为实验组，未开通私人医生服务的医生团队为对照组。

（2）计算实验组和对照组医生团队以及个人医生的倾向性得分。

首先构建一个以分组变量为因变量，以所有匹配变量为自变量的 Logistic 回归方程：

$$Y_i = a_1 x_{i1} + a_2 x_{i2} + a_3 x_{i3} + \cdots + a_n x_{in} + \varepsilon_i \tag{1}$$

其中，Y_i 为分组变量，实验组医生团队（或医生个人）值为 1，对照组医生团队（或医生个人）值为 0；x_i 为上述匹配变量；a_1 到 a_n 为相应的回归系数，根据上述回归方程计算每一个医生团队（或医生个人）的倾向性得分：

$$PScore_i = a_1 x_{i1} + a_2 x_{i2} + a_3 x_{i3} + \cdots + a_n x_{in} \tag{2}$$

其中，$PScore_i$ 代表第 i 个医生团队（或医生个人）的倾向性得分。

（3）选择合适的匹配方法比较组别差异。

根据式（2）计算出的 $PScore$ 的值进行实验组与控制组样本的匹配，倾向性得分匹配中比较常用的方法是最近邻匹配法、半径匹配和核匹配法，在经过三种方法的共同支撑性检验和平衡性检验比较之后，本文采用匹配效果最好的最近邻匹配法按照 1∶3 进行匹配，匹配后，计算结果的平均处理效应（average treatment effect for the treated，ATT）的值。

$$\begin{aligned} ATT &= E\{K(1)|Y=1, X=x\} - E\{K(1)|Y=0, X=x\} \\ &= E\{K(1)|Y=1, X=x\} - E\{K(0)|Y=0, X=x\} \end{aligned} \tag{3}$$

其中，$E\{K(1)\}$ 和 $E\{K(0)\}$ 代表医生团队开通私人医生服务和未开通私人医生服务的绩效水平，$Y=1$ 和 $Y=0$ 代表开通私人医生服务和未开通私人医生服务两种情况，x 为控制变量。

5 结果和讨论

5.1 描述性统计分析

表4展示了所有变量的描述性统计分析，由表中数据可以发现实验组与对照组平均每个医生团队有4人，最大值为58，大部分都是小而精的团队，团队帮助患者人数较多，团队运营成效显著。就医生个人来说，高职称的医生占大多数，医生发布文章数量、在线问诊人数以及感谢信的数量都保持在较高水平，总体而言，团队以及团队内部医生都保持在比较活跃的状态。

表4 描述性统计分析

变量名称	样本数	平均值	标准差	最小值	最大值
团队价格	2 448	3.715	1.377	0	7.938
团队服务等待时长	2 448	0.095	0.293	0	1
团队规模	2 448	4.069	2.301	2	58
团队帮助人数	2 448	74.627	357.292	0	12 275
医院所在地区	6 572	1.334	0.663	0	3
医生职称	6 572	2.687	0.999	0	4
医生发表文章数量	6 572	1.636	1.692	0	10.068
医生所属科室	6 572	5.317	0.872	0.693	6.304
医生在线问诊量	6 572	1 436.152	3 742.44	0	79 847
医生感谢信数量	6 572	49.112	126.115	0	2 131

5.2 相关性分析

表5展示了变量之间的相关性，由表中数据可知，医生在线问诊量与感谢信之间的相关系数为0.718，大于0.5，说明医生订单量与用户反馈质量之间有很高的相关性，由于二者均是医生个体层面绩效的因变量，实证不会产生多重共线性问题；除此之外，其余变量之间的相关系数均小于0.5，说明变量之间不存在严重的多重共线性问题。

表5 相关性分析

变量名称	(1)	(2)	(3)	(4)	(5)	(6)	(7)	(8)	(9)	(10)
(1) 团队价格	1.000									
(2) 团队服务等待时长	0.140*	1.000								
(3) 团队规模	−0.032*	0.075*	1.000							
(4) 医院所在地区	−0.139*	−0.008	0.006	1.000						
(5) 医生职称	0.053*	−0.017	−0.059*	−0.063*	1.000					
(6) 医生发表文章数量	0.075*	0.037*	−0.077*	−0.069*	0.372*	1.000				
(7) 医生所属科室	−0.002	0.014	−0.029*	−0.010	−0.053*	0.020	1.000			
(8) 团队帮助人数	0.097*	0.249*	0.070*	0.023	−0.031*	0.039*	0.001	1.000		
(9) 医生在线问诊量	0.093*	0.076*	−0.013	−0.049*	0.224*	0.469*	0.001	0.086*	1.000	
(10) 医生感谢信数量	0.142*	0.084*	0.018	−0.077*	0.232*	0.418*	0.002	0.056*	0.718*	1.000

*表示 $p<0.1$

5.3 开通私人医生服务对在线医生团队绩效的影响

在医生团队层面,使用团队价格、团队服务等待时长、团队规模、医院所在地区、医生职称对实验组和对照组数据进行匹配。计算两组倾向性得分,共有 2 314 个医生团队在共同取值范围内,其中实验组 346 个团队,对照组 1 968 个团队。最近邻匹配后,对照组样本 939 个。由图 3(a)可以看出,匹配之前实验组与对照组的核密度函数分布差距较大,如果忽略这种误差,可能导致结果产生偏差。经过倾向性得分匹配后,图 3(b)显示,实验组与对照组的核密度函数基本重合,倾向性得分稳定在 1.5 左右,满足共同支撑假设。

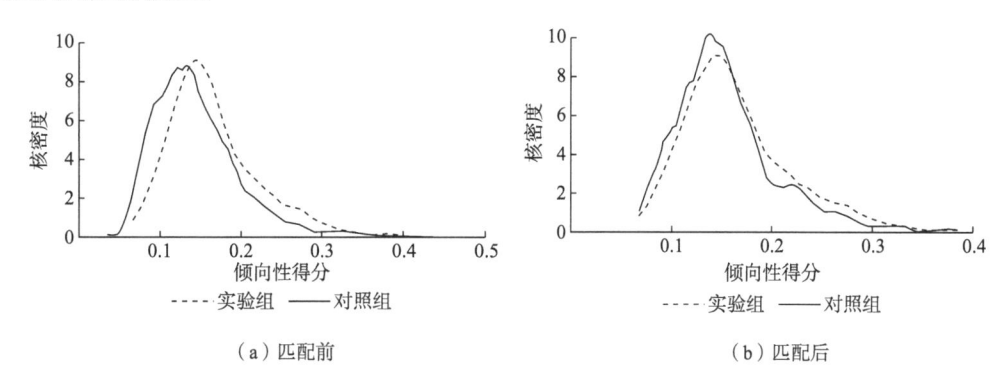

(a)匹配前

(b)匹配后

图 3 核密度函数图(医生团队)

表 6 显示了平衡性假设的检验结果,在匹配之前,实验组与对照组的三个匹配指标的差值在 10% 显著水平上显著,经过匹配之后,五个匹配指标的标准偏差绝对值都小于 10%,实验组与对照组五个匹配指标的差值均不存在显著差异。匹配后两组医生团队在五个维度上已经基本相同,通过平衡性假设检验。

表 6 平衡性假设检验结果表(医生团队)

变量名称	样本	均值 实验组	均值 对照组	标准偏差	减少偏差	t 检验 t	t 检验 p>|t|
团队价格	U	4.227 2	3.837 1	36.1%		5.94	0.000
	M	4.227 2	4.291 9	−6.0%	83.4%	−0.84	0.400
团队服务等待时长	U	0.161 85	0.089 03	22.1%		4.18	0.000
	M	0.161 85	0.139 21	6.9%	68.9%	0.83	0.406
团队规模	U	4.101 2	4.029 2	3.7%		0.63	0.529
	M	4.101 2	4.010 1	4.7%	−26.5%	0.62	0.536
医院所在地区	U	2.685	2.609 7	10.6%		1.79	0.074
	M	2.685	2.748 6	−9.0%	15.6%	−1.28	0.201
医生职称	U	3.393 1	3.445 2	−7.6%		−1.32	0.186
	M	3.393 1	3.448	−8.1%	−5.4%	−1.07	0.286

通过共同支撑性检验和平衡性检验之后,计算匹配后两组医生团队之间在线问诊量的差异以及平均处理效应(ATT)如表 7 所示,实验组每个医生团队(私人医生团队)平均帮助患者 140.95 人,对照组每个医生团队平均帮助患者 82.92 人,差值为 58.03,t 值等于 2.09,大于临界值 1.96,说明在 5% 显

著水平上，实验组与对照组存在显著差异，开通私人医生服务可以积极影响在线医生团队帮助的患者数量即医生团队的绩效水平，H_1 成立。

表 7 开通私人医生服务对医生团队绩效影响结果

变量名称	样本	实验组	对照组	差值	标准差	t 值
团队帮助人数	匹配前	140.947 977	67.341 549 3	73.606 427 7	21.242 532 9	3.47
	ATT	140.947 977	82.921 746 2	58.026 230 8	27.732 701 3	2.09

5.4 开通私人医生服务对个体医生绩效的影响

在研究医生个人绩效时，通过团队价格、团队服务等待时长、团队规模、医院所在地区、医生职称、医生发表文章数量、医生所属科室对实验组和对照组数据进行匹配。计算两组倾向性得分，共有 6 118 个医生在共同取值范围内，其中实验组 973 个医生，对照组 5 145 个医生。最近邻匹配后，对照组样本 1 977 个。由图 4（a）可以看出，匹配之前实验组与对照组的核密度函数分布差距较大。经过倾向性得分匹配后，图 4（b）显示，实验组与对照组的核密度函数基本重合，倾向性得分值稳定在 1.6 左右，满足共同支撑假设。

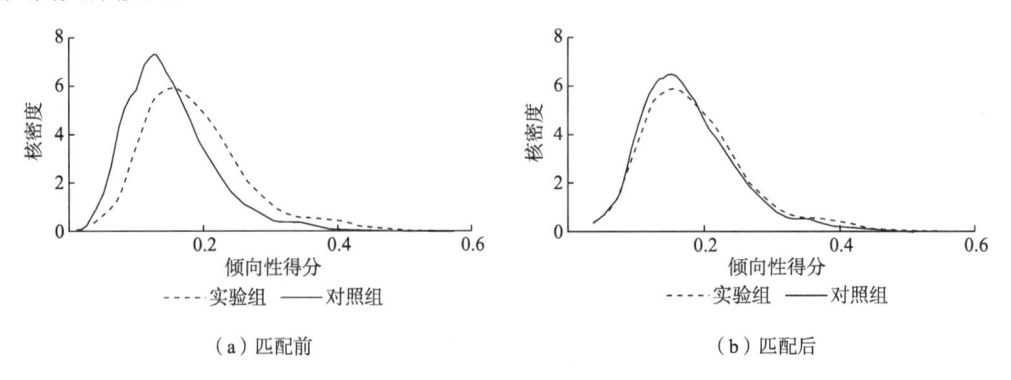

（a）匹配前　　　　　　　　　　　　　（b）匹配后

图 4 核密度函数图（团队成员）

表 8 显示了平衡性假设的检验结果，在匹配之前，实验组与对照组的六个匹配指标的差值在 10%显著水平上显著，经过匹配之后，七个匹配指标的标准偏差绝对值都显著减小，实验组与对照组七个匹配指标的差值均不存在显著差异。匹配后两组医生在七个维度上已经基本相同，通过平衡性假设检验。

表 8 平衡性假设检验结果表（团队成员）

变量名称	样本	均值		标准偏差	减少偏差	t 检验	
		实验组	对照组			t	$p>|t|$
团队价格	U	4.196 5	3.687 7	38.6%		10.63	0.000
	M	4.191	4.198 5	−0.6%	98.5%	−0.14	0.891
团队服务等待时长	U	0.181 54	0.090 66	26.7%		8.53	0.000
	M	0.179 86	0.178 06	0.5%	98.0%	0.10	0.918
团队规模	U	4.615 4	4.745 3	−5.0%		−1.30	0.193
	M	4.611 5	4.598 2	0.5%	89.8%	0.14	0.891
医院所在地区	U	1.282 1	1.343 1	−9.5%		−2.67	0.008
	M	1.282 6	1.284 5	−0.3%	96.9%	−0.07	0.947

续表

变量名称	样本	均值 实验组	均值 对照组	标准偏差	减少偏差	t检验 t	t检验 p>|t|
医生职称	U	2.755 9	2.671 8	9.0%		2.54	0.011
	M	2.755 4	2.725	3.2%	63.8%	0.72	0.473
医生发表文章数量	U	2.140 1	1.670 7	26.6%		7.99	0.000
	M	2.132	2.111	1.2%	95.5%	0.26	0.798
医生所属科室	U	5.369 9	5.319 2	6.1%		1.68	0.094
	M	5.370 8	5.376 5	-0.7%	88.8%	-0.15	0.877

5.4.1 开通私人医生服务对团队成员个人绩效的影响

通过共同支撑性检验和平衡性检验之后，计算匹配后两组医生之间在线问诊量和感谢信数量的差异以及平均处理效应（ATT）如表9所示。实验组每个医生的平均在线问诊量2 633.10人，对照组每个医生平均在线问诊量1 799.04人，差值为834.06，t值等于3.96，大于临界值1.96，说明在5%显著水平上，实验组与对照组存在显著差异，团队开通私人医生服务可以积极影响团队成员的在线问诊量；实验组每个医生的平均感谢信93.75封，对照组每个医生平均感谢信56.94封，差值为36.81，t值等于5.26，大于临界值1.96，说明在5%显著水平上，实验组与对照组存在显著差异，团队开通私人医生服务可以积极影响团队成员的感谢信数量。综上所述，团队开通私人医生服务可以显著促进团队成员个人绩效，支持H_2。

表9 开通私人医生服务对团队成员个人绩效影响结果

变量名称	样本	实验组	对照组	差值	标准差	t值
医生在线问诊量	匹配前	2 651.331 28	1 297.703 8	1 353.627 48	133.591 263	10.13
	ATT	2 633.104 83	1 799.042 56	834.062 27	210.745 539	3.96
医生感谢信数量	匹配前	94.32	43.413 793 1	50.906 206 9	4.483 805 22	11.35
	ATT	93.753 340 2	56.942 497 4	36.810 842 8	7.001 784 94	5.26

5.4.2 开通私人医生服务对团队领衔医生与非领衔医生个人绩效的影响

对领衔医生数据进行检验和倾向性得分匹配后，计算匹配后两组医生之间在线问诊量和感谢信数量的差异以及平均处理效应（ATT）如表10所示。实验组每个领衔医生的平均在线问诊量5 842.09人，对照组每个领衔医生平均在线问诊量3 993.42人，差值为1 848.67，t值等于3.96，大于临界值1.96，说明在5%显著水平上，实验组与对照组存在显著差异，开通私人医生服务可以积极影响领衔医生的在线问诊量；实验组每个领衔医生的平均感谢信216.48封，对照组每个领衔医生平均感谢信128.32封，差值为88.16，t值等于5.01，大于临界值1.96，说明在5%显著水平上，实验组与对照组存在显著差异，开通私人医生服务可以积极影响领衔医生的感谢信数量。综上，团队开通私人医生服务可以显著促进领衔医生的绩效水平，H_3成立。

表10 开通私人医生服务对领衔医生个人绩效影响结果

变量名称	样本	实验组	对照组	差值	标准差	t值
医生在线问诊量	匹配前	5 828.455 62	2 758.935 09	3 069.520 53	328.111 712	9.36
	ATT	5 842.094 96	3 993.418 4	1 848.676 56	466.440 767	3.96

变量名称	样本	实验组	对照组	差值	标准差	t值
医生感谢信数量	匹配前	215.908 284	89.539 942 9	126.368 341 1	11.371 327 5	11.11
	ATT	216.483 68	128.323 442	88.160 238	17.602 936 1	5.01

对非领衔医生数据进行检验和倾向性得分匹配后，计算两个组别之间医生在线问诊量和感谢信数量的差异以及平均处理效应（ATT）如表 11 所示，非领衔医生在线问诊量与感谢信的差异均不显著。说明对于非领衔医生来说，团队开通私人医生服务对于自身的绩效影响较小，H_4 不成立。在医生感谢信数量方面，实验组小于对照组，说明消除其他混杂因素的影响后，团队私人医生服务的开通可能会导致团队非领衔医生成员收到感谢信数量的下降。可能的原因是：一方面，因为私人医生服务出现的时间还比较短，目前新模式对于医生绩效的影响还主要作用于领衔医生，在未来的发展中会不会进一步对非领衔医生产生影响需要进一步的研究；另一方面，对于私人医生团队来说，领衔医生和非领衔医生本身存在职称、资历等方面的差距，在团队在线问诊量增加的同时，非领衔医生的时间和精力将部分分散到团队服务中，进而可能影响自身的在线问诊状态和服务质量。

表 11　开通私人医生服务对非领衔医生个人绩效影响结果

变量名称	样本	实验组	对照组	差值	标准差	t值
医生在线问诊量	匹配前	965.510 204	752.851 064	212.659 14	111.010 468	1.92
	ATT	965.510 204	889.312 297	76.197 907	181.107 903	0.42
医生感谢信数量	匹配前	29.803 767 7	26.214 627 7	3.589 14	3.432 307 32	1.05
	ATT	29.803 767 7	32.291 705 9	−2.487 938 2	4.420 410 97	−0.56

5.5　结果分析

本文通过对在线健康社区公开数据进行实证分析，探究了开通私人医生服务对在线医生团队及团队成员绩效的影响，并进一步讨论了其对团队内部领衔医生与非领衔医生绩效的不同影响机制，假设检验结果如表 12 所示。由以上分析可以得到：①开通私人服务会显著促进医生团队绩效，过往的研究表明，对于个体医生来说，服务多样性的提高会正向影响患者的选择意向[34]，本文将多样性对医生个体绩效的影响拓展到了医生团队层面，开通私人医生服务会提升医生团队的服务多样性，医生团队需要投入更多的时间和精力来服务患者，说明团队保持着比较活跃的状态，具有较高的服务意愿，可以更好地为患者提供信息和情感支持，满足患者的健康需求，增加医患交流和信任，其团队绩效也会随之增加。②开通私人医生服务会显著促进医生团队成员个人绩效，其中对于领衔医生绩效的积极影响是显著的，而对于非领衔医生影响不显著，个体加入医生团队之后，其个人绩效会受到团队整体行为的影响[30]，团队医生可以共享团队资源，患者对于医生团队的认知和信任也会转移到团队成员身上[13]，降低患者的感知风险和信息成本，所以私人医生服务的开通在促进团队绩效的同时，也会对团队成员的个人绩效产生促进作用。对于领衔医生和非领衔医生这两种不同角色的团队成员来说，团队中领衔医生是团队的主导，其领衔医生的身份可以反映其专业性和服务质量，向患者传达良好的声誉和更高的服务意愿，可以更好地吸引流量[54]，通过团体行为促进个人利益。并且领衔医生发表的文章数量和在线问诊量总体多于非领衔医生，说明领衔医生在在线健康社区中的活跃度更高，更有利于医患关系的建设。非领衔医生成员主要是辅助领衔医生，承担团队协作以及与患者的沟通交流等工作，这可能会花费更多的时间和精力，在将精力分散到团队私人医生服务之后，可能无法兼顾到更多的个人健康咨询服务，所以团队私人医生服务的开通对于领衔医生绩效的促进作用更大，而对于非领衔医生绩效的影响不明显。

表 12 假设检验结果

假设	假设内容	结果
H_1	开通私人医生服务会对医生团队绩效产生正向影响	支持
H_2	开通私人医生服务对团队医生个人绩效产生积极影响	支持
H_3	开通私人医生服务对团队领衔医生个人绩效产生积极影响	支持
H_4	开通私人医生服务对团队非领衔医生个人绩效产生积极影响	不支持

6 结语

在线私人医生团队作为一种新的医疗服务形式，对于缓解线下就医压力、增强医患关系稳定性具有重要的作用。本文运用倾向性得分匹配的方法探索了开通私人医生服务对医生团队及团队成员个人绩效的影响，并进一步探索了私人医生服务的开通对团队内部处于不同角色的领衔医生和非领衔医生绩效的影响。结果显示，开通私人医生服务会显著促进医生团队以及团队成员个人的绩效，而对于团队内部不同角色而言，开通私人医生服务对于领衔医生绩效的促进作用是显著的，对于非领衔医生绩效的影响并不显著。本文的主要贡献在于：①团队私人医生服务是在线健康社区中一种新的医疗服务形式，本文基于倾向性得分匹配方法探索了私人医生服务的开通对团队及团队成员绩效的影响，丰富了我国私人医生服务领域的研究成果。②研究将信任转移理论应用于在线健康社区中，探索患者信任从医生团队向团队成员的转移，拓展了信任转移理论的应用场景。③通过对比团队开通私人医生服务对团队领衔医生和非领衔医生成员绩效的不同影响，揭示了私人医生服务模式对团队中不同角色个体的异质性影响机制。

本文也具有一定的实际意义：①对于医生团队来说，为医生团队提高绩效提供了新的思路，医生团队应该寻求更多样化的服务形式，积极展现自己的服务意愿。②对于领衔医生来说，他们对于医生团队整体的发展有更显著的作用，所以要充分发挥带头作用，增强自身的活跃度，同时带动团队非领衔医生的发展；对于非领衔医生来说，要合理分配自己的时间精力，在兼顾多种服务形式的同时，保证自身的服务质量不受影响。③对于健康社区平台来说，在线健康社区作为医患沟通的桥梁，可以探索挖掘更多的健康服务形式，增加医患沟通的渠道，提供更优质的服务，更好地满足患者的信息与情感需求，从而建立长足的医患信任。

本文存在如下不足：①本文衡量绩效的方式过于单一，用在线问诊量与感谢信的数量两方面来衡量医生绩效，而由于用户反馈数据缺失，目前仅用在线问诊量来衡量团队绩效，在以后的研究中可以进一步扩展绩效衡量标准。②本文利用倾向性得分匹配的方法重点从医疗资源提供方切入，探究了开通私人医生服务对团队和团队内不同角色医生的影响，未来可进一步探索该模式下对患者的不同影响，以及不同模式下医患交互的异质性机理。

参 考 文 献

[1] Yan Z, Wang T, Chen Y, et al. Knowledge sharing in online health communities: a social exchange theory perspective[J]. Information & Management, 2016, 53（5）: 643-653.

[2] 刘璇, 潘明天, 陈梅梅, 等. 医院间合作网络对医院绩效的影响研究——基于在线健康咨询平台的实证分析[J]. 信息系统学报, 2019,（2）: 86-102.

[3] Yang H, Yan Z, Jia L, et al. The impact of team diversity on physician teams' performance in online health communities[J]. Information Processing & Management, 2021, 58（1）: 102421.

[4] Hedrick S C, Chaney E F, Felker B, et al. Effectiveness of collaborative care depression treatment in veterans' affairs primary care[J]. Journal of General Internal Medicine, 2003, 18（1）: 9-16.

[5] Bower P, Campbell S, Bojke C, et al. Team structure, team climate and the quality of care in primary care: an observational study[J]. Quality and Safety in Health Care, 2003, 12（4）: 273.

[6] 唐坤孟, 李胜利, 张倩. 患者在线医疗团队服务选择行为影响因素研究——以好大夫在线为例[J]. 图书情报工作, 2021, 65（11）: 33-45.

[7] Chen S, Guo X, Wu T, et al. Exploring the online doctor-patient interaction on patient satisfaction based on text mining and empirical analysis[J]. Information Processing & Management, 2020, 57（5）: 102253.

[8] Chen J, Shen X L. Consumers' decisions in social commerce context: an empirical investigation[J]. Decision Support Systems, 2015, 79: 55-64.

[9] Schaubroeck J, Lam S S, Peng A C. Cognition-based and affect-based trust as mediators of leader behavior influences on team performance[J]. Journal of Applied Psychology, 2011, 96（4）: 863-871.

[10] 李佳颖, 邓朝华, 吴红. 虚拟团队在医疗服务中应用的实证研究[J]. 管理学报, 2020, 17（8）: 1238-1244.

[11] Liu J, Zhang X, Kong J, et al. The impact of teammates' online reputations on physicians' online appointment numbers: a social interdependency perspective[J]. Healthcare（Basel）, 2020, 8（4）: 8509.

[12] Stewart K J. Trust transfer on the world wide web[J]. Organization Science, 2003, 14（1）: 5-17.

[13] Li J, Bao X, Liu X, et al. The impact of joining a team on the initial trust in online physicians[J]. Healthcare, 2020, 8（1）: 33.

[14] Harrison Mcknight D, Choudhury V, Kacmar C. The impact of initial consumer trust on intentions to transact with a web site: a trust building model[J]. The Journal of Strategic Information Systems, 2002, 11（3/4）: 297-323.

[15] 朱文意. 基于倾向值匹配法的观察数据因果推断研究[D]. 华东理工大学硕士学位论文, 2018.

[16] 孙彩霞, 刘庭芳, 蒋锋, 等. 我国家庭医生相关政策发展历程与推行研究[J]. 中国全科医学, 2021, 24（7）: 765-774.

[17] 常飞飞, 陈先辉, 王强. 美国"以患者为中心的医疗之家"模式发展现状及对我国家庭医生服务的启示[J]. 中国全科医学, 2017, 20（28）: 3463-3467.

[18] 冯黄于飞, 景日泽, 王嘉豪, 等. 不同岗位家庭医生团队成员的激励因素研究[J]. 中国全科医学, 2021, 24（4）: 400-406.

[19] Shang X, Huang Y, Li B, et al. Residents' awareness of family doctor contract services, status of contract with a family doctor, and contract service needs in Zhejiang Province, China: a cross-sectional study[J]. International Journal of Environmental Research and Public Health, 2019, 16（18）: 3312.

[20] Liu S, Wang L, Zhang T, et al. Factors affecting the work competency and stability of family doctors in Shanghai: a tracking study[J]. BMC Family Practice, 2019, 20（1）: 95.

[21] Zhang X, Zhang X, Yang S, et al. Factors influencing residents' decision to sign with family doctors under the new health care reform in China[J]. International Journal of Health Planning and Management, 2019, 34（4）: e1800-e1809.

[22] 王震, 汤先忻. 私人医生服务在我国沿海地区的现状及发展前景[J]. 卫生软科学, 2007, （5）: 374-376.

[23] 徐志凤. "私人医生"离我们并不远[J]. 沪港经济, 2005, （11）: 19-20.

[24] 张斌, 孙亚. 我国私人医生服务现状及发展研究[J]. 卫生经济研究, 2010, （6）: 11-13.

[25] Liu X, Chen M, Li J, et al. How to manage diversity and enhance team performance: evidence from online doctor teams

[26] Marlow S, Bisbey T, Lacerenza C, et al. Performance measures for health care teams: a review[J]. Small Group Research, 2018, 49（3）: 306-356.

[27] Rosen M A, Diazgranados D, Dietz A S, et al. Teamwork in healthcare: key discoveries enabling safer, high-quality care[J]. American Psychologist, 2018, 73（4）: 433-450.

[28] Stephens M R, Lewis W G, Brewster A E, et al. Multidisciplinary team management is associated with improved outcomes after surgery for esophageal cancer[J]. Diseases of the Esophagus, 2006, 19（3）: 164-171.

[29] Grumbach K, Bodenheimer T. Can health care teams improve primary care practice?[J]. The Journal of the American Medical Association, 2004, 291（10）: 1246-1251.

[30] Qiao W, Yan Z, Wang X. Join or not: the impact of physicians' group joining behavior on their online demand and reputation in online health communities[J]. Information Processing & Management, 2021, 58（5）: 102634.

[31] 马骋宇. 开通在线医疗服务会影响医生的线下服务量及诊疗收入吗?——基于PSM-DID模型的实证研究[J]. 中国卫生政策研究, 2021, 14（9）: 47-53.

[32] Sarin S, Mcdermott C. The effect of team leader characteristics on learning, knowledge application, and performance of cross-functional new product development teams[J]. Decision Sciences, 2003, 34（4）: 707-739.

[33] Mercer S W, Siu J Y, Hillier S M, et al. A qualitative study of the views of patients with long-term conditions on family doctors in Hong Kong[J]. BMC Family Practice, 2010, 11（1）: 46.

[34] 曹仙叶, 刘嘉琪. 基于服务多样性视角的在线医疗社区患者选择决策行为[J]. 系统管理学报, 2021, 30（1）: 76-87.

[35] Wu H, Deng Z, Wang B, et al. How online health community participation affects physicians' performance in hospitals: empirical evidence from China[J]. Information & Management, 2021, 58（6）: 103443.

[36] 杨雪洁, 顾东晓, 梁昌勇, 等. 在线健康社区中慢性病用户知识采纳行为研究[J]. 信息系统学报, 2020, （2）: 67-76.

[37] Macht G A, Nembhard D A. Measures and models of personality and their effects on communication and team performance[J]. International Journal of Industrial Ergonomics, 2015, 49: 78-89.

[38] Chen S, Guo X, Wu T, et al. Exploring the influence of doctor-patient social ties and knowledge ties on patient selection[J]. Internet Research, 2021, 32（1）: 219-240.

[39] Wu H, Deng Z, Evans R. Building patients' trust in psychologists in online mental health communities[J]. Data Science and Management, 2022, 5（1）: 21-27.

[40] Zhou Y, Zhu L, Wu C, et al. Do the rich grow richer? An empirical analysis of the Matthew effect in an online healthcare community[J]. Electronic Commerce Research and Applications, 2022, 52（5）: 101125.

[41] Ouyang P, Wang J J, Jasmine Chang A-C. Patients need emotional support: managing physician disclosure information to attract more patients[J]. International Journal of Medical Informatics, 2022, 158: 104674.

[42] Jiang S, Liu X, Chi X. Effect of writing style on social support in online health communities: a theoretical linguistic analysis framework[J]. Information & Management, 2022, 59（6）: 103683.

[43] van Knippenberg D, Mell J N. Past, present, and potential future of team diversity research: from compositional diversity to emergent diversity[J]. Organizational Behavior and Human Decision Processes, 2016, 136: 135-145.

[44] 刘嘉璐, 袁勤俭. 信任转移理论及其在信息系统研究领域的应用与展望[J]. 现代情报, 2022, 42（5）: 160-169.

[45] Milliman R E, Fugate D L. Using trust-transference as a persuasion technique: an empirical field investigation[J]. The Journal of Personal Selling and Sales Management, 1988, 8（2）: 1-7.

[46] Doney P M, Cannon J P. An examination of the nature of trust in buyer-seller relationships[J]. Journal of Marketing, 1997, 61（2）：35-51.

[47] Lee K C, Kang I, Mcknight D H. Transfer from offline trust to key online perceptions：an empirical study[J]. IEEE Transactions on Engineering Management, 2007, 54（4）：729-741.

[48] Bock G W, Lee J, Kuan H H, et al. The progression of online trust in the multi-channel retailer context and the role of product uncertainty[J]. Decision Support Systems, 2012, 53（1）：97-107.

[49] Verhagen T, van Dolen W. Online purchase intentions：a multi-channel store image perspective[J]. Information & Management, 2009, 46（2）：77-82.

[50] Xiao L, Zhang Y C, Fu B. Exploring the moderators and causal process of trust transfer in online-to-offline commerce[J]. Journal of Business Research, 2019, 98：214-226.

[51] Lee J, Hong I B. Consumer's electronic word-of-mouth adoption：the trust transfer perspective[J]. International Journal of Electronic Commerce, 2019, 23（4）：595-627.

[52] Kuan H H, Bock G W. Trust transference in brick and click retailers：an investigation of the before-online-visit phase[J]. Information & Management, 2007, 44（2）：175-187.

[53] Hu X, Chen X, Davison R M. Social support, source credibility, social influence, and impulsive purchase behavior in social commerce[J]. International Journal of Electronic Commerce, 2019, 23（3）：297-327.

[54] Li J, Deng Z, Evans R D, et al. How doctors take initiatives in online healthcare communities[J]. Industrial Management & Data Systems, 2020, 120（7）：1401-1420.

[55] 刘璇, 陈晋, 陈梅梅. 知识多样性及任务依赖性对团队绩效的影响[J]. 系统管理学报, 2021, 30（5）：961-970.

[56] Rosenbaum P R, Rubin D B. The central role of the propensity score in observational studies for causal effects[J]. Biometrika, 1983, 70（1）：41-55.

How Does Private Doctor Service Participation Affect Performance of Doctor Teams and Team Members

LIU Xuan, ZHOU Shuqing, LI Jia

(School of Business, East China University of Science and Technology, Shanghai 200237, China)

Abstract As a new medical service model, the private doctor service team can provide patients with more comprehensive and personalized continuous medical services, which is of great significance for alleviating the difficulties of offline medical treatment. At present, there are few studies on domestic private doctor service and its impact on the performance of doctor teams and team members. Using the propensity score matching (PSM) method, this paper empirically studies the impact of the provision of private doctor services on the performance of doctor teams and team members through the data of doctor teams and non-doctor teams on the Haodf.com platform. The results show that the participation of private doctor services will significantly promote the performance of doctor teams and team members, and the participation of private doctor services has a significant effect on the performance of leading doctors, while the impact on non-leading doctors is not significant. The research findings enrich the research in the field of private doctors, reveal the performance improvement mechanism of doctor team under the new model, and also provide practical guidance for doctors with different roles to play their role in the team.

Keywords Private doctor service team, Doctor performance, Leading doctor, PSM

作者简介

刘璇（1982—），女，管理学博士，华东理工大学商学院管理科学与工程系副教授，研究方向为电子商务、电子健康和知识管理等，E-mail：xuanliu@ecust.edu.cn。

周舒晴（1999—），女，华东理工大学商学院硕士研究生，研究方向为电子健康，E-mail：zsqing1226@163.com。

李嘉（1980—），男，华东理工大学商学院管理科学与工程系教授，研究方向为大数据商务决策、电子健康等，E-mail：jiali@ecust.edu.cn。

态度、社交媒体使用与销售人员工作绩效：基于理性行为理论与任务技术匹配理论[*]

宋竞，张敏

（西南交通大学经济管理学院服务科学与创新四川省重点实验室，四川 成都 610031）

摘 要 借鉴理性行为理论与任务技术匹配理论，本文考察了影响销售人员社交媒体使用的重要前因，以及社交媒体使用对其工作绩效所产生的影响。实证分析结果显示：销售人员对社交媒体有用性的态度会对社交媒体使用产生积极影响，且销售服务双元性进一步增强了这对关系的强度；客户关系质量在销售人员社交媒体使用与两类绩效之间起中介作用。在社交销售的背景下，社交媒体使用已成为影响销售人员工作绩效的重要前因。为了使个人特征、任务特征与技术特征更加匹配，企业应鼓励销售人员使用社交媒体与客户交互以增进客户关系质量，并且在筛选与培养销售人员时应注重有效评估和培养销售服务双元性。

关键词 社交媒体使用，客户关系质量，客户关系绩效，销售绩效，销售服务双元性

中图分类号 C931.6

1 引言

"尽管销售技术在市场营销和销售情境中存在正回报，但亟须通过深入研究来进一步理解技术使用的前因和后果。"[1]

在销售技术文献[2]中，社交媒体被定义为"业务沟通、交易和建立关系的技术成分，利用与客户的网络和愿景促进价值共同创造的工具"。在销售情境下，销售人员可以在销售过程的所有环节中使用社交媒体，从勘探新客户到现有客户的后续跟进[2]，销售人员可以通过社交媒体管理与客户的关系，精准地对目标客户群体有选择性地使用。尽管社交媒体具有上述优点，但在实际工作中却尚未得到销售人员的充分应用与重视。最近的一项研究显示，普通销售人员中只有44%认为销售技术对完成任务很重要，而顶尖销售人员中有67%认同销售技术的重要性，这是普通销售人员未能取得成功的原因之一[3]。其他关于销售人员的研究也证实了社交媒体使用的程度仍极其有限[4]。因而如何有效引导销售人员将社交媒体积极运用到日常销售工作中是业界需解决的燃眉之急。与此同时，销售人员对于社交媒体使用能否促进其工作绩效也尚存较大疑虑。CSO Insights的调研结果显示只有26%的销售人员认为社交销售可以让他们与客户交互并建立良好的关系[5]，进而完成销售目标。显然，社交媒体使用对于客户关系质量及销售目标是否真会产生积极影响是业界共有的另一大疑问。

目前学术界对业界所面临的这两大难题的探索也尚处于起步阶段。在社交媒体使用的前因研究方面，学者们普遍认为需要从挖掘用户对社交媒体的态度来研究对其使用行为的影响[6]。Fishbein和Ajzen的理性行为理论[7]为这一个研究方向提供了很好的理论支持，此理论认为个体行为受到对该行为

---

[*] 通信作者：张敏，西南交通大学经济管理学院硕士研究生，E-mail: 1456715615@qq.com。

的态度的影响，用户对行为持积极的态度更能促进行为的发生[8]。但实证研究对此所提供的证据却还存在诸多矛盾之处，尽管不少研究认为用户对社交媒体有用性的态度能够促进社交媒体使用[4, 9]，但另有研究却发现社交媒体有用性态度对社交媒体使用的影响并不显著[10]。为此，学者们开始通过引入销售人员的个人学习导向[10]、个人创新性[11]等个人特征类型的调节因素来进一步探讨社交媒体有用性态度与社交媒体使用之间的关系[12]。然而，被已有研究共同忽略的是不同销售人员在销售服务双元性这一个体特征上其实也具有较大差异，而这种差异极有可能造成他们对社交媒体所持态度与使用行为之间关系强度的改变，这与社交媒体本身兼具社交和工作两大特性的本质特点密不可分。因此，本文将尝试在社交媒体有用性态度与社交媒体使用这对关系上来探讨销售人员销售服务双元性的调节作用，以帮助解释和调和上述的众多不一致结论。

社交媒体使用是否和如何影响绩效的问题在很大程度上尚待更充分的研究[10, 13]。尤为引人注意的是，已有研究表明社交媒体使用与销售人员工作绩效之间可能同时存在直接和间接的关系，因而亟待对社交媒体使用影响销售员工绩效的关系链进行探索[14]。在此领域中陆续涌现出一些有代表性的研究。例如，Hunter和Perreault指出销售人员使用销售技术可以促进其完成与客户建立关系的任务，进而提高关系绩效[1]；社交媒体使用通过帮助销售人员完成与客户保持良好关系的适应性销售行为，对销售人员的销售业绩产生积极影响[10]；Marshall等发现销售人员通过社交媒体与客户建立个人和长期关系，有助于增加销售[15]。虽然这些研究关注的中间机制有所不同，但都多次提到了"客户关系"在其中的重要作用，然而当竞争者都在努力利用社交媒体与客户建立关系之时，仅仅与客户建立关系已经显得缺乏竞争力，更需要的是高的关系质量[16]，而客户关系质量是否在社交媒体使用与销售员工绩效之间起着作用，学术界至今未有探索。因此，本文将进一步对社交媒体使用是否通过促进客户关系质量，进而提升销售人员的销售绩效与客户关系绩效这一问题展开具体探讨。

此外，在公司层面对社交媒体或相关销售技术使用的研究已有不少[17]，但应该看到销售人员充当着企业与客户之间的桥梁，可以直接接触到市场的反馈，最能利用他们的社交关系来提高销售业绩[18]。但是从销售人员分析层次上针对社交媒体使用的相关研究为数不多，且大多属于定性研究的范畴[2, 15, 19]，因而亟待研究者从销售人员层面展开。本文针对一线销售人员展开实证研究，探究态度对社交媒体使用，以及社交媒体使用对销售人员工作绩效影响的作用机制，在一定程度上有助于弥补相应的研究缺口。

综上，本文关注的核心问题归纳为：①销售人员对社交媒体有用性的态度是否能促进他们在销售工作中使用社交媒体？②销售人员之间在销售服务双元性上的个体差异是否会进一步调节社交媒体有用性态度与社交媒体使用之间的原有关系？③社交媒体是否和通过何种中间机制同时影响销售员工的销售和客户关系绩效？通过对上述问题的探讨和回答，本文尝试对现有的销售技术文献做出以下贡献：第一，在社交媒体有用性态度与社交媒体使用之间的关系上引入销售人员的销售服务双元性的调节作用研究，从更全面、更精细的视角帮助解释过往研究中在两者关系上所出现的众多不一致结论；第二，通过引入客户关系质量，推进对销售人员社交媒体使用如何作用于绩效的中间机制的研究，有助于增进对两者间关系黑箱的揭示和解释；第三，以销售人员为分析层次，有助于充实和补充过往公司层次上社交媒体使用的实证研究，便于从社交媒体销售技术的微观使用主体这个层面上更深刻地理解社交媒体使用的影响因素和绩效后果。

本文的结构如下：首先，在回顾相关文献的基础上提出研究假设、构建研究模型；其次，阐述所使用的研究设计、汇报数据收集和分析方法以及实证研究结果；最后，从理论和管理实践的角度对研究结果进行讨论，并为这一重要领域的未来研究提出了一些建议。

2 理论基础与研究假设

2.1 理论基础

理性行为理论（theory of reasoned action，TRA）是 Fishbein 和 Ajzen[7]提出的，该理论认为个体的行为与其对行为的意向是有很大关系的，对行为持有的正面或负面的行为态度又会影响个体的行为意向。态度是指个人对某一物体或行为形成的积极或消极的相对持久的评价[20]。根据理论，对给定物体或行为有良好态度的个人可能对它有积极的行为。换句话说，个人以特定的方式对一个物体或行为采取行动，其行为是根据他们对该物体或行为的特定态度。本文中，我们提出了一个积极的态度-行为关系，认为每个销售人员很可能对工作中使用社交媒体形成一种特定的态度，这种态度会影响他对社交媒体的实际使用。

Goodhue 和 Thompson[21]所提出的任务技术匹配理论（task-technology fit theory，TTF）认为当用户的个人特征、任务特征与技术特征匹配时，会以预期的使用结果、使用行为作为桥梁影响绩效。TTF 理论为解释社交媒体使用为员工和组织可能带来的影响提供了强有力的理论视角。Agnihotri 等将其运用于销售人员社交媒体使用的研究，发现客户的价值创造取决于社交媒体和销售人员的服务行为之间的匹配[19]。本文也将基于 TTF 理论，重点关注技术（社交媒体）和技术使用者个人特征（销售人员的销售服务双元性）之间的匹配性是否能促进销售人员在工作中更多地利用社交媒体技术，以便更好地完成销售与服务的双重任务。

2.2 社交媒体有用性的态度与社交媒体使用

社交媒体在工作场合中的应用越来越普遍，社交媒体使用可分为以工作为导向和以社交为导向的两类用途[22]，本文中销售人员社交媒体使用是指销售人员利用和整合社交媒体技术与客户交互，完成销售任务[23]。态度是指个人对某一物体或行为形成的积极或消极的相对持久的评价[20]，这种评价包括对一个特定实体、物体或行为的信念和感受[24]，对某一特定实体、物体或行为持良好态度的个体很可能会以特定的方式行事。态度是影响社交媒体使用的重要前因[25]。态度与行为的关系备受学者们关注，Fulk 等提出了媒体工具（如社交媒体）的使用行为会受到用户对使用这种媒体态度的影响[26]，却没有进一步的实证研究。

根据理性行为理论，个体的行为意向将受对行为态度的影响[7]，销售人员社交媒体使用被认为是一种行为意向[10]，个体对行为持积极态度时会促进这种行为的发生。与该理论的预测方向一致，Davis 认为对技术的感知有用性能够促进用户对这种技术的使用行为[8]。此后，有实证研究表明，对社交媒体的积极态度会促进社交媒体使用[25, 27]。在销售情境中，销售人员感知到客户关系管理系统或软件对自己有用时，会促进对这种技术的使用[9]，这一研究也对社交媒体的态度和社交媒体使用之间的关系提供了额外支持。

基于上述分析，本文提出以下假设：

H_1：销售人员对社交媒体有用性的态度正向影响其社交媒体使用。

2.3 销售服务双元性的调节作用

在销售情境下，销售人员的销售服务双元性又称为情境双元性，指销售人员在与客户交互过程中能同时向客户提供服务和交叉销售或向上销售的能力[28, 29]。一方面，向客户提供服务和交叉/向上销售有共同的基础——都需要一组共同的能力，如同理心、人际适应[30, 31]；另一方面，销售人员作为直接接触到客户的一线员工，除了帮助客户识别产品问题、提供解决方案，同时也需要适当处理客户投诉[32]，这就要求销售人员具备同时满足向客户提供服务和交叉/向上销售的能力。

由于销售人员对社交媒体有用性的态度与社交媒体使用之间存在不确定的关系[4, 9, 10]，学者们曾引入销售人员的个人学习导向[10]、个人创新性[11]等个人特征类型的调节因素来进一步探讨社交媒体有用性态度与社交媒体使用之间的关系[12]。然而，被已有研究共同忽略的是不同销售人员在销售服务双元性这一个体特征上其实也具有较大差异，而这种差异极有可能造成他们对社交媒体所持态度与采纳行为之间关系强度的改变，这与社交媒体本身兼具社交和工作两大特性的本质特点密不可分。

具有销售导向的销售人员倾向于从事与销售活动和销售业绩相关的职能[33]，具有服务导向的销售人员倾向于从事与服务愿景和满足客户需求相关的职能[34]。如今的销售人员往往面临着销售与服务的双重任务，公司对销售人员同时完成双重任务的能力有较高的要求——销售人员同时具备销售导向和服务导向，销售服务双元性成为对销售人员的新要求[28]。销售服务双元性较低的销售人员，即使认为社交媒体很有用，也可能由于不具备或欠缺销售服务双元性而使用社交媒体的程度更低。根据 TTF 理论[21]，当用户的个人特征与技术特征匹配时，能更好地完成既定任务。给定销售人员对社交媒体有用性的态度相同的情况下，如果销售人员拥有更高的销售服务双元性，更可能将社交媒体视为能帮助他们同时实现销售与为客户服务的技术工具，任务与技术有更好的匹配性[21]，能够更好地使用社交媒体同时完成销售与服务任务[28]。也就是说，销售人员的销售服务双元性水平会进一步加强其对社交媒体有用性的态度与社交媒体使用之间的原有关系。因此，提出以下假设：

H₂：销售服务双元性在销售人员对社交媒体有用性的态度与社交媒体使用之间的关系上起调节作用。

2.4 客户关系质量的中介作用

社交媒体使用与员工绩效之间的关系已得到相当程度的关注和研究。例如，李巧灵等认为社交媒体工作与社交的功能皆能提高员工工作绩效，肯定了社交媒体在工作中使用的意义，然而社交媒体使用与员工绩效之间的影响机制却一直有待拓展[35]。Ahearne 等提出社交媒体等技术工具的使用不会直接影响绩效，而是通过中间变量间接影响绩效[14]。Itani 等认为销售人员使用社交媒体会间接提高其销售绩效[10]。Trainor 等也发现社交媒体的使用间接提高客户关系绩效[36]。Ogilvie 等在研究中发现，销售人员使用社交媒体可以同时间接提高其客户关系绩效和销售绩效[37]。以上研究结论都说明了社交媒体使用对员工绩效的影响的确会通过中介变量间接实现，而客户关系质量在其中的影响尚未得到过充分的探讨。

Crosby 等认为客户关系质量是客户对销售人员的信任和满意度的体现，销售人员通过社交媒体与客户保持联系，经常接触，相互披露信息等行为，可以提高客户感知的关系质量[38]。Holloway 等认为像社交媒体这样的软件可为销售人员提供实时、整合的信息，进而提高客户关系质量[16]。此后，学者们通过实证研究证实销售人员使用社交媒体可以促进与客户建立良好的关系，这些良好的关系体现在客户较高的忠诚度[4]、较高的客户满意度[23]方面。因此，提出以下假设：

H₃：社交媒体使用对客户关系质量有正向影响。

客户关系质量反映了客户对销售人员的信任、满意度与承诺的好坏[39]，良好的客户关系质量对公司与销售人员的客户关系绩效与销售绩效都有促进作用。一方面，客户关系质量越高，与客户建立的关系结果越好[40]，帮助销售人员建立可持续的竞争优势，进而提高客户关系绩效[41]。另一方面，客户关系质量能直接影响销售收入和客户份额[40]，客户关系质量越高，则销售绩效水平也会越高[42]。销售人员要同时面对客户关系绩效和销售绩效[37]的双重要求，良好的客户关系质量会提高销售人员的办事效率，维护好客户关系质量可以提高其工作绩效[16]，对当前和未来预期绩效都能产生积极作用[38]。因此，提出以下假设：

H₄：客户关系质量对客户关系绩效有正向影响。

H₅：客户关系质量对销售绩效有正向影响。

在销售人员社交媒体使用对其绩效影响的研究中，学者们关注到了客户关系这一中间机制。例如，Hunter 和 Perreault 指出销售人员使用销售技术可以促进其完成与客户建立关系的任务，进而提高关系绩效[1]；社交媒体使用通过帮助销售人员完成与客户保持良好关系的适应性销售行为，对销售人员的销售业绩产生积极影响[10]；Marshall 等发现销售人员通过社交媒体与客户建立个人和长期关系，有助于增加销售[15]；Holloway 等在客户关系的基础上，进一步提出只有在销售人员使用社交媒体提高客户关系质量的情况下，才能提高其工作绩效[16]。本文认为，销售人员使用社交媒体，通过提高销售人员的客户关系质量，进而提高销售人员的客户关系绩效和销售绩效，因此，提出以下两个假设：

H₆：客户关系质量在社交媒体使用与客户关系绩效之间起中介作用。

H₇：客户关系质量在社交媒体使用与销售绩效之间起中介作用。

综合以上假设，本文的概念模型如图 1 所示。

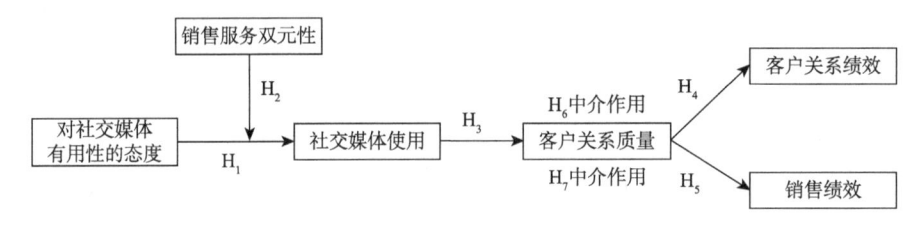

图 1 概念模型

3 研究设计与样本选择

3.1 问卷设计与量表来源

本文研究的所有变量都采用 Likert 5 级量表测量。量表选择的是国外较为权威且经过多次使用的量表，将其翻译为较适合中国语境与说话习惯的表达。对社交媒体有用性的态度的测量采用的是 Itani 等[10]的 2 个题项的量表。社交媒体使用采用的是 Agnihotri 等[23]的 3 个题项的量表来衡量的。对于销售人员销售服务双元性的测量采用 Harris 等[43]的测量方法，用 6 个题项测量客户导向，用 5 个题项测量销售导向，最后以去中心化的客户导向和销售导向的乘积代表销售人员的销售服务双元性。客户关系质量采用 Holloway 等[16]的 5 个题项的量表来测量。客户关系绩效采用的是 Ogilvie 等[37]的 5 个题项的量表测量。销售绩效采用的是 Itani 等[10]3 个题项的量表测量。最后，我们控制了销售人员的经验、受教育程度、年龄和性别（男性=0；女性=1），因为这些变量会对社交媒体的使用和工作绩效等变量产生影响[10, 16, 26]。

接下来采用 SPSS 和 AMOS 软件对数据进行分析。首先进行描述性统计分析和信效度分析；其次进行共同方法偏差检验和相关系数分析；最后进行回归分析、调节效应和中介效应的检验，对研究假设进行验证。

3.2 样本来源与描述性分析

由于不同行业之间具有不同的绩效评判标准，样本来源于不同文化背景下的不同行业，可能是导致了 Itani 等[10]对社交媒体态度与社交媒体使用之间关系不显著的原因之一。考虑到上述原因，以及公司政策、公司对社交媒体使用的培训等因素也会对销售人员社交媒体使用产生影响，因此本文选择了我国7个省的38家以B2B（business to business，企业间电子商务模式）业务为主、B2C（business to consumer，商对客电子商务模式）业务为辅的食品连锁店进行抽样调查，Hunter和Perreault[1]的研究样本也控制了样本来源。本文选取样本时注意：第一，销售人员日常使用社交媒体完成与客户的销售任务，如个人微信、微博、小红书等；第二，销售人员群体数量足够大，足以支持假设检验；第三，管理层鼓励销售人员参与调查。

本文选取的调查对象是食品连锁店的销售人员，在正式收集数据之前，我们抽取了部分被试对问卷进行了清晰度和完整性的预先测试，考虑了他们提出的建议后，适当地细化了问卷的描述和措辞，使问卷更具可读性，更易于理解。告知所有被试，我们的目的是进行学术研究，并且全部都是匿名作答，减少其作答压力。正式回收问卷218份，由于数据的缺失和无效问卷的删除，最终获得有效问卷201份，回收有效率92.2%。被试中女性占比较大，达85.6%，男性占比14.4%；年龄在21~30岁的员工有46.8%，31~40岁的有46.8%，41~50岁的有6.5%，无其他年龄段的销售人员；47.3%的销售人员学历为中专或大专，29.9%的员工学历为高中，22.4%的员工学历为大学本科及以上，其余0.4%的员工学历为初中及以下；销售人员的平均工作经验为4年，销售经验较为丰富。

4 实证研究

4.1 信效度分析

虽然本文所采用的问卷都来自国内外成熟的量表，经过了学者们的反复使用，但为了进一步了解被试对问题的看法是否符合原设计者的分类，对量表的信效度进行了相应的检验。本文采用Cronbach's α 系数和组合信度（composite reliability，CR）来检验问卷的信度，检验结果显示，各量表的Cronbach's α 均大于0.7，其中对社交媒体有用性的态度为0.76，社交媒体使用为0.91，销售服务双元性为0.85，客户关系质量为0.95，客户关系绩效与销售绩效均为0.90，且绝大多数变量的CR大于0.7，这表明本文的数据具有较好的信度。

本文中各变量的测量均参考了已有的成熟量表，并在正式调研之前，通过小规模的预实验，根据预实验的结果与反馈对问卷进行了重新修订，从而形成正式的问卷，因而量表具有较好的内容效度。进一步通过因子分析检验量表的结构效度，结果如表1所示，绝大多数变量的平均变量萃取值（average variance extracted，AVE）大于0.5，各问项都通过了Bartlett球形检验，KMO值为0.92，说明本文的变量具有较好的结构效度。结合表2，绝大多数变量AVE值的平方根大于变量间的相关系数，说明本文的变量具有较好的区分效度。

表1 量表信度效度评价指标

变量	Cronbach's α	CR	AVE
对社交媒体有用性的态度	0.76	0.69	0.53
社交媒体使用	0.91	0.83	0.62
销售服务双元性	0.85	0.95	0.66
客户关系质量	0.95	0.91	0.66
客户关系绩效	0.90	0.79	0.43
销售绩效	0.90	0.82	0.61

4.2 共同方法偏差检验

因为模型中包含的所有变量都是从同一数据源收集的，可能存在共同方法变异，因此本文结合利用 Harman 单因素方法[44]和控制未测量的潜在方法因子法[45]进行了共同方法偏差检验。首先运用 SPSS 进行探索性因子分析，未旋转的第一个主成分载荷量为 45.7%，不超过 50%，初步说明共同方法偏差不严重[46]。其次运用 AMOS 进行了验证性因子分析，构建只含潜变量的模型 1，与含方法因子的模型 2，比较模型 1 和模型 2 的主要拟合指数得：ΔCFI=0.028<0.1，ΔTLI=0.024<0.1，ΔRMSE=0.009<0.05，说明测量中不存在明显的共同方法偏差[47]。

4.3 相关性检验

为了解各变量间的相关关系，本文做了变量间的 Pearson 相关系数检验。从表 2 可知，对社交媒体有用性的态度与社交媒体使用，社交媒体使用与客户关系质量，客户关系质量与销售绩效，客户关系质量与客户关系绩效之间均显著正相关。

表 2 描述性统计和相关系数

变量	均值	标准差	分组 1	分组 2	分组 3	分组 4	分组 5
对社交媒体有用性的态度	4.204	0.627	0.728				
社交媒体使用	4.118	0.670	0.669**	0.787			
客户关系质量	4.048	0.548	0.465**	0.563**	0.812		
销售绩效	3.536	0.702	0.279**	0.366**	0.450**	0.781	
客户关系绩效	3.919	0.570	0.478**	0.546**	0.709**	0.670**	0.656

**表示 $p<0.01$

注：对角线上的数据为各变量 AVE 值的平方根

4.4 回归分析

为进一步明确变量之间的关系，加入四个控制变量，检验几对变量之间的线性关系，结果如表 3 所示。对社交媒体有用性的态度正向影响社交媒体使用（$\beta=0.665$，$p<0.01$），验证了 H_1；社交媒体使用正向影响客户关系质量（$\beta=0.456$，$p<0.01$），验证了 H_3，此外还发现对社交媒体有用性的态度也能正向影响客户关系质量（$\beta=0.171$，$p<0.05$）；客户关系质量正向影响客户关系绩效（$\beta=0.578$，$p<0.01$），验证了 H_4，此外还发现社交媒体使用能正向影响客户关系绩效（$\beta=0.155$，$p<0.05$）；客户关系质量正向影响销售绩效（$\beta=0.372$，$p<0.01$），验证了 H_5，此外还发现社交媒体使用也能正向影响销售绩效（$\beta=0.184$，$p<0.05$）。

表 3 回归分析结果

变量	社交媒体使用	客户关系质量	客户关系绩效	销售绩效
年龄	0.000	0.024	0.052	−0.040
性别	0.040	0.092	−0.085	−0.185**
学历	−0.023	0.035	0.076	0.081
经验	−0.069	0.041	−0.034	0.047
对社交媒体有用性的态度	0.665**	0.171*	0.114	−0.015
社交媒体使用		0.456**	0.155*	0.184*

变量	社交媒体使用	客户关系质量	客户关系绩效	销售绩效
客户关系质量			0.578**	0.372**
调整后 R^2	0.441	0.323	0.536	0.240

**表示 $p<0.01$，*表示 $p<0.05$

注：表中数据除 R^2 外，都为标准化系数

4.5 调节效应检验

为了验证 H_2，将年龄、性别、学历、经验作为控制变量纳入调节效应模型，以社交媒体使用为因变量，年龄、性别、学历、经验、对社交媒体有用性的态度、销售服务双元性、对社交媒体有用性的态度与销售服务双元性的交互项为自变量进行调节作用检验，如表4所示。模型1为四个控制变量对社交媒体使用的影响；模型2为在模型1的基础上，加入了对社交媒体有用性的态度和销售服务双元性后对社交媒体使用的影响；模型3在模型2的基础上，加入了对社交媒体有用性的态度与销售服务双元性的交互项对社交媒体使用的影响。

表 4 销售服务双元性的调节作用检验（因变量：社交媒体使用）

变量	模型1 β	模型1 t	模型2 β	模型2 t	模型3 β	模型3 t
年龄	−0.080	−0.988	−0.001	−0.012	−0.014	−0.209
性别	0.026	0.353	0.075	0.718	0.101	0.984
学历	−0.098	−1.342	−0.021	−0.413	−0.023	−0.480
经验	−0.051	−0.613	−0.011	−1.106	−0.009	−0.898
对社交媒体有用性的态度			0.712**	12.418	0.686**	12.203
销售服务双元性			−0.02	−0.295	−1.753**	−3.479
态度×双元性					0.374**	3.469
R^2	0.023		0.456		0.488	
调整后 R^2	0.003		0.439		0.469	
F	1.134		27.055**		26.228**	

**表示 $p<0.01$

结果显示，在模型2中，在控制年龄、性别、学历、经验后，对社交媒体有用性的态度对社交媒体使用具有显著的正向预测作用。在模型3中，对社交媒体有用性的态度与销售服务双元性的交互项对社交媒体使用的预测作用显著，表明销售服务双元性在对社交媒体有用性的态度与社交媒体使用之间具有调节作用。

为了考察销售服务双元性如何调节对社交媒体有用性的态度对社交媒体使用的影响，进一步做简单斜率检验，以销售服务双元性的均值加减一个标准差将样本分为高销售服务双元性和低销售服务双元性两组，如图2所示。结果发现，随着对社交媒体有用性的态度得分的增加，社交媒体使用的得分也不断增大，在销售服务双元性的高水平组（$\beta=0.914$，$t=11.336$，$p=0.000$）和低水平组（$\beta=0.515$，$t=6.471$，$p=0.000$）中，对社交媒体有用性的态度均能正向预测社交媒体使用，说明了对社交媒体有用性的态度将会对社交媒体使用产生积极的影响，再次验证了 H_1。在对社交媒体有用性的态度的同等水

平下，销售服务双元性越高的销售人员，社交媒体使用得分越高，说明了在更高层次的销售服务双元性上，销售人员对社交媒体有用性的态度对社交媒体使用的积极作用将被加强，验证了 H_2。

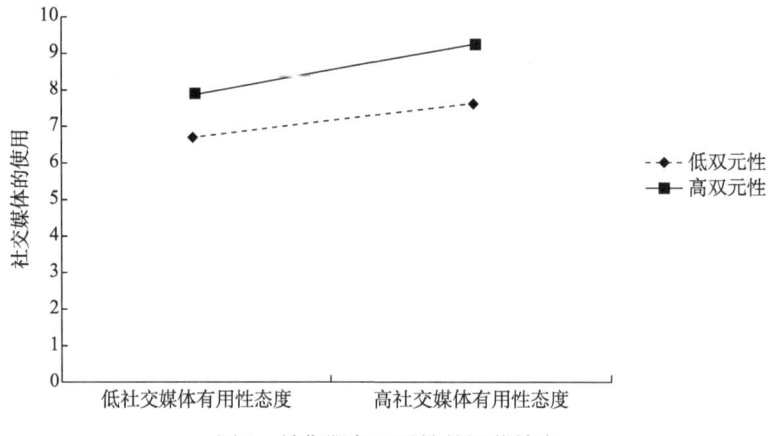

图 2　销售服务双元性的调节效应

4.6　中介效应检验

4.6.1　客户关系质量在社交媒体使用和客户关系绩效之间的中介作用

首先，采用 Hayes 编制的 SPSS 宏中的模型 4（模型 4 为简单的中介模型），在控制年龄、性别、学历、经验的情况下对客户关系质量在社交媒体使用与客户关系绩效之间的中介效应进行检验，模型 4 和模型 6 以客户关系绩效为因变量，模型 5 以客户关系质量为因变量，分别验证了社交媒体使用对客户关系绩效的直接影响与间接影响。结果表明（表 5、表 6），社交媒体使用对客户关系绩效的正向预测作用显著（$\beta=0.477$，$t=9.301$，$p<0.01$），且当放入中介变量后，社交媒体使用对客户关系绩效的直接预测作用依然显著（$\beta=0.189$，$t=3.739$，$p<0.01$）。社交媒体使用对客户关系质量的正向预测作用显著（$\beta=0.466$，$t=9.587$，$p<0.01$），客户关系质量对客户关系绩效的正向预测作用也显著（$\beta=0.618$，$t=10.064$，$p<0.01$）。

表 5　客户关系质量在社交媒体使用和客户关系绩效之间的中介作用检验结果

变量	模型 4 y: 客户关系绩效 β	t	模型 5 y: 客户关系质量 β	t	模型 6 y: 客户关系绩效 β	t
年龄	0.049	0.766	0.012	0.194	0.042	0.803
性别	−0.066	−0.651	0.133	1.393	−0.148	−1.796
学历	0.067	1.407	0.020	0.450	0.055	1.406
经验	0.000	0.038	0.007	0.737	−0.004	−0.483
社交媒体使用	0.477**	9.301	0.466**	9.587	0.189**	3.739
客户关系质量					0.618**	10.064
R^2	0.308		0.327		0.546	
F	17.391**		18.960**		38.825**	

**表示 $p<0.01$

表 6 总效应、直接效应及中介效应分解表（因变量为客户关系绩效）

效应类型	效应值	Boot 标准误	Boot CI 下限	Boot CI 上限	效应占比
中介效应	0.29	0.05	0.20	0.40	60.42%
直接效应	0.19	0.05	0.08	0.29	39.58%
总效应	0.48	0.06	0.37	0.59	

此外，为了验证客户关系质量的中介作用，做了 Bootstrap 分析。结果表明，社交媒体使用对客户关系绩效影响的直接效应以及客户关系质量的中介效应的 Bootstrap 95%置信区间的上、下限均不包含 0（表6），说明客户关系质量在社交媒体使用与客户关系绩效之间的中介作用显著[48]，社交媒体使用不仅能够直接预测客户关系绩效，而且能够通过客户关系质量的中介作用预测客户关系绩效。该直接效应（0.19）和中介效应（0.29）分别占总效应（0.48）的 39.58%、60.42%，说明了社交媒体使用对客户关系绩效的影响，39.58%是直接影响，60.42%会通过客户关系质量的中介作用对客户关系绩效产生间接影响，验证了 H_6。

4.6.2 客户关系质量在社交媒体使用和销售绩效之间的中介作用

同样，在控制年龄、性别、学历、经验的情况下对客户关系质量在社交媒体使用与销售绩效之间的中介效应进行检验，模型 7 和模型 9 以销售绩效为因变量，模型 8 以客户关系质量为因变量，分别验证了社交媒体使用对销售绩效的直接影响与间接影响。结果表明（表 7），社交媒体使用对销售绩效的正向预测作用显著（$\beta=0.386$，$t=5.866$，$p<0.01$），且当放入中介变量后，社交媒体使用对销售绩效的直接预测作用依然显著（$\beta=0.175$，$t=2.323$，$p<0.05$）。社交媒体使用对客户关系质量的正向预测作用显著（$\beta=0.570$，$t=9.587$，$p<0.01$），客户关系质量对销售绩效的正向预测作用也显著（$\beta=0.370$，$t=4.936$，$p<0.01$）。

表 7 客户关系质量在社交媒体使用和销售绩效之间的中介作用检验结果

变量	模型 7 y: 销售绩效 β	模型 7 y: 销售绩效 t	模型 8 y: 客户关系质量 β	模型 8 y: 客户关系质量 t	模型 9 y: 销售绩效 β	模型 9 y: 销售绩效 t
年龄	0.002	0.027	0.013	0.194	−0.003	−0.040
性别	−0.153*	−2.252	0.085	1.393	−0.184**	−2.861
学历	0.092	1.368	0.027	0.450	0.082	1.287
经验	0.065	0.848	0.051	0.737	0.046	0.636
社交媒体使用	0.386**	5.866	0.570**	9.587	0.175*	2.323
客户关系质量					0.370**	4.936
R^2	0.174		0.327		0.266	
F	8.220**		18.960**		11.732**	

**表示 $p<0.01$，*表示 $p<0.05$

此外，社交媒体使用对销售绩效影响的直接效应以及客户关系质量的中介效应的 Bootstrap 95%置信区间的上、下限均不包含 0（表 8），说明客户关系质量在社交媒体使用与销售绩效之间的中介作用显著[48]，社交媒体使用不仅能够直接预测销售绩效，而且能够通过客户关系质量的中介作用预测销售绩效。该直接效应（0.18）和中介效应（0.22）分别占总效应（0.40）的 45.00%、55.00%，说明了社交媒体使用对销售绩效的影响，45.00%是直接影响，55.00%会通过客户关系质量的中介作用对销售绩效产生间接影响，验证了 H_7。

表 8 总效应、直接效应及中介效应分解表（因变量为销售绩效）

效应类型	效应值	Boot 标准误	Boot CI 下限	Boot CI 上限	效应占比
中介效应	0.22	0.05	0.12	0.33	55.00%
直接效应	0.18	0.08	0.04	0.34	45.00%
总效应	0.40	0.07	0.27	0.56	

5 研究结论与启示

5.1 结论

本文得到以下结论：第一，对社交媒体有用性的态度正向影响销售人员社交媒体使用，即对社交媒体持有用态度的销售人员在工作中更多使用社交媒体。第二，在销售人员对社交媒体有用性态度与社交媒体使用之间的关系链上，销售服务双元性的调节作用显著，销售服务双元性将会加强它们之间的正向关系。这有助于解释以往研究中对社交媒体有用性的态度对社交媒体使用为何会产生不一致的影响[4, 9, 10]——销售服务双元性与个人学习导向[10]、个人创新性[11]一样，都是销售人员的个人特征，销售服务双元性的高低影响着销售人员态度与行为之间的关系强度。第三，客户关系质量在社交媒体使用与销售人员的客户关系绩效、销售绩效之间的部分中介作用显著，社交媒体使用既可以直接提高销售人员的客户关系绩效和销售绩效，也可以通过提高客户关系质量从而间接提高客户关系绩效和销售绩效，后者揭示了社交媒体使用与销售人员工作绩效之间的大部分影响。以往研究主要关注了销售人员个体行为与特征在社交媒体使用与销售绩效之间的中介作用[14, 37]，销售人员使用社交媒体与客户实现双向交流沟通，除了销售人员的行为与特征外，销售人员与客户关系的质量也很重要[16]，而在以往研究中却忽视了客户关系质量在社交媒体使用与销售人员绩效关系链上的作用，本文补充了这一空白。

5.2 理论意义

本文的理论贡献主要有以下几点：第一，对社交媒体有用性的态度与社交媒体使用之间的关系，以往研究还未得到统一的结论，既有研究认为态度能正向影响社交媒体使用[4, 9]，但也有研究认为对社交媒体有用性的态度与社交媒体使用之间无显著关系[10]。针对这些研究结论的不一致，本文使用 TTF 理论[21]，引入销售服务双元性这一调节变量，发现销售人员对社交媒体有用性的认可态度与他们自身的销售服务双元性产生交互作用，共同促进其在工作场合使用社交媒体，从而在一定程度上帮助解释和调和以往结论的不统一。另外，以往研究中有的学者认为同时具有销售导向与服务导向会对销售人员造成角色冲突[29, 49]，进而导致客户对销售人员的满意度降低；而另一些学者又认为销售人员可以同时具备销售导向与服务导向，即拥有销售服务双元性可以增强客户满意度与销售人员的销售绩效[50]。社交媒体可以同时满足销售人员完成销售与服务任务，解决了因任务冲突而造成的角色冲突。销售人员的销售服务双元性与社交媒体的社交和工作双重功能形成匹配，帮助销售人员更好地完成销售与服务的双重任务[21]。

第二，本文还为社交媒体使用如何帮助销售人员提高绩效提供了新的机制解释，发现社交媒体对销售人员客户关系绩效、销售绩效不仅存在直接的正向影响，更有趣的结论则是它还会进一步通过提升客户关系质量从而间接促进销售员工的工作绩效，这区别于过往相关研究中曾经发现的销售人员的个人特征（如知识信息、适应性等特征）和工作行为（如顾客服务、关注客户细节等行为）作为中间机制[14]。客户关系质量是客户对销售人员的信任、满意度与承诺的好坏的一个集中反映，是从卖方角度衡量与客户关系的重要指标[39]。在我们的研究中发现，销售人员通过社交媒体与客户保持联系，促成了销售人员与客户的社交关系[2]，与客户保持长期良好的社交可以提高客户关系质量[38]，最后客户关系质量又成为一种动力提高客户关系绩效与销售绩效。以客户关系质量作为社交媒体使用与销售人员工作绩效之间的中介变量，丰富了社交媒体使用对销售人员绩效产生作用的中间机制研究。

5.3 实践意义

本文的研究结论具有以下管理启示。首先，本文发现销售人员使用社交媒体能带来诸多好处。例如，能直接提高销售人员与客户的关系质量，提高销售人员的客户关系绩效和销售绩效，销售人员绩效越高，公司整体绩效也会越高。因此，管理者应该采取措施支持并鼓励销售人员在工作中使用社交媒体。例如，通过为销售人员提供社交媒体使用相关的培训来提高社交媒体的使用[1]，销售主管带头增加社交媒体的使用[4]等。其次，还发现销售人员对社交媒体的态度决定了其使用行为，因此在公司支持使用社交媒体的情况下，还应该关注销售人员对社交媒体态度的变化，可以通过经验分享等方法增加销售人员对社交媒体使用易用性的感知，进而增加销售人员对社交媒体使用的有用性态度[4, 9]，防止其产生消极态度。最后，考虑到销售服务双元性与社交媒体匹配性的问题，可以将销售服务双元性作为招聘销售人员时的考察项目之一，销售服务双元性高的销售人员与社交媒体的社交和工作双重功能更加匹配，在使用社交媒体、客户关系管理与完成销售目标方面会更加得心应手；而销售服务双元性低的销售人员与社交媒体的社交和工作双重功能匹配度低，完成销售服务双重任务较困难。

5.4 局限性与未来研究方向

随着社交媒体技术的发展，销售人员在工作场合也越来越多地应用到了社交媒体。因社交媒体的功能与应用情境的不同，工作场合中社交媒体使用存在不同的分类。本文缺乏对更丰富分类的社交媒体使用进行研究，这是本文所存在的主要局限性。未来研究可以更好地跟进社交媒体在实际工作中的运用，更具体地针对不同类型的社交媒体使用，对工作场合中销售人员社交媒体使用的驱动因素以及可能带来的工作结果进行更为精细和深入的研究。

参 考 文 献

[1] Hunter G K, Perreault Jr W D. Making sales technology effective[J]. Journal of Marketing, 2007, 71（1）：16-34.

[2] Andzulis J M, Panagopoulos N G, Rapp A. A review of social media and implications for the sales process[J]. Journal of Personal Selling & Sales Management, 2012, 32（3）：305-316.

[3] LinkedIn. The state of sales 2020[EB/OL]. https://business.linkedin.com/content/dam/me/business/en-us/sales-solutions/cx/2020/pdfs/StateofSales_Australia_V3_R3.pdf, 2020.

[4] Bill F, Feurer S, Klarmann M. Salesperson social media use in business-to-business relationships：an empirical test of an integrative framework linking antecedents and consequences[J]. Journal of the Academy of Marketing Science, 2020, 48（4）：734-752.

[5] CSO Insights. All that glitters is not gold：2019 world-class sales practices study[EB/OL]. http://www.hdshuju.cn/archives/8558.html, 2019.

[6] 高静美，梁桐菲. 意义生成视角下 90 后员工工作社交媒体使用的态度和行为研究[J]. 中国软科学, 2020, （3）：183-192.

[7] Fishbein M, Ajzen I. Belief, attitude, intention and behaviour: an introduction to theory and research. Addison-wesley, reading MA[J]. Philosophy & Rhetoric, 1977, 41(4): 842-844.

[8] Davis F D. Perceived usefulness, perceived ease of use, and user acceptance of information technology[J]. MIS Quarterly, 1989, 13(3): 319-340.

[9] Avlonitis G J, Panagopoulos N G. Antecedents and consequences of CRM technology acceptance in the sales force[J]. Industrial Marketing Management, 2005, 34(4): 355-368.

[10] Itani O S, Agnihotri R, Dingus R. Social media use in B2B sales and its impact on competitive intelligence collection and adaptive selling: examining the role of learning orientation as an enabler[J]. Industrial Marketing Management, 2017, 66(October): 64-79.

[11] Agarwal R, Prasad J. A conceptual and operational definition of personal innovativeness in the domain of information technology[J]. Information Systems Research, 1998, 9(2): 204-215.

[12] Ngai E W T, Tao S S C, Moon K K L. Social media research: theories, constructs, and conceptual frameworks[J]. International Journal of Information Management, 2015, 35(1): 33-44.

[13] Inyang A E. How social media use by salespeople translates into sales performance: the mediating role of sales strategy[J]. Marketing Management Journal, 2019, 29(1): 1-15.

[14] Ahearne M, Jones E, Rapp A, et al. High touch through high tech: the impact of salesperson technology usage on sales performance VIA mediating mechanisms[J]. Management Science, 2008, 54(4): 671-685.

[15] Marshall G W, Moncrief W C, Rudd J M, et al. Revolution in sales: the impact of social media and related technology on the selling environment[J]. Journal of Personal Selling & Sales Management, 2012, 32(3): 349-363.

[16] Holloway B B, Deitz G D, Hansen J D. The benefits of sales force automation(SFA): an empirical examination of SFA usage on relationship quality and performance[J]. Journal of Relationship Marketing, 2013, 12(4): 223-242.

[17] Wang Z, Kim H G. Can social media marketing improve customer relationship capabilities and firm performance? Dynamic capability perspective[J]. Journal of Interactive Marketing, 2017, 39(August): 15-26.

[18] Bristol J M. Influence strategies in organizational buying: the importance of connections to the right people in the right places[J]. Journal of Business-to-Business Marketing, 1993, 1(1): 63.

[19] Agnihotri R, Kothandaraman P, Kashyap R, et al. Bringing "social" into sales: the impact of salespeople's social media use on service behaviors and value creation[J]. Journal of Personal Selling & Sales Management, 2012, 32(3): 333-348.

[20] Kim M J, Hall C M, Bonn M. Can the value-attitude-behavior model and personality predict international tourists' biosecurity practice during the pandemic?[J]. Journal of Hospitality and Tourism Management, 2021, 48: 99-109.

[21] Goodhue D L, Thompson R L. Task-technology fit and individual performance[J]. MIS Quarterly, 1995, 19(2): 213-236.

[22] Song Q, Wang Y, Chen Y, et al. Impact of the usage of social media in the workplace on team and employee performance[J]. Information & Management, 2019, 56(8): 1-20.

[23] Agnihotri R, Dingus R, Hu M Y, et al. Social media: influencing customer satisfaction in B2B sales[J]. Industrial Marketing Management, 2016, 53(February): 172-180.

[24] Breckler S J. Empirical validation of affect, behavior, and cognition as distinct components of attitude[J]. Journal of Personality and Social Psychology, 1984, 47(6): 1191-1205.

[25] Hsu C L, Lin J C C. Acceptance of blog usage: the roles of technology acceptance, social influence and knowledge sharing motivation[J]. Information Management, 2008, 45(1): 65-74.

[26] Fulk J, Steinfield C W, Schmitz J, et al. A social information processing model of media use in organizations[J]. Communication Research, 1987, 14（5）：529-552.

[27] Chang Y P, Zhu D H. Understanding social networking sites adoption in China：a comparison of pre-adoption and post-adoption[J]. Computers in Human Behavior, 2011, 27（5）：1840-1848.

[28] Sok K M, Sok P, de Luca L M. The effect of "can do" and "reason to" motivations on service-sales ambidexterity[J]. Industrial Marketing Management, 2016, 55（May）：144-155.

[29] Agnihotri R, Gabler C B, Itani O S, et al. Salesperson ambidexterity and customer satisfaction：examining the role of customer demandingness, adaptive selling, and role conflict[J]. Journal of Personal Selling and Sales Management, 2017, 37（1）：27-41.

[30] Gwinner K P, Bitner M J, Brown S W, et al. Service customization through employee adaptiveness[J]. Journal of Service Research, 2005, 8（2）：131-148.

[31] Evans K R, Arnold T J, Grant J A. Combining service and sales at the point of customer contact：a retail banking example[J]. Journal of Service Research, 1999, 2（1）：34-49.

[32] Biong H, Selnes F. The strategic role of the salesperson in established buyer-seller relationships[J]. Journal of Business-to-Business Marketing, 1997, 3（3）：39-78.

[33] Sujan H, Weitz B A, Kumar N. Learning orientation, working smart, and effective selling[J]. Journal of Marketing, 1994, 58（3）：39-52.

[34] Goad E A, Jaramillo F. The good, the bad and the effective：a meta-analytic examination of selling orientation and customer orientation on sales performance[J]. Journal of Personal Selling & Sales Management, 2014, 34（4）：285-301.

[35] 李巧灵, 赵君哲, 乔诗绮, 等. 不同社交媒体使用目的对员工工作绩效的影响机制[J]. 心理学报, 2021, 53（11）：1260-1270.

[36] Trainor K J, Andzulis J, Rapp A, et al. Social media technology usage and customer relationship performance：a capabilities-based examination of social CRM[J]. Journal of Business Research, 2014, 67（6）：1201-1208.

[37] Ogilvie J, Agnihotritani R, Rapp A, et al. Social media technology use and salesperson performance：a two study examination of the role of salesperson behaviors, characteristics, and training[J]. Industrial Marketing Management, 2018, 75（November）：55-65.

[38] Crosby L A, Evans K R, Cowles D. Relationship quality in services selling：an interpersonal influence perspective[J]. Journal of Marketing, 1990, 54（3）：68-81.

[39] Osobajo O A, Moore D. Methodological choices in relationship quality（RQ）research 1987 to 2015：a systematic literature review[J]. Journal of Relationship Marketing, 2017, 16（1）：40-81.

[40] Kwiatek P, Morgan Z, Thanasi-Boçe M. The role of relationship quality and loyalty programs in building customer loyalty[J]. Journal of Business & Industrial Marketing, 2020, 35（11）：1645-1657.

[41] Palmatier R W, Scheer L K, Houston M B, et al. Use of relationship marketing programs in building customer-salesperson and customer-firm relationships：differential influences on financial outcomes[J]. International Journal of Research in Marketing, 2007, 24（3）：210-223.

[42] Li Y, Zhang Y, Xu J, et al. The impacts of customer involvement on the relationship between relationship quality and performance[J]. Journal of Business & Industrial Marketing, 2019, 35（2）：270-283.

[43] Harris E G, Mowen J C, Brown T J. Re-examining salesperson goal orientations：personality influencers, customer orientation, and work satisfaction[J]. Journal of the Academy of Marketing Science, 2005, 33（1）：19-35.

[44] Huang Y C, Chang L L, Backman K F. Detecting common method bias in predicting creative tourists behavioural intention

with an illustration of theory of planned behaviour[J]. Current Issues in Tourism, 2019, 22（3）: 307-329.
[45] 汤丹丹, 温忠麟. 共同方法偏差检验: 问题与建议[J]. 心理科学, 2020, 43（1）: 215-223.
[46] Podsakoff P M, Organ D W. Self-reports in organizational research: problems and prospects[J]. Journal of Management, 1986, 12（4）: 531-544.
[47] 温忠麟, 黄彬彬, 汤丹丹. 问卷数据建模前传[J]. 心理科学, 2018, 41（1）: 204-210.
[48] Hayes A F. Beyond baron and kenny: statistical mediation analysis in the new millennium[J]. Communication Monographs, 2009, 76（4）: 408-420.
[49] Gabler C B, Ogilvie J L, Rapp A, et al. Is there a dark side of ambidexterity? Implications of dueling sales and service orientations[J]. Journal of Service Research, 2017, 20（4）: 379-392.
[50] Jasmand C, Blazevic V, de Ruyter K. Generating sales while providing service: a study of customer service representatives' ambidextrous behavior[J]. Journal of Marketing, 2012, 76（1）: 20-37.

Attitude, Social Media Use and Salesperson Work Performance: Based on the Theory of Reasoned Action and the Task-Technology Fit Theory

SONG Jing, ZHANG Min

（School of Economics and Management, Southwest Jiaotong University, Key Laboratory of Service Science and Innovation of Sichuan Province, Chengdu 610031, China）

Abstract　Drawing on the Theory of Reasoned Action and the Task-Technology Fit Theory, this study examines the important antecedent to social media use of salespersons, and the effects of social media use on salesperson work performance. The empirical results demonstrate that the salesperson's attitude towards the usefulness of social media positively affects his/her willingness to adopt work-related social media use, which is further enhanced by the salesperson's sales-service ambidexterity. Moreover, customer relationship quality plays a mediating role between social media use and two types of salesperson work performance. To improve the fit among individual characteristics, task characteristics and technological characteristics, companies should encourage salespersons to use social media to build and maintain high customer relationship quality, and attach more importance to assessing and cultivating sales-service ambidexterity when selecting and training salespersons.

Keywords　Social media use, Customer relationship quality, Customer relationship performance, Sales performance, Sales-service ambidexterity

作者简介

宋竞（1974—），女，西南交通大学经济管理学院副教授、硕士生导师，主要研究方向包括服务营销、营销战略等，E-mail: jsong@swjtu.edu.cn。

张敏（1997—），女，西南交通大学经济管理学院 2020 级硕士研究生，主要研究方向为服务营销，E-mail: 1456715615@qq.com。

高风险竞拍中的用户生存分析
——基于用户退出视角[*]

徐姗，李金，廖貅武

（西安交通大学管理学院，陕西 西安 710049）

摘　要　高风险竞拍是电子商务领域的一类创新商业模式，一般采用付费拍卖的机制，具备高风险竞争性和互联网在线拍卖的典型特征。本文基于三个处于不同发展阶段的娱乐竞拍网站获取的精细化数据，从用户退出决策视角建立实证模型，分析影响用户流失的因素及其影响机制。一方面，通过生存分析模型研究并识别沉没成本、用户学习及理性水平对用户生存时间的影响；另一方面，引入用户的风险态度并作为调节变量，构建用于识别用户风险态度调节效果的模型。实证结果表明用户的风险态度对生存时间具有显著影响，并且对用户学习和理性水平对用户生存时间的影响效果具有调节作用。本文丰富了高风险娱乐竞拍中关于用户退出阶段的相关研究，为用户生存时间预测及生命周期价值评估提供理论依据，研究结果对在线拍卖行业以及其他相关行业制定优化策略以实现可持续发展具有借鉴意义。

关键词　付费拍卖，高风险竞拍，用户退出，生存分析，沉没成本，风险态度，Cox 回归
中图分类号　C939

1　引言

高风险娱乐竞拍是一种将娱乐游戏与网络拍卖结合在一起的商业模式。德国电子商务网站 Swoopo 于 2008 年创立，是世界上第一家采用娱乐竞拍模式的购物网站。在 2009 年 Swoopo 获得巨大成功之后，相继出现了诸多模仿者，如美国的 Beezid、Quibids，中国的我拍网（5pai）等。娱乐竞拍类网站在 2010 年下半年开始广泛流行，并在 2013 年下半年进入发展成熟阶段。在经历了短暂的繁荣及激烈竞争后，许多娱乐竞拍网站纷纷关闭。截至目前，包括 5pai、Swoopo 在内的多家娱乐竞拍网站均已关闭，2020 年前正常运营的 Quibids（美国）、9pai（中国）等网站也仅剩少数几个正在拍卖的商品；而芬兰的 DealDash 则依旧运营良好，拍卖的产品包括汽车、数码产品、虚拟产品等。这种看似十分具有吸引力的商业模式面临异常快的用户流失问题，大多数网站并不能长期良好运营，业界和学术界均对该商业模式的可持续发展性质疑[1, 2]。

娱乐竞拍采用"一分钱拍卖"（penny auction）的拍卖机制，具体为：拍卖的起拍价均为 0 元，用户每次出价需支付一定的投标费用（如1元）；每当有一个用户出价，商品的拍卖价格会提高一个很小的固定数额（如 1 分），并且重置当前的拍卖结束倒计时器（如 10 秒）。在倒计时结束之前，如果有用户继续出价，倒计时将不断重新开始计时；如果没有用户继续出价，则拍卖结束，最后一位出价用户赢得拍卖并有权以最终价格购买该商品。娱乐竞拍网站从用户支付的投标费用以及获胜者支付的成交价中获得的收入一般远高于该商品的零售价格。基于上述拍卖机制，娱乐竞拍网站是否能够良性持

---

[*] 基金项目：国家自然科学基金项目（71901169），陕西省创新人才推进计划-青年科技新星项目（2022KJXX-50）。
通信作者：李金，西安交通大学管理学院特聘研究员、博士生导师，E-mail：jinlimis@xjtu.edu.cn。

续运营，取决于其能否持续吸引并稳定维持足够的用户群体参与拍卖。挖掘识别出用户退出网站的影响因素，是改善和优化娱乐竞拍购物模式的关键问题[3]。

对娱乐竞拍网站而言，用户的活跃度、活跃时间等是衡量网站吸引并留住用户能力的关键指标，因此本文聚焦用户在网站的生存时间及其影响因素分析。基于已有的研究可知，娱乐竞拍网站在一定程度上利用了用户心理上的"沉没成本误区"[4]。一个理性的消费者在做决策时不会考虑先前投入的成本，但是消费者并不总是理性的。当用户在拍卖中投入一定的虚拟拍币（需要在参与拍卖前购买）后，会倾向于继续在拍卖中投资，用户所投入的拍币越多就越难以停止参与拍卖活动。此外，用户的行为也会受到如用户学习[3]、风险倾向[5]等因素的影响。对于具有不同风险倾向的用户而言，其是否继续参与或退出该网站的影响因素以及影响效果也是不同的。

鉴于以上研究背景，本文获取全球第一家娱乐竞拍网站（Swoopo）、国内第一家娱乐竞拍网站（5pai）以及目前仍在正常运营的娱乐竞拍网站（DealDash）等三个处于不同发展阶段的平台数据，基于生存分析模型开展实证研究，分析沉没成本、用户学习、理性水平、风险态度等因素对用户生存时间的影响，进一步研究用户风险倾向的调节作用。以往文献多关注拍卖的前两个阶段，即拍卖参与的驱动因素[3, 6]以及拍卖过程中的博弈行为[1, 7]，为探究此类商业模式用户迅速流失的原因，本文聚焦用户退出竞拍阶段的行为分析，为用户生存时间预测和评估用户生命周期价值提供理论依据；同时，基于实证分析结果，本文根据影响娱乐竞拍网站用户流失的因素及影响效果，从三个角度为娱乐竞拍网站减少用户流失、实现可持续发展提供策略建议；此外，本文的结果可进一步拓展应用于采用类似拍卖机制的其他互联网商业模式，并且对于其他相关行业控制用户流失率具有一定借鉴意义。

2 文献综述

2.1 娱乐竞拍

在线拍卖不受空间、时间的限制，已成为一种相对成熟的在线销售机制。针对在线拍卖，已有较多关于拍卖成交价格[8]、用户行为[9]及拍卖环境[10, 11]等方面的研究。拍卖规则对在线拍卖的可持续发展发挥着重要作用[2]。娱乐竞拍是一种新的在线拍卖模式，其机制类似于需要付费参与的博弈游戏，用户在竞拍中可以体验到不确定性带来的娱乐价值。输掉一场传统拍卖的后果仅是失去了以成交价购买商品的资格，并不会承受金钱上的损失；而在娱乐竞拍中，无论用户是否赢得拍卖，参与竞标的费用均无法收回。

娱乐竞拍中的高风险性和不确定性是其重要特征。对手机应用而言，不确定的签到奖励能够显著提高用户留存率、消费和社交推荐[12]。Steinhart等发现了在线拍卖及其他购物环境中消费者会更喜欢不确定性而不是避免不确定性的情况[6]；即在某些情境下，用户会倾向于适当风险的存在，娱乐竞拍网站中的风险是驱动用户参与的原因之一。人们在获得收益时是风险偏好的，而对于损失则是风险规避的[5]。用户被获胜后得到极低折扣的可能性所吸引，并且参与到拍卖游戏中；而网站可以从竞标费用中获取不菲的收益。但是在娱乐竞拍模式下，一场拍卖只会有一名用户获胜，没有赢得拍卖的用户付出了竞标费用后却一无所获，可能会产生失望等不满情绪[13]。为了减少负面评价及负面效应，部分网站开启了"立即购买"（buy it now）功能，即没有赢得拍卖的用户可以选择在已投入竞标费用的基础上，支付差价以购买该产品。该功能可导致更具侵略性的出价行为，吸引更多的竞标者，提高忠诚度并提高每次拍卖的利润[14]，但是Xu等认为该功能对用户出价行为的影响是不均衡的，只有中等价值的用户因为"立即购买"功能表现出更具侵略性的出价行为[13]。

娱乐竞拍网站的收益以及参与竞拍的用户的收益可能受到多种因素的影响。Byers 等讨论了娱乐竞拍中的信息不对称性的问题，认为信息不对称可以为平台创造更大的利润[15]。此外，他们还提出了信息不对称可能会减少平台收益的特定情况[15]。由于用户对竞争者数量的错误判断，娱乐竞拍网站的收入会随竞争加剧而增加[16]。娱乐竞拍是一种特殊的全支付竞拍，在全支付竞拍中，人们试图通过积极出价击败竞争对手，忽略此行为对预期收益产生的不良影响[17]。娱乐竞拍中存在多个拍卖同时进行的情况，Zhuang 和 Leszczyc 针对此类拍卖情境探究卖方的最优策略[11]。杜黎等研究向下降价竞拍中参与者的均衡报价策略以及商家的期望收益，并与向上加价竞拍中得到的结论进行对比，发现在向下降价竞拍过程中参与者的参与意愿不断增强，拍卖结束的概率不断减小，但是商家的期望收益低于向上加价竞拍中商家的期望收益[18]。在娱乐竞拍网站中活跃时间更长的用户在竞拍中的表现更好，同时也会为网站贡献更多收益[19]。Li 等通过实证分析研究了用户的特征及其竞拍模式对网站收益以及用户的盈利和理性水平的影响机制[20]。

此外，已有文献也围绕娱乐竞拍成交价格的预测展开研究。Hinnosaar 证明了娱乐竞拍结果的高差异性是此类拍卖的自然属性[21]。Brünner 等将前景理论纳入动态博弈理论模型中，使用来自多个娱乐竞拍网站的大量数据，验证了他们所提出的具有前景理论偏好的模型比预期效用模型具有更好的预测效果，实证结果表明用户不愿承受损失并且会高估小概率事件发生的可能性[7]。Platt 等引入用户风险偏好建立模型预测拍卖的成交价格分布，并使用收集到的数据检验模型的预测结果，证明了考虑风险偏好的模型拟合效果更好[22]。Zhang 等基于娱乐竞拍网站的用户行为数据，认为出价时间及出价用户都是可预测的，并且发现用户行为与其最终的获利程度高度相关[23]。

综上，已有文献多从用户的竞拍参与、竞拍策略及竞拍结果预测等视角开展研究，针对娱乐竞拍中用户退出阶段研究相对较少。

2.2 用户退出行为

用户流失问题是电子商务领域普遍关注的问题[24]，已有文献多关注网络媒体、在线服务等中的用户转移及用户退出行为。Keaveney 和 Parthasarathy 认为在线服务提供商之间竞争的加剧导致了用户退出行为，并将用户流失分为两类：一类为用户在使用某类产品或服务之后，彻底不再使用该类别的产品或服务；另一类为用户继续使用该类别的产品或服务，但不再选择其最初所选择的产品或服务提供商[24]。Ascarza 等将用户分为公开流失用户和隐形流失用户，公开流失用户是指通过注销账户等方式结束与公司之间关系的用户，隐形流失用户则是采取如不再登录某一公司的账户的形式，公司并不会收到此类用户退出的通知[25]。用户满意对用户留存至关重要，用户满意会提高用户忠诚度，而用户不满则会促进用户的退出行为[26, 27]。在在线服务的背景下，当用户收到来自公司的质量更高的邮件时，会降低其隐性流失的概率[25]。社交网站的用户生成内容质量的改善可以提高用户满意度，进而提升用户黏度[28]。移动 APP 普遍面临低用户黏性和低用户留存率的问题[29]，在移动 APP 市场中存在大量因未满足用户需求而产生用户流失的情况[30]。一般情况下，用户在经历与 IT 相关的负面事件后，强烈的愤怒会引导用户采用以情绪为中心的策略，如不再使用发生此类事件的 APP 等[31]。

生存分析的方法适用于研究用户留存或用户流失问题。用户留存率一般通过用户与服务提供商之间持续关系的时长来衡量[32]。Bansal 等使用生存分析的方法分析年龄、收入等人口统计学因素对用户生存时间的影响[33]。基于共享汽车背景，Hu 等使用生存分析模型探究影响共享汽车行业用户流失的因素[34]。在预测用户退出行为时，已有学者多采用机器学习的方法[35, 36]，如 Dias 等使用机器学习的六种不同方法对零售银行客户流失预测问题进行研究[35]；Zhang 等通过集成分类模型和生存分析模型预测基于订阅的业务流失率[36]。

参与在线拍卖可分为三个阶段：拍卖进入阶段、拍卖竞拍阶段及拍卖结束阶段[37]。王星等聚焦降价拍卖的场景，分析影响消费者的重复购买行为的影响因素[38]。Wang 和 Xu 发现娱乐竞拍网站中的多数用户在连续多次失败后，就不再次参与拍卖，因此这类网站很难维持稳定的用户群体[1]。已有文献基于多个背景对用户退出行为进行分析，但很少关注娱乐竞拍背景下用户退出阶段的行为。探寻影响娱乐竞拍网站用户退出的因素，可对娱乐竞拍及相关互联网行业提供降低用户流失率的建议，促进该商业模式的健康持续发展。

3 研究模型与假设

3.1 理论模型

本文拟从用户的退出决策视角出发，聚焦沉没成本、用户学习、理性水平、风险态度等多在传统拍卖中关注的因素，分析其在娱乐竞拍模式下对用户生存时间的影响机制。用户在娱乐竞拍中的退出决策及生存时间受到诸多因素影响，本文提出如图 1 所示的概念模型，其中实线表示主效应，虚线表示调节作用。

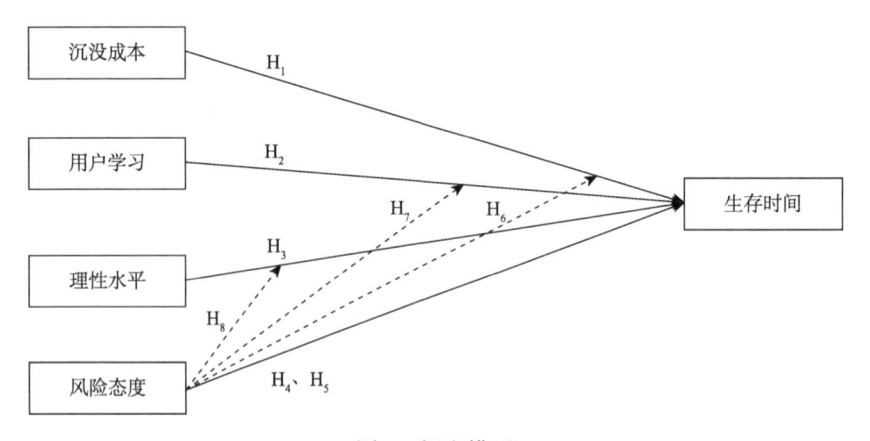

图 1 概念模型

3.2 研究假设

沉没成本是指在过去付出的、无法回收的成本。Arkes 和 Blumer 发现人一旦在金钱、精力或时间上对某事进行了投资，就更倾向于继续对其投资[39]。施俊琦等将沉没成本分为货币性沉没成本和行为性沉没成本，本文主要关注货币性沉没成本[40]。沉没成本谬误是指为了避免损失所带来的痛苦而采取了非理性的行为，决策者不仅没有在决策中忽略沉没成本的存在，反而总是受沉没成本的影响。用户在拍卖过程中很容易陷入沉没成本误区，而做出非理性决策。Pownall 和 Wolk 分析发现新手用户在拍卖中非理性竞价的行为会随着时间递减，而且至少要经历五次拍卖才能学会规避过度竞价[41]。Goncalves 和 Fonseca 发现用户陷入了沉没成本谬误，并且退出拍卖的可能性随着他在这场拍卖中投入成本的增加而降低[42]。即使过去的支出并不会增加该用户获胜的可能性，但随着沉没成本的增加，表现出沉没成本谬误的用户将沉溺于拍卖而不愿离开[43, 44]。因此，本文提出如下假设。

H_1：沉没成本对用户在网站的生存时间有正向作用，投入较高沉没成本的用户会在网站上活跃更长时间。

娱乐竞拍的动态过程和激烈竞争既为用户提供了学习的信息，也在一定程度上影响了用户的情绪。学习过程是在各种复杂的决策环境中自然发生的。基于荷兰电话购物拍卖的投标数据集，Ocker 发现通过电话购物的线下竞标者比通过网页或者应用程序的线上竞标者更容易出现出价过高的情况[45]。Li 等通过建立一个动态结构化模型分析娱乐竞拍网站的用户行为，论证了用户可以通过自身参与拍卖和观察拍卖价格信息获取信号进行学习，从而对网站的娱乐价值和拍卖竞争程度形成正确的认知[3]。娱乐竞拍同时具备娱乐价值和实用价值，用户可以在参与拍卖和观察拍卖的过程中学习。娱乐价值是指用户在参与拍卖的过程中由于竞争、博弈等而产生的心理上的刺激与愉悦。实用价值是指用户在拍卖中可能会因为赢得拍卖而得到金钱上的收益。Li 等发现用户最初参与的激励主要来自对娱乐价值水平的高估和对拍卖竞争程度的低估[3]。自我学习和观察性学习都可以有效地帮助消费者发现真正的娱乐价值，形成对拍卖竞争的正确期望，并导致用户参与度随着时间的推移而呈现普遍下降的趋势。当用户对娱乐竞拍的娱乐价值逐步形成正确认识时，他们会发现网站所带来的价值并不值得所付出的金钱、时间等成本而选择退出网站。因此，本文提出如下假设。

H_2：用户学习对用户在网站的生存时间有负向作用，即用户越早认识到网站的真实娱乐价值以及真实竞争程度，其退出网站的时间就越早。

用户在拍卖中，并不总是理性的，用户的决策会受到其拍卖中的情绪的影响。竞拍环境会影响消费者的情绪，消费者在投标过程中以及在赢得或输掉一场拍卖时情绪会非常激动[46]。Hariharan 等考虑了拍卖环境和认知及情感的相互作用，研究拍卖环境如何调节认知和情感过程对用户出价行为的影响[47]。许多在线拍卖网站都会使用可以引起用户竞争情绪的图像，参与者越是试图抑制对所呈现图像的情感反应，其出价行为受到的影响越大[48]。理性水平高的用户会在参与拍卖之前慎重决策，尽量规避潜在的金钱损失。因为在拍卖前与拍卖中的理性思考，理性的用户会因更少的情绪化竞拍而承受更少的损失，他们再次参与拍卖的意愿也会更强。因此，本文提出如下假设。

H_3：理性水平对用户在网站的生存时间有正向作用，理性水平高的用户倾向于继续在网站上参与拍卖。

学者在研究拍卖中的用户行为时多融合考虑了风险态度异质性的影响。在假定参与拍卖的用户是风险偏好的情况下，丁黎黎等构建了考虑用户对待风险和收益持不同态度的风险回报分析框架，研究最优拍卖策略[49]。Bland 等发现引入降低风险的拍卖功能会对 eBay 拍卖的结果产生积极影响，而提高风险的拍卖功能则会产生负面影响[50]。Campbell 等认为风险偏好的用户更可能会产生"悖论投注"行为，他们对未来的预测是基于期望而不是实际表现[51]。因此，在进行拍卖决策时，与风险规避的用户相比，风险偏好的用户更有可能弱化感知风险，放大预期收益，进而参与更多的拍卖，并做出不理性的决策。Platt 等在考虑用户风险偏好的情况下提出了一种娱乐竞拍的模型，实证分析了加入风险偏好变量可以改善模型的预测能力，同时表明娱乐竞拍是一种温和的赌博形式[22]。风险态度作为用户对拍卖中不确定性的主观认识，会影响用户是否参与或退出拍卖的决策。风险规避型用户在做决策时倾向于选择风险小而不是收益大的方案，而风险偏好型用户在进行决策时更倾向于选择收益最大而不是风险最小的方案，风险中立型用户在做决策时会综合评估风险和收益。在模型中有必要考虑用户风险倾向对其退出决策和生存时间的作用及影响。娱乐竞拍是一种具有高风险的竞购模式，获胜的用户可以获得极高收益。风险规避的用户往往会为了降低风险而不愿参与娱乐竞拍，而风险偏好的用户被娱乐竞拍的高风险和高收益所吸引，参与拍卖的意愿会更强。因此，本文提出如下假设。

H_4：用户的风险态度会影响用户在网站的生存时间。

H_5：相对于风险规避和风险中立的用户，风险偏好的用户的生存时间最长。

用户在进行决策时会因其风险态度的不同而做出不同的选择[52]。在用户的动态竞拍过程中，风险规避的用户前期获得的收益会促进他们参与下一期的拍卖，而前期的损失会降低他们参与下一期拍卖的欲望；与之相反，前期的损失会增强风险偏好的用户参与下一期拍卖的欲望，即使在过去遭受了重大损失，他们可能也会上瘾并继续参与拍卖[3]。风险偏好的用户乐于冒险，承担风险的能力也较强[3]。本文假设风险态度会影响沉没成本对于用户生存时间的影响机制，并以风险中立用户为基准提出如下假设。

H_{6a}：风险偏好态度在沉没成本对用户生存时间的影响机制中具有正向调节作用。

H_{6b}：风险规避态度在沉没成本对用户生存时间的影响机制中具有负向调节作用。

从用户视角看，娱乐竞拍网站带给用户的娱乐价值主要为竞拍时的乐趣和刺激体验[3]，用户在参与拍卖时更想获得娱乐价值，而不仅仅是获得竞拍产品[53]。具有不同风险态度的用户从此类高风险竞拍中所获取的娱乐价值不同。如果风险偏好的用户从这种高风险竞拍中可以感受到更高的娱乐价值，他们识别到的娱乐竞拍网站所带来的真实娱乐价值是高于其余两类用户的，更有可能在感知到真实娱乐价值后继续参与拍卖。与风险偏好的用户不同，风险规避的用户倾向于参与低风险活动，此类高风险竞拍带给风险规避用户的娱乐价值更低，因此风险规避的用户更有可能在学习到真实娱乐价值后退出网站[3]。当用户通过参与拍卖逐渐学习到高风险竞拍所带来的娱乐价值后，由于具有不同风险态度的用户所感知的娱乐价值不同，其生存时间受用户学习的影响机制也有所差异。前文假设用户学习对其在网站的生存时间有负向作用，因此以风险中立为基准，本文提出如下假设。

H_{7a}：风险偏好态度在用户学习对用户生存时间的影响机制中具有负向调节作用。

H_{7b}：风险规避态度在用户学习对用户生存时间的影响机制中具有正向调节作用。

理性水平高的用户其金钱损失相对较低，竞拍体验更好。过去的竞拍成功经验及失败经验的差异会影响用户在竞拍过程中所感知的效用，且对具有不同风险态度的用户的影响机制不同[3]。在面对竞拍中的风险时，风险偏好的用户喜爱此类风险，而风险规避的用户则会试图降低风险[20]。当用户在竞拍中很少损失金钱时，过去的良好竞拍体验可能会使他们的感知风险降低。风险规避的用户会因为较高的理性水平而降低风险感知水平，进而提高参与拍卖的意愿，降低退出拍卖的风险；而风险偏好的用户可能因较高的理性水平而降低风险感知，进而增加其退出拍卖的风险。前文假设理性水平对用户在网站的生存时间有正向作用，因此本文针对风险态度的调节作用提出如下假设。

H_{8a}：风险偏好态度在理性水平对用户生存时间的影响机制中具有负向调节作用。

H_{8b}：风险规避态度在理性水平对用户生存时间的影响机制中具有正向调节作用。

4 数据描述与变量选择

4.1 数据来源

本文获取 Swoopo、5pai、DealDash 三个采用相同付费拍卖机制的网站用户行为数据开展分析，其中 Swoopo 是世界上第一个娱乐竞拍网站，后被 DealDash 收购并长期稳定运营至今；而 5pai 是中国第一家娱乐竞拍网站，具有一定代表性。本文分别获取上述三个网站的用户竞标参与行为数据，其中 5pai 数据集的时间范围为 2011 年 10 月 19 日至 2012 年 1 月 21 日，DealDash 数据集的时间范围为 2020 年 9 月 14 日至 2020 年 11 月 17 日，Swoopo 数据集的时间范围为 2009 年 10 月 1 日到 2009 年 12 月 12 日。考虑到 5pai 作为中国情境下的首家娱乐竞拍网站并具有一定代表性，本文使用 5pai 的用户行为数据进行分析，同时使用 DealDash 和 Swoopo 的数据进行鲁棒性检验以确保模型分析的稳健性。在 5pai 数据集的时间窗口内，共有 32 070 名用户在网站进行了注册并参与拍卖。本文选取在观察期间前 10 天注册的 2 738 名新用户作为样本开展分析。

5pai 网站中拍卖的产品包含各种日常用品、数码产品、其他流行产品等。用户在出价时使用的拍币主要分为付费拍币和免费拍币,其中每个付费拍币价值1元人民币。付费拍币的获取来源主要为付费购买或赢得付费拍币拍卖,免费拍币的获取来源主要为用户注册赠送免费拍币、购买付费拍币时附赠免费拍币、积分兑换免费拍币以及用户通过参与一些活动获得免费拍币奖励(如邀请好友、每日签到等)。免费拍币只能在一些特定拍卖中使用,这些拍卖一般为价格较低的商品,而付费拍币可以在所有的拍卖中使用。下文中"免费拍卖"指使用免费拍币可参与的拍卖,"付费拍卖"指只能使用付费拍币参与的拍卖。

在付费拍卖竞拍过程中,用户每出价一次需要消耗1拍币(1元=1拍币),使得商品价格增加0.01元。假设该竞拍商品的零售价格为500元,最后成交价格为100元,所有用户在拍卖阶段共计付出10 000个拍币(价值10 000元)。如果获胜者以低于400元的成本赢得此拍卖,即其出价次数少于400次,则拍卖获胜者也是盈利的;而网站可以从中获利 10 000+100−500=9 600 元。就此例而言,只要用户的总出价次数大于496次(496+496×0.01=500.96元),网站即可盈利。

4.2 描述性统计

互联网行业大多都需要保持用户活跃度,一旦用户活跃度下降,就意味着用户的离开或流失。图 2 展示了观察期间内样本用户中每天活跃用户的数量,横轴为时间,纵轴为每天活跃用户数量。在这里活跃用户定义为在当天有过拍卖参与的用户。在前 10 天的注册期间,每天活跃用户数量是不断增加的。在第 11 天活跃用户数量急剧下降,而且从第 11 天开始,每日活跃人数波动下降。前 10 天共有2 738名用户注册了该网站,但最后样本用户中每天只有7~10人会参与拍卖,显示出该网站的用户在注册之后快速流失,用户留存率极低。

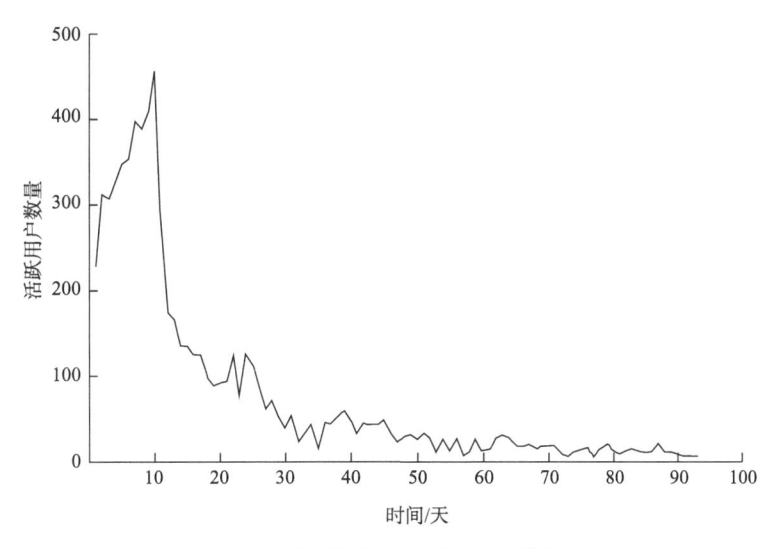

图 2 观察期内每天活跃用户数量

本文将在观测期结束前 20 天内没有任何竞拍行为的用户界定为流失用户,其生存时间是最后一次参与竞拍与注册日的时间差;在观测期结束前 20 天内仍有竞拍参与行为的用户界定为留存用户,其生存时间是观测期最后一天与注册日的时间差。图3展示了用户的生存曲线,表示生存时间大于等于该横轴所示天数的用户比例。生存曲线展示了用户生存时间的分布情况。根据图 3 所示,用户流失速度极快,在注册之后的前两天用户流失的比例极大,有近一半的用户生存时间仅为1天。随着时间的推移,在流失约 75%的用户后,网站的用户流失速度逐渐变缓,最终维持在一个相对稳定的状态。在观测期间内，共有 2 630 名用户流失，约占样本用户的 96%。

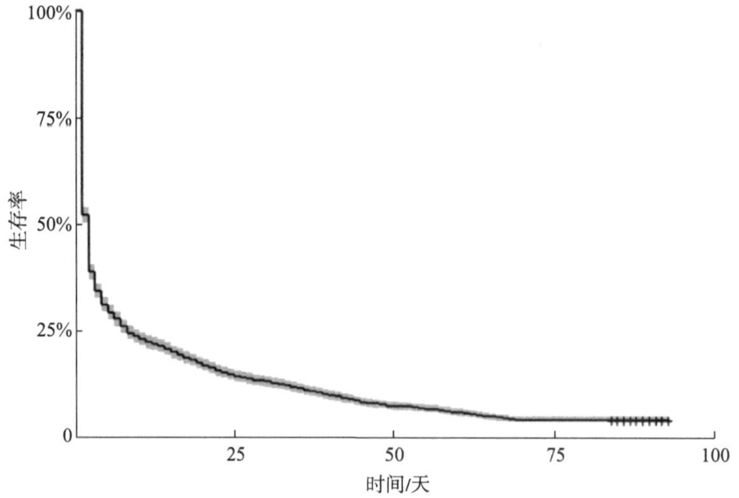

图 3 Kaplan-Meier 生存曲线

表 1 是样本用户相关变量的描述性统计。每个用户平均参与约 7 次拍卖，包括 5 次付费拍卖和 2 次免费拍卖。免费拍卖只可以使用网站赠送的免费拍币进行，付费拍卖中只可以使用购买的付费拍币进行。因为每个用户可以获得的免费拍币数量有限，所以用户参与免费拍卖次数的均值和标准差相对较小。

表 1 样本用户的描述性统计

变量	均值	标准差	中位数	最小值	最大值
参与总拍卖数/次	6.91	19.17	2	1	351
参与付费拍卖数/次	4.93	16.63	1	0	300
参与免费拍卖数/次	1.99	3.93	1	0	76
赢得拍卖次数/次	0.65	4	0	0	55
赢得拍卖的收益/元	114	908.24	0	0	13 855.47
总沉没成本/元	150.05	935.52	2	0	12 795

平均每个用户只赢得 0.65 次拍卖，说明拍卖竞争十分激烈，用户获胜概率极低。获胜次数最多的用户共赢得了 55 次拍卖，获胜次数的标准差也相对较大，说明只有少数用户可以在拍卖中获胜，而且获胜次数差距较大。用户赢得拍卖的收益是其在整个观察期内赢得拍卖的商品零售价与成交价的差额，用户平均收益为 114 元，这些收益只有少数人可以获得，大部分用户付出了投标费用但是却没有获得金钱上的回报。用户的总沉没成本是指用户在参与付费竞拍时所付出的投标费用，平均为 150.05 元，不同用户之间沉没成本差异较大，少数用户付出了较大的沉没成本。

用户的总沉没成本、参与的拍卖数、赢得拍卖次数、赢得拍卖的收益等较大的标准差表明用户是异质的，其对风险的态度有较大差异，在模型分析中有必要考虑用户的异质性。

4.3 变量选择

表 2 汇总了本文所选择的因变量、控制变量及自变量的定义，其中括号内的变量名为模型中所使用

的变量名。本文选取用户在该网站的生存时间为因变量。用户的生存时间（Time）反映了用户的流失速度以及网站留存用户的能力，用户的生存时间越长说明用户流失的速度越慢。每次投标平均收益（RevPerBid）和开始参与拍卖时间差（TimeGap）是本文所选取的两个控制变量。每次投标平均收益是指用户因赢得拍卖所获得的收益除以用户的总投标数，衡量用户在拍卖中的获利能力[20]。除了通过自身参与拍卖，用户还可以通过观察网站上正在进行以及新结束的拍卖来学习竞拍的竞争程度和成交价格[3]。开始参与拍卖时间差是指用户的第一次拍卖与注册日之间相差的天数，衡量用户在参与拍卖之前对网站的观察时间，反映了用户参与拍卖之前获取的关于娱乐竞拍的信息量的大小。此外，因为在5pai 数据集中大多数用户都没有赢得拍卖的经历，即大部分用户的获胜率（WinRate）或者获胜次数为0，使用获胜率作为自变量，分析其对于用户生存时间的影响有一定局限性，本文将其作为控制变量加入基础模型之中，在后续鲁棒性检验中使用其他的数据集对其影响做进一步讨论。

表 2 变量定义

变量	定义
生存时间（Time）	用户从注册日到流失所经历的时间
每次投标平均收益（RevPerBid）	用户因赢得拍卖所获得的收益与用户的总投标数之比
开始参与拍卖时间差（TimeGap）	第一次拍卖与注册日之间相差的天数
获胜率（WinRate）	用户在观察期内获胜的拍卖数与参与拍卖数之比
总沉没成本（TotalSunkCost）	在观测期间内为投标而付出的竞标费用
平均每天参与拍卖数（AvgAuction）	用户在观测期间内参与的总拍卖数/第一次拍卖与最后一次拍卖的时间差
无损失投标比（PropNoLossBid）	用户无金钱损失的投标次数之和与总投标数之比
风险态度（RiskAttitude）	用户对于风险的三种主观态度

通过计算用户在拍卖中支付的付费拍币数量得出用户付出的竞拍费用总和，以此表示其在拍卖中所付出的总沉没成本（TotalSunkCost）。由于用户可以通过参与拍卖来学习网站所能带来的真实价值[3]，平均每天参与拍卖数（AvgAuction）更多的用户会比平均每天参与拍卖数更少的用户更早认识到网站带来的真实娱乐价值，使用平均每天参与拍卖数以反映用户认识网站真实娱乐价值的时间。无损失投标比（PropNoLossBid）是一个介于 0~1 的值，是用户在整个观察期间内在免费拍卖与获胜的付费拍卖中的投标次数之和与总投标数之比。Li 等使用无损失投标比衡量用户参与拍卖的合理性，用户的无损失投标比越大，说明用户会选择参与更多的、不亏损的甚至可以获利的拍卖，该变量用于测度用户的理性水平[20]。

考虑用户的异质性，在其他条件相同的情况下，具有不同风险态度的用户在进行是否退出网站的决策时，会有不同的结果。风险规避（RiskAversion）、风险中立（RiskNeutral）、风险偏好（RiskSeeking）是表示用户三种风险态度的虚拟变量，加入模型以分析用户风险倾向对于主效应的调节作用。

4.4 聚类分析

因为免费拍卖中的商品多为价值较低的商品，竞争程度远低于付费拍卖。对于风险规避型的用户来说，与有机会获取较大的收益相比，他们倾向于选择减少可能产生的损失，故而会因为规避损失而参加更多的免费拍卖。与之相反，风险偏好型的用户在参与拍卖时会倾向于参加能有机会获取较大收益的付费拍卖。风险中立型用户对于这两种拍卖形式并无显著偏好。

在选取聚类方法时，本文综合考虑了包含系统聚类在内的多种聚类方法，并选取聚类结果最好的 k 均值聚类法开展分析。根据用户所参与的付费拍卖和免费拍卖的比例，使用 k 均值聚类方法将所有用户分配到 k 个聚类中。如图4所示，通过计算组内距离平方和（WSS）、Davies-Bouldin 指数（DBI）及轮廓系数，寻找聚类效果最优的 k 值。从图4中可以看出，当聚类个数为3时，各个指标值均表示此时聚类效果较好。

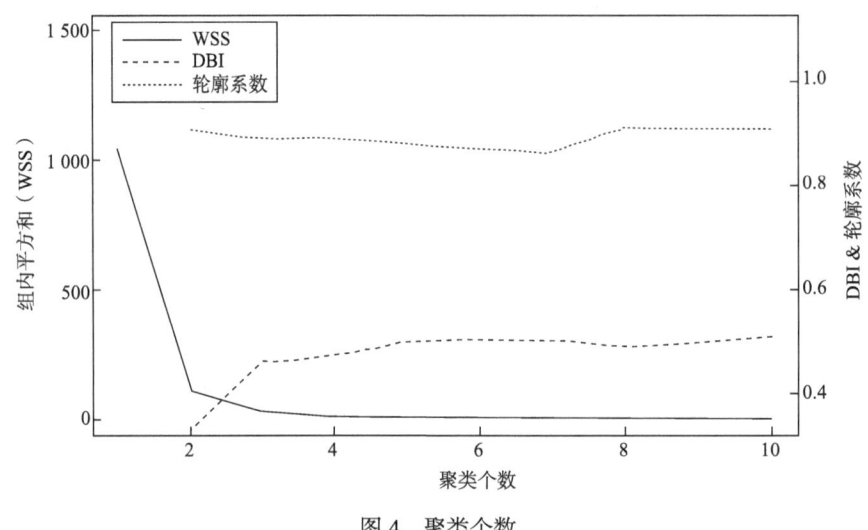

图 4　聚类个数

k=3 时的聚类结果如表 3 所示。第一类用户平均参与付费拍卖的比例为 1.35%；第二类用户平均参与付费拍卖的比例为 53.55%，平均参与免费拍卖的比例为 46.45%；第三类用户平均参与付费拍卖的比例为 94.83%。即第一类用户为风险规避型用户（倾向参与免费拍卖），第二类用户为风险中立型用户（无显著倾向），第三类用户为风险偏好型用户（倾向参与付费拍卖）。

表 3　聚类结果

类别	用户数量	付费拍卖	免费拍卖
风险规避（RiskAversion）	1 265	1.35%	98.65%
风险中立（RiskNeutral）	427	53.55%	46.45%
风险偏好（RiskSeeking）	1 046	94.83%	5.17%

5　实证模型与结果分析

5.1　实证模型

生存分析法最早应用于医学领域，如病人的生存率、治愈率分析等[54]。目前生存分析已经被广泛应用到其他领域[55-57]。赖院根和刘砺利研究了在文献信息服务用户流失问题上的生存分析方法的应用，结果表明使用生存分析法可以有效识别出用户流失的影响因素[58]。娱乐竞拍网站的用户流失问题十分严重，应用生存分析模型有助于更好地理解用户流失状况以及识别用户退出决策的影响因素。生存分析的研究对象是用户生存时间大于某一个值的概率。本文采用 Cox 回归模型作为生存分析的具体方法。Cox 回归也被称作比例风险回归，是一种半参数的生存分析方法，不需要对生存时间的分布做出假定，可以用来分析生存时间的分布规律以及风险因素对生存时间的影响。

在 Cox 回归中，假设变量对生存的影响随着时间的推移是恒定的，并且按一定比例累加。风险函数 $h(t)$ 表示生存时间大于等于 t 的用户在时刻 t 后瞬间退出该网站的概率。式（1）为风险函数的表达式：

$$H(t) = \lim_{\Delta t \to 0} \frac{P(t < T \leqslant t + \Delta t | T \geqslant t)}{\Delta t} \tag{1}$$

由于用户的生存时间与一些自变量 $X = x_1, x_2, \cdots, x_n$ 相关，这些自变量也称为预测变量或协变量。当自变量都为 0，即 $X = x_1, x_2, \cdots, x_n = 0$ 时，风险函数 $h(t, X)$ 就等于基准风险函数 $h_0(t)$。基准风险取决于 $h_0(t)$，但不取决于自变量 $X = x_1, x_2, \cdots, x_n$ 的值；自变量 $x_1, x_2, \cdots, x_n$ 以及相应的回归系数 $\beta_1, \beta_2, \cdots, \beta_n$ 的值不随时间变化。所以 Cox 回归模型中的风险函数可以进一步表示为

$$H(t, X) = h_0(t) \exp\left(\sum_{i=1}^{n} \beta_i x_i\right) \tag{2}$$

其中，$h_0(t)$ 指基准风险函数，表示在协变量对用户的生存时间没有影响的情况下用户在时刻 t 后瞬间退出的概率；X 表示影响观察对象生存时间的变量。风险比可以表示为

$$\text{HR} = \frac{h(t, X)}{h_0(t)} = \exp\left(\sum_{i=1}^{n} \beta_i x_i\right) \tag{3}$$

通过对式（3）方程两边取自然对数，可以得到一个无截距的多元线性回归模型：

$$\ln \text{HR} = \sum_{i=1}^{n} \beta_i x_i \tag{4}$$

HR 表示相对风险，任何系数增加一个单位（保持其他系数不变）都会导致相对风险的增加。在其他因素不变的条件下，如果 x_i 的值增加一个单位，那么相对风险会变为原先值的 e^{β_i} 倍。当系数为正时，表示该因素的增加会导致相对风险增加；系数为负表示该因素的增加会导致相对风险减少。在本文中，起始事件为用户注册该网站，终点事件为用户从该网站流失，生存时间 T 指观察对象从注册该网站到从该网站流失所经历的时间。本文利用 Cox 回归模型估计生存函数，并分析各种因素对因变量的影响，建立关系模型。

基础模型为未考虑用户风险态度的模型。以用户的生存时间为因变量，分析总沉没成本、平均每天参与拍卖数以及无损失投标比对用户生存时间的影响，对总沉没成本取对数，并以获胜率、每次投标的平均收益和开始参与拍卖时间差作为控制变量。表 4 展示了自变量及控制变量之间的相关系数。可以看出，各变量之间无强线性相关关系。

表 4　变量相关矩阵

序号	变量	1	2	3	4	5	6
1	总沉没成本（对数）	1					
2	平均每天参与拍卖数	0.33	1				
3	无损失投标比	0.03	−0.21	1			
4	获胜率	0.37	0.02	0.3	1		
5	每次投标平均收益	0.16	0.06	0.12	0.39	1	
6	开始参与拍卖时间差	0.03	0.00	0.02	0.02	0.00	1

将各自变量、控制变量及因变量代入式（2）中，得到基础模型的表达式如式（5）所示：

$$h(t,X) = h_0(t)\exp(\beta_1 \times \ln\text{TotalSunkCost} + \beta_2 \times \text{AvgAuction} + \beta_3 \times \text{PropNoLossBid}$$
$$+ \beta_4 \times \text{WinRate} + \beta_5 \times \text{RevPerBid} + \beta_6 \times \text{TimeGap}) \quad (5)$$

其中，$\beta_1 \sim \beta_6$ 分别表示总沉没成本、平均每天参与拍卖数、无损失投标比、获胜率、每次投标平均收益、开始拍卖时间差的回归系数，衡量了这些变量对用户生存时间的影响效果。回归系数为正，对应的风险比大于 1，表示该变量的增大会导致用户退出风险增加，回归系数为负，对应的风险比小于 1，表示该变量的增大会导致用户退出风险降低。

交互效果模型进一步考虑了用户风险态度的影响，使用虚拟变量风险偏好（RiskSeeking）、风险规避（RiskAversion）来分析用户的风险态度对用户总沉没成本、平均每天参与拍卖数、无损失投标比的主效应的调节效应。风险偏好（RiskSeeking）、风险规避（RiskAversion）为 0 时，则表示该用户为风险中立。式（6）为交互效果模型中用户的风险函数的表达式：

$$h(t,X) = h_0(t)\exp(\beta_1 \times \ln\text{TotalSunkCost} + \beta_2 \times \text{AvgAuction} + \beta_3 \times \text{PropNoLossBid} + \beta_4 \times \text{WinRate}$$
$$+ \beta_5 \times \text{RevPerBid} + \beta_6 \times \text{TimeGap} + \beta_7 \times \text{RiskSeeking} + \beta_8 \times \text{RiskAversion}$$
$$+ \beta_9 \times \text{RiskSeeking} \times \ln\text{TotalSunkCost} + \beta_{10} \times \text{RiskAversion} \times \ln\text{TotalSunkCost}$$
$$+ \beta_{11} \times \text{RiskSeeking} \times \text{AvgAuction} + \beta_{12} \times \text{RiskAversion} \times \text{AvgAuction}$$
$$+ \beta_{13} \times \text{RiskSeeking} \times \text{PropNoLossBid} + \beta_{14} \times \text{RiskAversion} \times \text{PropNoLossBid}) \quad (6)$$

其中，交乘项分别为风险偏好、风险规避与用户总沉没成本、平均每天参与拍卖数、无损失投标比的交互项。系数 $\beta_9 \sim \beta_{14}$ 分别为各交互项的系数，衡量了风险倾向的交互作用。

由式（6）可知，在其他因素不变的条件下，当一位风险偏好的用户平均每天参与拍卖数（AvgAuction）增加一个单位时，用户退出网站的风险会变为之前的 $e^{\beta_2+\beta_{11}}$ 倍。也就是说，主要项的系数与交互项的系数共同决定了该变量对用户生存时间的影响效果。交互项的系数为正时，表示风险倾向与该变量的交互作用为正，对应的风险比会增大，会增加用户因该变量的增加而退出的风险；交互项的系数为负时，表示风险倾向与该变量的交互作用为负，会降低用户因该变量的增加而退出的风险。

5.2 结果分析

表 5 为模型的估计结果。从第 1 列中可以看出总沉没成本、平均每天参与拍卖数、无损失投标比及开始参与拍卖时间差对用户生存时间的影响均是显著的。结果表明，随着用户总沉没成本的增加，用户流失的风险降低。拥有较高沉没成本的用户在拍卖网站上活跃时间较长，H_1 成立。平均每天参与拍卖数的回归系数为正值，说明随着用户每天参与拍卖数的增加，其退出的风险增加，即每天参与更多拍卖的用户相对更早流失，H_2 成立。无损失投标比的回归系数是负值，说明拥有更高的无损失投标比的用户退出网站的风险更低。良好的竞拍体验会增强用户继续参与拍卖的意愿，因此 H_3 成立。然而，获胜率的系数并不显著，可能的原因是 5pai 中用户获胜率极低，大多数用户没有获胜经历。本文在后续的鲁棒性检验中，使用 DealDash 和 Swoopo 数据集对获胜率的影响做了进一步的探讨。

表 5　模型估计结果

变量	基础模型 回归系数（标准误）	基础模型 风险比 HR	交互效果模型 回归系数（标准误）	交互效果模型 风险比 HR
总沉没成本	−0.523*** (0.017)	0.593	−0.488*** (0.036)	0.614

续表

变量	基础模型 回归系数（标准误）	基础模型 风险比 HR	交互效果模型 回归系数（标准误）	交互效果模型 风险比 HR
平均每天参与拍卖数	0.214*** (0.009)	1.239	0.441*** (0.027)	1.555
无损失投标比	−0.784*** (0.032)	0.457	−0.557*** (0.089)	0.573
获胜率	0.416 (0.275)	1.516	0.074 (0.286)	1.077
每次投标平均收益	0.001 (0.018)	1.001	0.001 (0.020)	1.001
开始参与拍卖时间差	−0.088*** (0.005)	0.916	−0.102*** (0.005)	0.903
风险偏好			0.494*** (0.155)	1.639
风险规避			2.134*** (0.201)	8.447
风险偏好×总沉没成本			0.005 (0.042)	1.005
风险规避×总沉没成本			0.001 (0.002)	1.001
风险偏好×平均每天参与拍卖数			−0.239*** (0.028)	0.787
风险规避×平均每天参与拍卖数			−0.120* (0.048)	0.887
风险偏好×无损失投标比			0.304** (0.112)	1.355
风险规避×无损失投标比			−1.245*** (0.128)	0.288
对数似然	−17 425.43		−17 200.99	
AIC	34 862.87		34 419.12	
BIC	34 898.36		34 512.78	
样本数量	2 738		2 738	

*、**、***分别表示在 10%、5%、1%的显著性水平下显著
注：括号中为标准误

第 2 列的参数估计结果显示，风险偏好和风险规避的系数均是显著的，说明三种类别的用户的生存时间存在差异，H_4 成立。风险偏好和风险规避的系数是正的，说明风险中立的用户的生存时间更长，退出网站的可能性最小，H_5 不成立。风险偏好的用户参与了更多高风险拍卖，从而承受了更多的损失，尽管沉没成本的增加会促使他们继续参与拍卖，但是总是输掉拍卖的失败体验会使他们感知到的娱乐价值及实用价值降低，进而降低参与拍卖的意愿。

首先，风险偏好×总沉没成本的系数和风险规避×总沉没成本是不显著的，因此用户的风险态度并没有对总沉没成本对用户生存时间的影响效果带来显著影响，H_{6a} 与 H_{6b} 不成立。

其次，平均每天参与拍卖数的主效应为正，风险偏好×平均每天参与拍卖数、风险规避×平均每天参与拍卖数的系数均显著为负，即风险偏好和风险规避在用户学习对用户生存时间的影响机制中均具有负向调节作用。三种类别用户的退出风险都会随着平均每天参与拍卖数的增加而增加；但是在其他条件相同的情况下，具有风险中立态度的用户其退出风险会随平均每天参与拍卖数的增加而增加的比

例最大；具有风险规避态度的用户其退出风险的增加比例次之；具有风险偏好态度的用户其退出风险的增加比例最小。即 H_{7a} 成立，H_{7b} 不成立。

最后，无损失投标比的主效应为负，风险偏好×无损失投标比的系数显著为正，风险规避×无损失投标比的系数显著为负。三种类别的用户的退出风险都会随着无损失投标比的增加而降低；但是在其他条件相同的情况下，具有风险偏好态度的用户其退出风险随无损失投标比的增加而降低的比例最小；风险规避用户的退出风险随无损失投标比的增加而降低的比例最大。因此，H_{8a} 与 H_{8b} 均成立。

交互效果模型的 AIC 值与 BIC 值都小于基础模型，说明考虑用户风险倾向后模型的拟合结果相对较好。上述实证分析通过基础模型验证了 $H_1 \sim H_3$，通过交互效果模型验证了 $H_4 \sim H_8$。假设检验结果汇总如表 6 所示。

表 6 假设检验结果

假设	内容	检验结果
H_1	沉没成本对用户在网站的生存时间有正向作用，投入较高沉没成本的用户会在网站上活跃更长时间	成立
H_2	用户学习对用户在网站的生存时间有负向作用，即用户越早认识到网站的真实娱乐价值以及真实竞争程度，其退出网站的时间就越早	成立
H_3	理性水平对用户在网站的生存时间有正向作用，理性水平高的用户倾向于继续在网站上参与拍卖	成立
H_4	用户的风险态度会影响用户在网站的生存时间	成立
H_5	相对于风险规避和风险中立的用户，风险偏好的用户的生存时间最长	不成立
H_{6a}	风险偏好态度在沉没成本对用户生存时间的影响机制中具有正向调节作用	不成立
H_{6b}	风险规避态度在沉没成本对用户生存时间的影响机制中具有负向调节作用	不成立
H_{7a}	风险偏好态度在用户学习对用户生存时间的影响机制中具有负向调节作用	成立
H_{7b}	风险规避态度在用户学习对用户生存时间的影响机制中具有正向调节作用	不成立
H_{8a}	风险偏好态度在理性水平对用户生存时间的影响机制中具有负向调节作用	成立
H_{8b}	风险规避态度在理性水平对用户生存时间的影响机制中具有正向调节作用	成立

6 鲁棒性检验

为证明本文中模型结果的可靠性，以确保结论的稳健性，本部分从三个方面对建立的实证模型进行鲁棒性检验。首先，考虑风险态度聚类分析的局限性，将具有三种不同风险态度的用户数据分别放入基础模型之中进行分析，得到不同类别用户的结果，同交互效果模型中的结果进行对比。其次，考虑用户流失条件的主观设定，通过改变用户流失条件的界定，再次进行实证分析，与已有结果进行对比分析。最后，考虑不同网站的应用情境，使用 Swoopo 和 DealDash 的数据集，提取模型中相似的变量，开展实证分析并与已有结果进行对比。

6.1 风险态度分类分析

为了验证风险态度对于自变量调节作用的稳定性，基于基础模型使用聚类结果的三类用户分别开展分析。表 7 为针对风险偏好、风险中立、风险规避用户的模型参数估计结果，与交互效果模型中得出的结论基本一致。

表 7 用户分类模型结果

变量	风险偏好（RiskSeeking）回归系数（标准误）	风险中立（RiskNeutral）回归系数（标准误）	风险规避（RiskAversion）回归系数（标准误）
总沉没成本（对数）	−0.491*** (0.027)	−0.523*** (0.044)	−0.674*** (0.084)
平均每天参与拍卖数	0.197*** (0.011)	0.559*** (0.031)	0.346*** (0.043)
无损失投标比	−0.292*** (0.075)	−0.653*** (0.093)	−1.779*** (0.113)
获胜率	2.270** (0.750)	1.888* (0.822)	−0.651 (0.550)
每次投标平均收益	−0.028 (0.040)	−0.026 (0.030)	0.097 (0.186)
开始参与拍卖时间差	−0.088*** (0.009)	−0.075*** (0.011)	−0.109*** (0.007)
样本数量	1 046	427	1 265

*、**、***分别表示在10%、5%、1%的显著性水平下显著
注：括号中为标准误

沉没成本的系数在三个模型中都是负向显著的，说明三种类型的用户的沉没成本与生存时间正相关。对风险偏好及风险中立的用户而言，沉没成本的系数大小相似，风险规避用户的沉没成本系数绝对值大于另外两类用户，说明其退出风险随沉没成本的增加而降低的程度最大，风险偏好和风险中立的用户的生存时间受沉没成本的影响更小。平均每天参与拍卖数对于三类用户的影响都是显著的。对于三类用户而言，其平均每天参与拍卖数越多，生存时间越短，与之前的假设结论一致。风险中立用户的生存时间受平均每天参与拍卖数的影响最大，风险规避用户次之，风险偏好用户的退出风险随平均每天参与拍卖数的增加而增加的倍数最小。无损失投标比对于三种类型的用户的生存时间的影响也是负向显著的。三类用户的退出风险会随着无损失投标比的增加而减小。风险规避用户的退出风险受无损失投标比的影响最大，风险偏好用户的退出风险受无损失投标比的影响最小。此外，对于风险偏好及风险中立的用户而言，获胜率对用户的退出风险都有显著的正向影响，即随着用户获胜率的增加，用户退出网站的风险也在增加。

6.2 改变用户流失定义

在上文分析中，将在观察期结束前的 20 天内没有参与拍卖的用户界定为流失用户。考虑条件设定的主观性，假设流失用户分别为在观察期结束前的 15 天（模型 A）和观察期结束前的 30 天内（模型 B）没有参与拍卖的用户。基础模型与交互效果模型的回归结果分别展示在表 8 和表 9 中。结果表明，无论是基础模型还是交互效果模型，在改变用户流失界定条件之后，结果没有显著变化。

表 8 改变流失界定条件的基础模型估计结果

变量	模型 A 回归系数	标准误	模型 B 回归系数	标准误
总沉没成本（对数）	−0.515***	0.016	−0.550***	0.017
平均每天参与拍卖数	0.213***	0.009	0.218***	0.009
无损失投标比	−0.762***	0.032	−0.838***	0.034
获胜率	0.379	0.276	0.450	0.277

续表

变量	模型 A 回归系数	模型 A 标准误	模型 B 回归系数	模型 B 标准误
每次投标平均收益	0.002	0.018	0.003	0.018
开始参与拍卖时间差	−0.086***	0.005	−0.102***	0.006
对数似然值	−17 513.71		−17 100.82	
AIC	35 039.42		34 213.64	
BIC	35 074.91		34 249.13	
样本数量	2 738		2 738	

***表示在1%的显著性水平下显著

表 9　改变流失界定条件的交互效果模型估计结果

变量	模型 A 回归系数	模型 A 标准误	模型 B 回归系数	模型 B 标准误
总沉没成本（对数）	−0.484**	0.035	−0.518***	0.038
平均每天参与拍卖数	0.447***	0.027	0.451***	0.027
无损失投标比	−0.477***	0.084	−0.616***	0.095
获胜率	0.041	0.288	0.127	0.285
每次投标平均收益	0.000	0.020	0.002	0.020
开始参与拍卖时间差	−0.099***	0.005	−0.119***	0.006
风险偏好	0.581***	0.151	0.479**	0.160
风险规避	2.083***	0.195	2.523***	0.216
风险偏好×总沉没成本	−0.000	0.042	0.012	0.044
风险规避×总沉没成本	−0.001	0.002	0.001	0.002
风险偏好×平均每天参与拍卖数	−0.244***	0.028	−0.244***	0.028
风险规避×平均每天参与拍卖数	−0.111*	0.046	−0.164***	0.048
风险偏好×无损失投标比	0.243**	0.107	0.354***	0.119
风险规避×无损失投标比	−1.226***	0.121	−1.546***	0.144
对数似然	−17 293.19		−16 851.40	
AIC	34 614.38		33 730.8	
BIC	34 697.19		33 813.61	
样本数量	2 738		2 738	

*、**、***分别表示在10%、5%、1%的显著性水平下显著

6.3　DealDash 及 Swoopo 场景

为了检验本文中模型在不同应用情境中的稳健性，使用从 DealDash 网站获取的数据和 Swoopo 的公开数据集进行鲁棒性检验。由于 DealDash 数据集中缺少刻画用户风险态度的变量，在本部分中仅使用 DealDash 和 Swoopo 数据集进行基础模型的检验。

从 DealDash 数据集中提取了自 2020 年 9 月 14 日至 2020 年 11 月 17 日的用户行为数据，并从中选取在观察期前 10 天（9 月 14 日至 9 月 23 日）注册的 2 196 名新用户作为样本用户，在观察期结束前 20 天内没有参与拍卖的用户被定义为已流失用户。

从 Swoopo 数据集中提取自 2009 年 10 月 1 日到 2009 年 12 月 12 日之间的用户行为数据。由于缺少用户注册时间的信息，选取在 2009 年 10 月 1 日到 2009 年 10 月 10 日之间参与了拍卖的 8 506 名用户作为样本用户。将在观察期结束前 20 天内没有参与拍卖的用户定义为已流失用户，其余用户为留存用户。

由于 DealDash 数据集及 Swoopo 数据集与 5pai 数据集存在差异，模型中使用的变量也做出了相应调整，但从中可以得出相似的结论。由于 DealDash 和 Swoopo 数据集中没有关于付费拍卖及免费拍卖的数据，因此模型中没有包含无损失投标比，其余变量与原模型保持一致。模型分析结果见表 10，与基础模型结论在总体上是一致的，即沉没成本的增加会降低用户退出网站的风险，平均每天参与拍卖数的增加会增加用户退出网站的风险。获胜率对用户退出风险有正向影响，随着用户获胜率的增加，用户退出网站的风险增加。

表 10 不同数据的基础模型结果

变量	5pai 回归系数（标准误）	5pai 风险比	DealDash 回归系数（标准误）	DealDash 风险比	Swoopo 回归系数（标准误）	Swoopo 风险比
总沉没成本（对数）	−0.523*** (0.017)	0.593	−0.401*** (0.014)	0.669	−0.564*** (0.009)	0.569
平均每天参与拍卖数	0.214*** (0.009)	1.239	0.068*** (0.003)	1.071	0.458*** (0.006)	1.581
无损失投标比	−0.784*** (0.032)	0.457				
获胜率	0.416 (0.275)	1.516	1.673*** (0.195)	5.326	0.942*** (0.130)	2.566
每次投标平均收益	0.001 (0.018)	1.001	−0.035* (0.016)	0.965	−0.047*** (0.013)	0.954
开始参与拍卖时间差	−0.088*** (0.005)	0.916	−0.013* (0.005)	0.988		
对数似然	−17 425.43		−13 071.66		−61 765.45	
AIC	34 862.87		26 153.31		123 538.9	
BIC	34 898.36		26 181.79		123 567.1	
样本数量	2 738		2 196		8 506	

*、***分别表示在 10%、1% 的显著性水平下显著
注：括号中为标准误

7 结论及展望

7.1 研究结论及理论贡献

高风险娱乐竞拍网站使用"一分钱拍卖"的付费拍卖机制，同时又具备娱乐属性，该类网站面临着非常严重的用户流失问题。本文利用国内的 5pai 以及国外的 DealDash 和 Swoopo 三个竞拍网站的精细化数据，运用生存分析方法对高风险娱乐竞拍网站的用户生存时间及其影响因素进行实证研究。基

础模型的分析结果显示，用户的高沉没成本与对网站的高忠诚度具有很强的正相关关系，在网站上投入一定成本的用户倾向于继续参与拍卖以求收回成本。用户的平均每天参与拍卖数与用户的生存时间呈负相关的关系，表明用户平均每天参与拍卖数越多，其认识到网站的真实娱乐价值的时间越早，退出网站的风险相对越高。无损失投标比与用户的生存时间存在正相关关系，反映了拥有更高理性水平的用户会在网站上活跃更长时间。此外，使用DealDash和Swoopo的数据对获胜率的影响进行进一步的研究后，发现获胜率与用户生存时间存在负相关关系。交互效果模型的回归结果表明，用户的风险倾向对用户学习和理性水平的影响效果具有显著的调节作用，对沉没成本的影响效果的调节作用并不显著。

本文具有如下的理论意义。首先，以往的研究多集中于用户拍卖过程中的行为及影响因素研究，较少关注用户退出阶段的影响因素分析；本文在高风险竞拍情境下聚焦娱乐竞拍中的用户退出竞拍阶段的行为，为预测用户生存时间和评估用户生命周期价值提供理论依据，丰富了用户退出决策视角下的付费拍卖机制设计相关研究。其次，本文将经济学中的沉没成本理论引入研究之中，基于生存分析的方法分析沉没成本、用户学习、理性程度及用户风险态度在用户退出过程中的作用机制，探讨了不同风险态度的调节作用，并明晰了用户生存时间的影响因素。最后，本文分别从国内第一家娱乐竞拍网站、国外第一家娱乐竞拍网站以及目前仍在良好运营的娱乐竞拍网站获取真实用户行为数据进行分析，并进行了较丰富的鲁棒性检验，证明本文研究结果的稳健性以及对国内外处于不同发展阶段的娱乐竞拍网站的适用性。

7.2 实践价值

本文研究结果对降低娱乐竞拍网站用户流失率、实现竞拍网站和此类商业模式的良性可持续发展具有一定应用价值和管理启示，并且可为其他相关行业提高用户留存率提供一定的借鉴。基于前文的模型构建和实证分析结果，本文提出如下提高竞拍网站的用户留存率以及促进此类拍卖网站和其他类似行业可持续发展的策略建议。

第一，完善竞拍规则，保护用户权益，提升用户忠诚度。本文研究结果表明，用户通过学习认识到网站的真实娱乐价值以及真实竞争程度的时间与其退出网站的时间呈正相关关系，因此采取提高真实娱乐价值并相应降低竞争程度的策略可以减少因此类原因流失的用户量。网站可以通过设置更加多样化的竞拍规则并改善用户体验，提高用户所感知到的真实娱乐价值，降低用户因识别并低估真实娱乐价值后退出的概率。此外，网站可增设拍卖参与人数限制，有效降低拍卖竞争程度。例如，在拍卖开始一段时间后，可以将该拍卖锁定，禁止未投标用户加入此拍卖之中，保护已投入大量竞拍费用的用户权益，进而从一定程度上减少用户流失的可能性。

第二，设计平衡机制，避免输赢两极化，降低用户流失率。本文研究结果表明，绝大多数用户没有赢得拍卖的经验。网站及其运营者更需关注用户大量沉没成本的无效投入对于网站声誉的影响，在获取利润和维护网站声誉之间进行权衡。网站应当合理设置平衡机制，考虑设定同一用户在一定时间内的获胜次数上限，避免输赢两极化下的用户流失。网站也可以提供补差价购买功能，输掉拍卖的用户可以选择支付已投标费用与产品零售价之间的差价来购买该产品。此外，对于连续竞拍失败达到一定次数的用户，网站可考虑向其赠送一定数量的拍币，以降低用户因大量竞拍失败经验而退出网站的可能性以及规避对网站声誉造成不良影响的潜在后果。

第三，考虑用户风险态度异质性，提供差异化的虚拟竞购活动以及拍卖产品推荐服务。本文研究结果表明，用户的风险态度会显著影响用户的退出时间，并且对其他因素的影响机制有一定的调节作用。因此，网站可以考虑根据用户以往的竞拍参与行为，基于本文方法刻画用户的风险态度，进而为其提供个性化优惠竞购活动和拍卖产品推荐，满足不同类型用户群体的差异化需求，进而提高用户在网站中的活跃时长。

7.3 研究局限性和展望

本文存在一定的局限性和不足。本文所使用的数据对用户行为的观测时间跨度最长为三个月，但是用户的生存时间可能大于三个月；由于用户的登录情况无法被观察到，也存在一些经常登录网站但并不参与拍卖的用户；这些用户在文中均被界定为流失用户，可能存在用户真实流失率高估的问题。同时，一些人口统计学特征（如消费能力、性别、年龄、教育等）也会影响用户的行为，可以考虑通过调查问卷结合实验的方法针对此类影响因素开展研究。另外，在本文研究的基础上，未来研究可进一步结合前景理论，考虑用户对损失和收益的敏感程度差异性，更好地解释和分析用户的参与行为和退出决策。

参 考 文 献

[1] Wang Z, Xu M. Selling a dollar for more than a dollar? Evidence from online penny auctions[J]. Information Economics and Policy, 2016, 36: 53-68.

[2] Alt R. Electronic markets on sustainability[J]. Electronic Markets, 2020, 30（4）: 667-674.

[3] Li J, Guo Z, Tso G K. An economic analysis of consumer learning on entertainment shopping websites[J]. Journal of the Association for Information Systems, 2019, 20（4）: 285-316.

[4] 谢璞. 购物，还是娱乐？[J]. 21世纪商业评论, 2010, （3）: 26-27.

[5] Kahneman D, Tversky A. Prospect theory: an analysis of decision under risk[J]. Econometrica, 1979, 47（2）: 363-391.

[6] Steinhart Y, Kamins M, Mazursky D. Influence of the "benefit of the doubt" in online auctions[J]. Marketing Letters, 2019, 30（3）: 245-260.

[7] Brünner T, Reiner J, Natter M, et al. Prospect theory in a dynamic game: theory and evidence from online pay-per-bid auctions[J]. Journal of Economic Behavior & Organization, 2019, 164: 215-234.

[8] 孙丽丽, 葛虹, 冯玉强. 在线拍卖成交价格影响因素的实证研究——以淘宝网现代翡翠手镯拍卖数据为例[J]. 信息系统学报, 2010, 4（1）: 34-42.

[9] 杜黎, 华桂芬. 固定价格与英式拍卖同时使用时顾客行为分析[J]. 中国管理科学, 2010, 18（5）: 113-121.

[10] Easley R F, Wood C A, Barkataki S. Bidding patterns, experience, and avoiding the winner's curse in online auctions[J]. Journal of Management Information Systems, 2010, 27（3）: 241-268.

[11] Zhuang H, Leszczyc P T L P. Optimal seller strategy in overlapping auctions[J]. Journal of Retailing and Consumer Services, 2022, 65: 102883.

[12] Li A T, Li T, Wang T V. Risk and ambiguity: unpacking uncertainty in platform rewards design[EB/OL]. http://dx.doi.org/10.2139/ssrn.4091123, 2022-04-23.

[13] Xu M, Li S, Yan J. All-pay auctions with a buy-price option[J]. Economic Inquiry, 2019, 57（1）: 617-630.

[14] Reiner J, Natter M, Skiera B. The impact of buy-now features in pay-per-bid auctions[J]. Journal of Management Information Systems, 2014, 31（2）: 77-104.

[15] Byers J W, Mitzenmacher M, Zervas G. Information Asymmetries in Pay-per-bid Auctions[C]. Proceedings of the 11th ACM Conference on Electronic Commerce, 2010: 1-12.

[16] Wang Z, Xu M. Empirical evidence on competition and revenue in an all-pay contest[J]. Review of Industrial Organization, 2016, 49（3）: 429-448.

[17] Bachrach Y, Kash I A, Key P, et al. Strategic behavior and learning in all-pay auctions: an empirical study using crowdsourced data[J]. Autonomous Agents and Multi-Agent Systems, 2019, 33（1）: 192-215.

[18] 杜黎, 刘丽丽, 贾俊秀. 向下降价秒杀中顾客秒杀策略以及卖方期望收益分析[J]. 中国管理科学, 2014, 22（9）: 18-25.

[19] Li J, Tso K F. Effects of player's participation patterns on economic performance of entertainment shopping website[J]. International Journal of Informatics and Information Systems, 2019, 2（3）: 102-112.

[20] Li J, Tso K F, Liu F. Profit earning and monetary loss bidding in online entertainment shopping: the impacts of bidding patterns and characteristics[J]. Electronic Markets, 2017, 27（1）: 77-90.

[21] Hinnosaar T. Penny auctions[J]. International Journal of Industrial Organization, 2016, 48: 59-87.

[22] Platt B C, Price J, Tappen H. The role of risk preferences in pay-to-bid auctions[J]. Management Science, 2013, 59（9）: 2117-2134.

[23] Zhang X, Shan S, Tang S, et al. Penny Auctions Are Predictable: Predicting and Profiling User Behavior on Dealdash[C]. Proceedings of the 29th on Hypertext and Social Media, Baltimore, MD: Association for Computing Machinery, 2018: 123-127.

[24] Keaveney S M, Parthasarathy M. Customer switching behavior in online services: an exploratory study of the role of selected attitudinal, behavioral, and demographic factors[J]. Journal of the Academy of Marketing Science, 2001, 29（4）: 374-390.

[25] Ascarza E, Netzer O, Hardie B G S. Some customers would rather leave without saying goodbye[J]. Marketing Science, 2018, 37（1）: 54-77.

[26] 张光前, 张席婷. 微信公众号内植入广告对用户持续使用公众号影响的研究[J]. 信息系统学报, 2018,（2）: 53-66.

[27] Kim G, Shin B, Lee H G. A study of factors that affect user intentions toward email service switching[J]. Information & Management, 2006, 43（7）: 884-893.

[28] 徐孝娟, 赵宇翔, 朱庆华, 等. 社交网站中用户流失要素的理论探讨及实证分析[J]. 信息系统学报, 2013,（2）: 83-97.

[29] Gu Z, Bapna R, Chan J, et al. Measuring the impact of crowdsourcing features on mobile app user engagement and retention: a randomized field experiment[J]. Management Science, 2022, 68（2）: 1297-1329.

[30] 陈娟, 邓胜利. 移动数字阅读APP用户退出意愿的影响因素研究[J]. 情报科学, 2017, 35（3）: 128-133, 151.

[31] Salo M, Makkonen M, Hekkala R. The interplay of IT users' coping strategies: uncovering momentary emotional load, routes, and sequences[J]. MIS Quarterly, 2020, 44（3）: 1143-1175.

[32] Thomas J S. A methodology for linking customer acquisition to customer retention[J]. Journal of Marketing Research, 2001, 38（2）: 262-268.

[33] Bansal G, Anand A, Yadavalli V S S. Predicting effective customer lifetime: an application of survival analysis for telecommunication industry[J]. Communications in Statistics-Theory and Methods, 2020, 49（10）: 2305-2320.

[34] Hu S, Chen P, Chen X. Do personalized economic incentives work in promoting shared mobility? Examining customer churn using a time-varying Cox model[J]. Transportation Research Part C: Emerging Technologies, 2021, 128: 103224.

[35] Dias J, Godinho P, Torres P. Machine Learning for Customer Churn Prediction in Retail Banking[C]. International Conference on Computational Science and Its Applications, Cagliari, Italy, 2020: 576-589.

[36] Zhang S, Jiang P, Moghtaderi A, et al. Deep ensemble learning for early-stage churn management in subscription-based business[C]//Arabnia H R, Deligiannidis L, Grimaila M R, et al. Transactions on Computational Science and Computational Intelligence. Switzerland: Springer Nature, 2021: 283-298.

[37] Ariely D, Simonson I. Buying, bidding, playing, or competing? Value assessment and decision dynamics in online auctions[J]. Journal of Consumer Psychology, 2003, 13（1/2）: 113-123.

[38] 王星, 杨波, 马茜. 降价式拍卖中消费者重复购买的影响因素研究[J]. 信息系统学报, 2019, （1）: 15-29.

[39] Arkes H R, Blumer C. The psychology of sunk cost[J]. Organizational Behavior and Human Decision Processes, 1985, 35（1）: 124-140.

[40] 施俊琦, 李峥, 王垒, 等. 沉没成本效应中的心理学问题[J]. 心理科学, 2005, （6）: 31-35.

[41] Pownall R A, Wolk L. Bidding behavior and experience in Internet auctions[J]. European Economic Review, 2013, 61: 14-27.

[42] Goncalves R, Fonseca M A. Learning through simultaneous play: evidence from penny auctions[J]. Journal of Economics & Management Strategy, 2016, 25（4）: 1040-1059.

[43] Rong-Da Liang A, Lee C L, Tung W. The role of sunk costs in online consumer decision-making[J]. Electronic Commerce Research and Applications, 2014, 13（1）: 56-68.

[44] Augenblick N. The sunk-cost fallacy in penny auctions[J]. The Review of Economic Studies, 2016, 83（1）: 58-86.

[45] Ocker F. "Bid more, pay less" —overbidding and the Bidder's curse in teleshopping auctions[J]. Electronic Markets, 2018, 28（4）: 491-508.

[46] Teubner T, Adam M, Riordan R. The impact of computerized agents on immediate emotions, overall arousal and bidding behavior in electronic auctions[J]. Journal of the Association for Information Systems, 2015, 16（10）: 838-879.

[47] Hariharan A, Adam M T P, Teubner T, et al. Think, feel, bid: the impact of environmental conditions on the role of bidders' cognitive and affective processes in auction bidding[J]. Electronic Markets, 2016, 26（4）: 339-355.

[48] Adam M T, Astor P J, Krämer J. Affective images, emotion regulation and bidding behavior: an experiment on the influence of competition and community emotions in internet auctions[J]. Journal of Interactive Marketing, 2016, 35: 56-69.

[49] 丁黎黎, 徐寅峰, 刘新民. 基于风险偏好下的网上在线拍卖策略设计[J]. 中国管理科学, 2014, 22（3）: 96-102.

[50] Bland E M, Black G S, Lawrimore K. Risk-reducing and risk-enhancing factors impacting online auction outcomes: empirical evidence from ebay auctions[J]. Journal of Electronic Commerce Research, 2007, 8（4）: 236-243.

[51] Campbell W K, Goodie A S, Foster J D. Narcissism, confidence, and risk attitude[J]. Journal of Behavioral Decision Making, 2004, 17（4）: 297-311.

[52] 刘健, 陈剑, 廖文和, 等. 基于风险偏好差异性假设的动态决策过程研究[J]. 管理科学学报, 2016, 19（4）: 1-15.

[53] Adam M T P, Krämer J, Weinhardt C. Excitement up! Price down! Measuring emotions in Dutch auctions[J]. International Journal of Electronic Commerce, 2012, 17（2）: 7-40.

[54] 龚杨明, 吴春晓, 张敏璐, 等. 上海人群结直肠癌生存率分析[J]. 中国癌症杂志, 2015, 25（7）: 497-504.

[55] 李永, 付智博, 李海英. 中国石油进口贸易联系稳定性测度——对1992-2012年经验数据的考察[J]. 管理评论, 2016, 28（9）: 17-30.

[56] 高照军, 张宏如. 制度合法性与吸收能力影响技术标准竞争力的机制研究[J]. 管理评论, 2019, 31（12）: 73-84.

[57] 高照军, 张宏如, 蒋耘楚. 制度合法性距离、二次创新与开放式创新绩效的关系研究[J]. 管理评论, 2018, 30（3）: 47-59.

[58] 赖院根, 刘砺利. 基于生存分析的信息用户流失研究与实证[J]. 情报杂志, 2011, 30（4）: 129-132, 171.

A Survival Analysis for Users in Online Pay-to-bid Auctions with High Risks: Based on the Perspective of User Churn

XU Shan, LI Jin, LIAO Xiuwu

(The School of Management, XJTU, Xian 710049, China)

Abstract Entertainment shopping based on pay-to-bid auction mechanism has been regarded as an innovative business model in e-commerce, which incorporates specific characteristics of both competitive games and online auctions. From the perspective of user churn, this study develops an empirical model to investigate the influencing factors. Model parameters are estimated through detailed data sets obtained from three entertainment shopping websites at different development stages. We first empirically analyze the effects of sunk cost, user learning, and rational level on user survival time. Meanwhile, we also incorporate users' risk attitudes and construct an extended model to identify its moderating effect. The empirical results indicate that users' risk attitudes can significantly affect their survival time and have moderating effects on the effects of user learning and rationality on user survival time. This study enriches the literature related to the user churn in online pay-to-bid auctions with high risks, and theoretically contributes to the survival time prediction and customer lifetime value evaluation. The key findings also present managerial implications for the online auction industry and other related industries towards a more sustainable development.

Keywords Pay-to-bid auction, High-risk auction, User churn, Survival analysis, Sunk cost, Risk attitude, Cox regression

作者简介

徐姗（1998—），女，西安交通大学管理学院博士研究生，研究方向为电子商务决策支持、数据跨境风险管理，E-mail：xushan_98@outlook.com。

李金（1988—），男，西安交通大学管理学院特聘研究员、博士生导师，研究方向为信息系统、风险管理等，E-mail：jinlimis@xjtu.edu.cn。

廖貅武（1965—），男，西安交通大学管理学院教授、博士生导师，研究方向为大数据驱动下的决策分析、社会化电子商务等，E-mail：liaoxiuwu@mail.xjtu.edu.cn。

不同动态环境下高技术企业"智-治"交互效应研究[*]

杨涵岩[1]，王雪莹[2]，余艳[1]

（1. 中国人民大学信息学院，北京 100872；
2. 北京航空航天大学经济管理学院，北京 100191）

摘　要　本文立足于企业资源学理论，结合企业内公司治理和产业环境动态性，构建"智-治"模型。选择计算机、通信和其他电子设备制造业和医药制造业下 538 家上市公司进行实证分析与对比，结果表明智力资本显著提升企业价值，健全的公司治理体系将可以与智力资本发生良性交互以促进企业价值提升。在相对高动态的产业环境下，公司治理将强化智力资本对企业价值的提升效应；在相对稳定的产业环境下，公司治理有可能会削弱智力资本对企业价值的提升效应。

关键词　智力资本，公司治理，环境动态性，高技术企业
中图分类号　C939

1 引言

数字经济时代，创新是驱动力，知识与技能作为操纵性资源，乃是企业制胜、社会发展的关键要素。人才是技术的创造者和使用者，企业在数字创新过程中更需要高质量的以人为本的智力资本作为基础，智力资本乃是企业创造价值和获得竞争优势的源泉[1]。最新研究表明，华为作为一家高科技企业，在智力资本上投入巨大，通过战略性地聘请国外研发专家以增强全球市场竞争力。专家是重要的智力资本，拥有不易编码的复杂性知识，有助于建立公司的知识库，这让华为赶在其他公司创新产品之前直接获得开发最先进产品所需的创新投入[2]。因而，如何激活个体、激活组织充分发挥智力资本为企业创造价值成为企业当前面临的挑战。

针对数字经济时代所需要的多样化人才、技术和知识体系，公司治理也在变革，这种治理结构的变革在快速变化的互联网行业尤为凸显。例如，一些头部互联网企业采用合作人制度极大促进了其智力资本的增长，使得组织在动态环境下持续高效运转[3]。治理结构是公司治理的核心，是平衡股东、董事会和管理层等利益相关者关系的公司管理体系，也是企业权力分配、决策管理、组织协调、生产运营的治理机制。有效的公司治理结构可降低委托代理成本、减少利益冲突，调动员工积极性，提高企业价值[4]。数字化时代的治理基于人本理论，强调财务和智力资本共治共享共创，因此企业治理在智力资本发挥价值的过程中起着不可或缺的作用。

现有研究对公司治理如何影响智力资本与企业价值关系的讨论仍然有限。以往研究将组织内部因

---

[*] 基金项目：国家自然科学基金项目"工业互联网使能制造企业数字创新：动能、治理与价值创造"（72172155）、中国人民大学科学研究基金（中央高校基本科研业务费专项资金资助）项目（23XNA032）。

通信作者：余艳，中国人民大学信息学院副教授，E-mail: yanyu@ruc.edu.cn。杨涵岩、王雪莹贡献等同，为共同第一作者。

素视为智力资本增值的前置因素,发现公司治理水平能够提高智力资本价值增值效率[5]。已有研究主要从公司治理的局部构成入手,部分学者聚集股权结构探究大股东治理对智力资本提升企业价值的影响[6,7],部分学者重点关注董事会特征对企业智力资本效应发挥的影响[8,9],还有学者讨论了高管团队对智力资本价值创造效率的影响[10]。也有学者同时讨论董事会特征、高管特征等对智力资本增值效率的影响[11]。然而,企业的内部治理结构通常由股东、董事会、监事会、经理层组成,各主体共同配合来实现企业资源的有效配置。现有研究多以分散视角关注公司治理的局部构成,可能无法准确体现公司治理对智力资本价值提升作用的影响,仅有少数研究以综合的视角探究公司治理对智力资本价值创造的影响[12]。为此,本文将更为全面地构建公司治理综合体系,将企业的治理结构视为企业的内部情境,进一步考察健全的治理结构将如何影响企业智力资本对企业价值的提升效果。

同时,现有关于公司治理与智力资本价值创造的研究缺乏对外部情境的关注[12],而外部情境将影响内部要素发挥作用的效果[13]。外部环境的动态变化、行业动荡竞争性等特征会影响企业资源配置情况,进而影响企业的价值创造与实现[14],如已有研究揭示出以行业因素为代表的外部情境将影响企业智力资本价值创造效率[15]。在相对动态的产业环境下,如计算机制造业,技术和产品的更新速度快[16],市场需求不断更新且无法预测,企业对公司治理的健全性提出更高要求,公司治理体系应快速响应需求,从而整合、构建和调配内外部资源,适应并塑造市场条件,进而保持企业的竞争优势。在相对稳定的产业环境下,如医药制造业,产品研发周期长[17]、回报周期长,需要企业将更多资源投入智力资本中来保持竞争优势,通过公司治理来激活个体、激活组织的效果可能无法显现出来。为此,本文将外部情境作为权变因素,进一步探究不同产业环境下智力资本与公司治理如何交互以为企业创造价值。

特别地,本文聚焦高技术企业,以计算机、通信和其他电子设备制造业和医药制造业为典型代表,它们是中国制造2025的重点领域。一是高技术企业具备高创新性、高成长性、高风险性,其发展依托于高技术成果、高精尖人才,这使得智力资本对其发展贡献远高于其他类型的企业。帕特里克·沙利文指出企业应当了解自身营运所处的内外部情境,才能做到对智力资本进行有效的管理从而充分发挥价值。二是高技术企业对外部环境更为敏感,更为迫切地需要建构高质量的智力资本及合理的公司治理,以应对动态变化的竞争环境[18]。基于此,本文以计算机、通信和其他电子设备制造业和医药制造业的中国上市公司为研究对象,从企业资源观出发,将智力资本、公司治理、企业价值纳入统一的框架中,力图揭示研究智力资本和公司治理与企业价值的关系,探究公司治理的调节作用,并进一步讨论在不同的行业背景下机制发挥的作用,从而为我国的高技术企业的智力资本管理与公司治理提供理论参考。

2 理论基础与假设

2.1 智力资本对企业价值

企业资源观认为,企业要保持竞争优势,依赖于企业异质性的战略资源和能力,这是驱动企业绩效的关键所在[19]。智力资本中含有大量的隐性成分,且大部分只能在企业内部生成,这个过程的特殊性和特定环境的作用使得其具有异质性而难以模仿和替代,符合企业战略资源的要求。智力资本不仅是静态的无形资产,也是有效利用知识的动态过程,并且这种过程与组织目标的实现有关。从知识经济到数字经济时代,智力资本均是竞争关键要素,是企业在自身能力体系进行变换、创新、整合的基础上所形成的独特资源,主要表现为员工的技能与知识、组织结构与文化以及与利益相关者的关系等。

由于研究取向不同，智力资本的概念和定义也不尽相同，但大多数研究者认为，建立在企业资源观和知识观基础上更能体现其本质。为此，本文认为智力资本相较于传统的物质资本而言，是指公司在开展业务创造价值的过程中能够使用的所有无形资源的总和，是一种能够创造价值或效用的能力。关于智力资本的内涵和构成，由二元论逐步扩展为三元论和多元论。我们以二元论为根本，参考Edvinsson和Malone的研究将智力资本划分为人力资本和结构资本的耦合，由员工、组织以及员工创造的附加值组成[20]。

人力资本依附于员工的知识、技能、经验以及潜能的总和，具有较强的路径依赖性，因较难被模仿而成为企业的核心竞争力，是企业获取可持续整体绩效的关键环节。员工所具有的能力能够使其快速、准确地掌握特定工作所需要的专业知识和技能，及时地应用到实际工作中完成任务，从而实现企业的业绩提升[21]。由于人力资本的异质性，企业应该注重对员工的激励，从而激发员工的创造潜力和增强员工的被认同感，实现人力资本价值与企业目标的有效匹配[22]。但单纯的人力资本，并不必然带来企业的经济增加，人力资本与结构资本的匹配或许更重要。结构资本是企业的基础组织，体现在隐含于企业内部结构的知识，如企业文化、企业关系和创新研发等方面，直接反映了企业整合资源、发挥系统效率优势的能力，能够促进企业秩序的稳定和生产质量的提高，是企业不可或缺的资本要素。结构资本可有效保障组织知识的运行，促使各种知识的转移转化和支持创造，有利于企业以较少的花费获得需要的稀缺资源，实现企业持续创新，从而促进经济效益上涨[23]。在数字经济时代，企业内外部环境变化迅速，组织需要能制定合适的战略决策并采取恰当的行动来实现战略目标[24]，这就要求人力资本与结构资本必须有机结合，避免出现"组织愚钝"等现象，形成企业的长期竞争优势。如果企业内部的结构资本较低，则其智力资本不能发挥它全部的潜力。结构资本是企业所拥有的一种组织能力，其价值在于把人力资源凝聚起来，使人力资源在实现企业战略目标的过程中得到有效利用。

总之，智力资本作为战略资源，恰当地管理智力资本可以提升企业的营利能力。现有研究针对智力资本的测量方法很多，包括主成分分析法[18]和智力资本增值系数法[15]等，以验证智力资本驱动价值创造的有效性。在企业发展过程中，人力资本能够增强企业的生产能力，从而提高企业生产效率，对企业绩效的提升发挥关键作用；结构资本能够反映出企业内部组织资源配置的效率，维持企业高效有序运转来实现价值创造，能够显著提高企业绩效水平。因此，智力资本从整体上能够推动企业价值创造[25]。对于高技术企业来说，其创造价值的主要动力是技术创新，而技术的突破依赖于知识的创造、累积、共享和整合，因此智力资本的凝聚和积累更加重要。因而，我们提出以下基础假设。

H_1：企业智力资本将正向影响企业价值提升。

2.2 公司治理增强智力资本效用

智力资本是一种无形资源，投入与产出存在高度不确定性。公司治理理论认为，理性的管理者往往厌恶风险，进而导致减少或放弃智力资本投资活动的机会主义行为，来规避项目失败招致的解雇风险。因此，智力资本的投资与管理是一项高风险业务。此外，企业的所有权与控制权的分离衍生出管理层的机会主义行为，使企业产生严重的代理冲突，代理成本的上升导致智力资本的要素不能得到合理、有效的配置与管理。

智力资本作为核心资源，其促进企业绩效提升效果受到资源有效利用程度的影响。如果智力资本管理不当，它将是次优的，其增值能力将不会得到充分利用[26]。公司治理结构作为协调各方利益的机制，能够恰当地运用自身资源来做出决策，规范的治理机制能在一定程度上抑制智力资本活动中的代理冲突，提高智力资本价值创造效率。因此，智力资本产生的绩效必然受到公司治理结构的影响[27]。狭义的公司治理，即内部治理机制，主要包括股权结构、董事会、管理层、监事会与信息披露四个方面。

股东作为企业实际掌控者，能够影响企业内部管理决策的话语权，通过对管理层的监督与约束效应影响到各项决策的实施与执行，从而对智力资本既能存在监督效应又能产生负面的掏空动机。合理的股权集中度能增强大股东对管理层的监管，减少管理层滥用职权的现象和道德风险，进而降低企业的代理成本并提高运营效率；股权制衡能够约束大股东的私立行为，提升公司治理水平[28]。国有企业相对于其他企业融资条件更为宽松、资本实力更加雄厚，承受风险的能力更强，能够为智力资本的开发和管理提供充分的资金支持。

公司对外部关键资源的获取能力取决于董事会，其人力资本存量在企业经营中比普通员工发挥更大的作用，被认为是市场经济中公司治理机制的核心。董事会能够把提供资本的股东和使用这些资本创造价值的经理人联结起来，有效避免出现管理者隐藏信息的情况，为公司提供有效的智力资本管理控制。董事会持股能够激励董事会成员发挥职能作用，加强对管理层的监管以促进企业绩效的提升。随着董事会规模扩大，内部的利益纠纷与意见分歧会随之增加，加剧不同利益群体间的博弈，导致沟通决策低效，对企业的发展造成负面影响[29]。

理性的管理层往往厌恶风险，而智力资本投入和产出具有高度不确定性，是一项高风险的投资，管理层为了避免失败往往会减少对智力资本的投资和管理。但是，给予管理层一定的激励，较大程度上能克服现有的薪酬契约与当期会计业绩挂钩而诱发的管理层短视行为。公司通常采用薪酬激励和股权激励来缓解经营管理过程中的信息不对称问题。在自利动机下，高管为了获得较高的报酬，会采用不同的政策以促进公司绩效的提高[30]。如果企业业绩表现不佳，董事会有权利解聘表现不佳的管理者，从而达到公司经营绩效的优化。

监事会与信息披露作为公司治理中的监管体系，能够帮助管理层监督公司的报告政策和质量。监事会能够提高董事会的独立性，增强其在企业决策制定中的专业服务与智力支持。监事会规模能够反映监事会的独立性，保证监督权行使的有效性[31]。信息披露直接反映企业运行情况，促使合理地投入资源，有利于管理者及时、有效地进行风险监控[32]。内部控制能够增加企业的信息透明度[33]，约束大股东、董事会成员、监事会成员、高层管理人员等的私利行为，提升企业内部治理效率，促进企业的持续健康发展。

健全的公司治理机制所产生的效益不限于内部关系人，而外部关系人更能得到最佳的信息，因此较好的公司治理有助于提升公司的绩效。通过构建公司治理综合指数来度量公司治理水平，可以更为全面地审视公司治理结构。大多数学者采用主成分分析[4]来构建公司治理指数，发现公司治理与企业绩效正相关。作为高技术制造企业的核心资源知识，组织如何通过治理机制更好地运用知识来提高企业的效率，这一点至关重要。本文提出以下基础假设。

H$_2$：健全的公司治理体系将促进企业智力资本转化为企业价值。

2.3 产业环境动态性的双重影响

公司治理的权变理论指出公司治理的影响力受到企业外部环境动态性的影响[34]。环境动态性包括顾客偏好改变的市场动态性和技术更新换代的技术动态性[35]。动态环境下行业内市场竞争激励，新的需求与技术不断涌现，公司治理能够有效提升企业的智力资本价值创造效率，帮助企业利用智力资本不断开发新产品和新技术以应对环境变化。市场变动带来的企业经营压力会迫使股东制定更高的激励政策以吸引和留住人才，进而在增加企业智力资本存量的同时利用智力资本提升企业竞争力和绩效。环境压力会促进董事更加积极地履行职责，更大程度上调动董事的智力资本，增加董事对当下环境的理解，提升董事会的决策质量，减少企业面对市场和技术快速变化的风险和不确定性。在快速动态变化的环境下，高管承担着达到企业经营目标的压力，高管的薪资激励能够增强高管的自信和经营企业的积极性，促使高管更加努力地工作[36]，充分利用智力资本并激发潜能，增加企业收益。处于高动态环境的企业虽然面对着更多不确定因素，但也因此具有更多创造突破的机遇，健全的公司治理体系可以让企业上下团结一致，共同为企业发展贡献自己的知识、技能，开发出更有竞争力的产品或技术，进而大大提升企业无形资产的价值。

在高动态产业环境下，如计算机、通信和其他电子设备制造业，其呈现出明显而复杂的高环境动态性，其发展迅速，创新需求强烈，市场需求不断涌现且不易预测，技术、产品更新换代速度快[16]。计算机行业进入门槛相对较低，存在产品同质化问题，行业内部竞争较为激烈，企业开发的新产品、新技术随时有被竞争对手模仿、替代的可能，激烈的竞争也刺激了新产品、新技术的不断涌现，进一步缩短了产品、技术更新的周期。因此，计算机、通信和其他电子设备制造业在市场上和技术上都具有较强的动态性。

在相对稳定的产业环境下，企业可能会更专注于智力资本的投入，而对公司治理的变革诉求少，因而智力资本与公司治理的交互作用将会减缓。例如，在市场和技术两个维度，医药制造业企业都具有相对稳定的外部环境。该行业受国家政策扶持较多，行业内企业需要具有特许经营权，准入门槛较高。随着国民健康意识的增强、慢性病发病率的上升及老龄化等社会问题的加重，医药行业的市场需求在不断扩大[37]，医药制造业企业的市场空间较大，抗冲击能力较强，具有较为稳定的外部环境。新药从研发到上市是一个漫长的过程，创新药往往需要十数年的时间才能进入市场，长周期和高失败率减少了医药制造业新产品和新技术出现的频率。

计算机、通信和其他电子设备制造业和医药制造业的市场动态性和技术动态性形成了鲜明的对比，对这两个行业的对比研究有助于我们观察到环境动态性对公司治理提升智力资本价值创造效率的影响。基于以上的分析，我们认为高度动态变化的产业环境能够强化公司治理对智力资本价值转化的促进作用，也即相比于医药制造业，计算机制造业的公司治理能够更为明显地促进智力资本向企业绩效的转化。本文提出以下假设。

H_3：环境动态性将强化公司治理水平与智力资本的正向交互作用以提升企业价值，即公司治理水平增强智力资本转化为企业价值的作用在高度动态变化的产业环境下将得到进一步加强，而该交互效应在低度动态变化的产业环境下将被削弱。

根据以上假设构建理论模型，如图1所示。

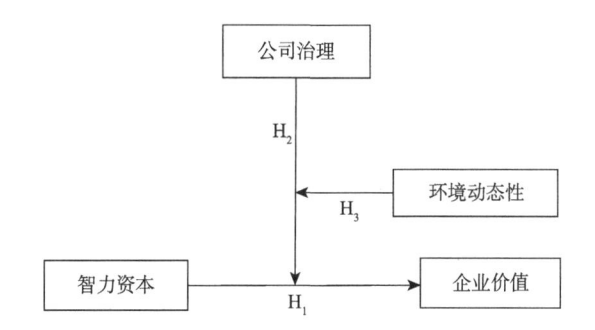

图 1　环境动态性对高技术企业价值实现的调节机制模型

3　研究设计

3.1　数据来源

本文选取 2019 年深沪 A 股计算机、通信和其他电子设备制造业（C39）和医药制造业（C27）企业为研究样本，行业分类以 2012 年修订的《上市公司行业分类指引》为标准。此外，数据根据下列原则进行筛选：第一，剔除 ST、*ST 及 PT 的企业；第二，剔除同时在 B 股、H 股上市的企业，以剔除监管环境不同所导致的差异；第三，剔除需求变量缺失的样本企业。最终样本为 538 家上市公司数据，其中，计算机、通信和其他电子设备制造业的企业 332 家，医药制造业的企业 206 家。所有数据来源为国泰安 CSMAR 数据库。

3.2 变量与测量

变量与测量具体如表 1 所示。

表 1 变量与测量

变量类型	变量名称	变量符号	变量测量
被解释变量	企业价值	ROA	净利润/总资产平均余额
解释变量	智力资本	ICE	人力资本增值系数与结构资本增值系数之和
调节变量	公司治理	CG_index	基于主成分分析构建的公司治理综合指数
	行业	Ind	1=计算机、通信和其他电子设备制造业，0=医药制造业
控制变量	企业规模	Size	企业的员工数取对数
	企业年龄	Age	成立时间
	准备时间	Pre	上市时间−成立时间
	资产负债率	Lev	负债总额/资产总额

（1）被解释变量：企业价值。本文用企业当年的总资产净利润率（ROA）来衡量企业价值，计算公式为净利润/总资产平均余额。在新兴市场上，由于管理者短期行为影响和外部环境波动的不确定性，采用 ROA 来衡量企业经济效益更稳定，并且 ROA 能很好地反映企业因规模、经营管理水平的不同带来的竞争力的差异，是衡量营利能力最重要也最易得的指标[38]。

（2）解释变量：智力资本。本文采用增值效率法来测量企业的智力资本，该方法已经广泛应用于国内外的智力资本实证研究中[1, 15]。智力资本效率（intellectual capital efficiency，ICE）聚焦人力资本、结构资本二者共同的增值潜力[15]。Pulic 提出的智力资本增值系数模型综合考量物质资本、人力资本和结构资本的增值效率[20]。但这种方法并不直接对公司内部包含的资本进行测度，因此本文以智力资本效率（ICE）为主要的测量方法进行假设检验，智力资本效率由人力资本效率（HCE）与结构资本效率（SCE）组成，如式（1）~式（3）所示。

$$人力资本效率：HCE=VA/HC \qquad (1)$$
$$结构资本效率：SCE=SC/VA \qquad (2)$$
$$智力资本效率：ICE=HCE+SCE \qquad (3)$$

其中，VA 表示公司价值增加，用"财务费用+利润总额+工资费用"来表示；HC 表示人力资本的要素投入，即"工资费用"，以"支付给职工以及为职工支付的现金"表示；SC 表示人力与结构资本的要素投入，SC=VA−HC。

（3）调节变量：公司治理（CG_index）。为了能够更加全面地考察公司治理机制，我们借鉴白重恩等学者的主成分分析法[4]，以股权结构、董事会、管理层、监事会与信息披露四个维度的公司治理特征变量作为原始指标体系来构造公司治理指数，这四个维度包含的具体指标如表 2 所示。

表2 公司治理维度划分及其指标

维度	指标	测量
股权结构	股权集中度	第一大股东持股比例
	股权制衡度	第二至第十大股东持股比例之和
	股权性质	国企=1，其他=0
董事会	董事会规模	董事会的总人数
	董事会持股比例	董事会的持股比例之和
管理层	高管薪资	高管前三名的薪酬之和
	高管持股比例	高管的持股比例之和
监事会与信息披露	监事会规模	监事会人数
	财务审计意见	标准无保留=1，其他=0

通过对样本的公司治理变量进行 Bartlett 球形检验和 KMO 检验，结果显示，相关系数矩阵不是单位阵且 KMO 系数为 0.647，表明适合做因子分析。我们先采用主成分分析法对数据进行因子分析，再根据因子得分和方差贡献率，将因子得分乘以相应的方差的算数平方根进行加权计算得到整体综合得分。因此，我们提取了 4 个因子（特征根大于 1），特征值依次为 2.641、1.336、1.211 和 1.069，其累积方差贡献率达到 70%，表明它们反映了原始数据的绝大部分信息。公司治理指数如式（4）所示：

$$CG\_index = 0.293\,49 \times Comp_1 + 0.148\,48 \times Comp_2 + 0.134\,59\,Comp_3 + 0.118\,82\,Comp_4 \quad (4)$$

其中，CG_index 为构建的公司治理指数，系数为方差贡献率，$Comp_i\,(i=1,2,3,4)$ 为提取的主成分。

（4）调节变量：行业（Ind）。本文选用计算机、通信和其他电子设备制造业以及医药制造业两大产业，因此将行业变量处理为离散变量。相比之下，前者为高动态变化产业（赋值为 1），而后者为低动态变化产业（赋值为 0）。参考已有文献[39]，本文通过企业过去 5 年销售收入波动来衡量环境动态性，根据式（5）计算出非正常收入 ε 后，再由企业过去 5 年非正常收入的标准差除以过去 5 年非正常收入的均值即可计算出企业的环境动态性。再根据行业内企业的环境动态性计算出两大行业的平均环境动态性，计算机、通信和其他电子设备制造业环境动态性均值为 0.154，医药制造业环境动态性均值为 0.113，且 T 检验结果显示计算机、通信和其他电子设备制造业的环境动态性显著高于医药制造业（$p<0.01$）。这表明本文理论抽样的有效性和可靠性。

$$Income = \beta_0 + \beta_1 Year + \varepsilon \quad (5)$$

其中，Income 为主营业务收入；Year 为年度变量；ε 为非正常收入。

（5）控制变量。借鉴现有研究成果[4, 29]，本文选择企业规模、企业年龄、准备时间和资产负债率作为控制变量。

4 研究结果及分析

4.1 描述性统计和相关性分析

所有变量之间的描述性统计和相关性分析如表 3、表 4 所示。ICE 增值系数存在较大的标准差，表明不同企业间的智力资本投入存在差异。ICE 与 ROA 显著相关（$r=0.316$，$p<0.01$），而公司治理指数与 ROA 的相关性不显著，表明智力资本是企业价值实现的基础，而公司治理更多地扮演内部情境的角色。

表 3　描述性统计（*N*=538）

变量	均值	标准差	最小值	中位数	最大值
ROA	0.041	0.094	−0.912	0.046	0.295
ICE	2.239	5.031	−43.330	2.170	93.947
CG_index	0	0.78	−2.356	−0.137	2.887
Size	7.692	1.198	4.357	7.649	12.253
Age	19.866	5.676	5	19	45
Pre	9.591	6.634	0	9	36
Lev	0.332	0.182	0.028	0.305	0.940
Ind	0.617	0.487	0	1	1

表 4　相关性分析（*N*=538）

变量	ROA	ICE	CG_index	Size	Age	Pre	Lev	Ind
ROA	1							
ICE	0.316***	1						
CG_index	0.066	−0.052	1					
Size	0.029	−0.070	0.406***	1				
Age	−0.020	−0.055	0.388***	0.164***	1			
Pre	0.144***	0.086**	−0.330***	−0.277***	0.269***	1		
Lev	−0.209***	−0.105**	0.143***	0.506***	0.100**	−0.191***	1	
Ind	−0.037	−0.030	−0.067	0.051	−0.213***	0.021	0.186***	1

***表示 $p<0.01$，**表示 $p<0.05$
注：采用皮尔逊双尾检验

4.2　假设检验

本文采用层次回归分析方法，建构了三个模型以检验智力资本、公司治理主要效应和交互效应，以及不同产业环境的调节效应，并进行分组对比分析。结果如表 5 所示。

表 5　基于两行业全样本的智力资本与公司治理指数交互效应检验结果

因变量为 ROA	模型 1 $\beta(t)$	模型 2 $\beta(t)$	模型 3 $\beta(t)$
ICE	0.027*** (7.25)	0.042*** (7.84)	0.156*** (14.69)
CG_index		0.013*** (2.85)	0.009* (1.73)
ICE×CG_index		0.015*** (3.87)	−0.012* (−1.66)
ICE×Ind			−0.129*** (−11.22)
CG_index×Ind			−0.004 (−0.74)
ICE×CG_index×Ind			0.030*** (3.68)
Ind	−0.001 (−0.19)	0.002 (0.21)	0.004 (0.64)
Size	0.022*** (4.86)	0.017*** (3.79)	0.017*** (4.54)

因变量为ROA	模型1 β(t)	模型2 β(t)	模型3 β(t)
Age	−0.005 (−1.32)	−0.009** (−1.98)	−0.007** (−2.08)
Pre	0.014*** (3.38)	0.018*** (4.09)	0.014*** (3.85)
Lev	−0.024*** (−5.54)	−0.022*** (−5.02)	−0.021*** (−5.94)
常数	0.042*** (6.80)	0.041*** (6.72)	0.038*** (7.87)
R^2	0.175	0.211	0.511
调整后 R^2	0.166	0.199	0.501

***表示 $p<0.01$，**表示 $p<0.05$，*表示 $p<0.1$
注：样本量（N）=538；系数为标准化系数；括号内为 t 值

表5模型1用于检验智力资本与公司治理的主要效应，该模型调整后的 R^2 为0.166，表明由人力资本与结构资本构成的智力资本价值创造效率、公司治理体系综合指数能较好地解释企业总资产净利润率（ROA）。智力资本显著正向影响企业 ROA（$\beta=0.027$，$p<0.01$）。智力资本增加一个标准差，企业ROA将提高0.027，也就是企业ROA平均提高65.85%。这表明智力资本对企业价值的提升作用显著，并具有明显的经济意义，H_1 得到支持。

表5模型2用于检验公司治理与智力资本的交互作用，两者交互项显著正向影响企业价值回报（$\beta=0.015$，$p<0.01$）。公司治理每增加一个标准差，智力资本对企业价值增值效应再增加0.015，即企业ROA平均再提高36.59%，表明良好的公司智力体系能进一步激活企业智力资本对企业价值的提升作用，亦具有较好的经济意义，H_2 得到支持。为了揭示公司治理与智力资本如何交互影响企业价值，我们绘制了在不同的公司治理水平下，企业智力资本（高分组为均值+1SD，低分组为均值−1SD）与企业价值的关系。如图2所示，在高水平公司治理体系下（均值+1SD），智力资本对企业价值的正向关系斜率越大，高水平的公司治理越会加强人力资本、结构资本向企业价值转化；在低水平公司治理体系下，智力资本的转化效率放缓。

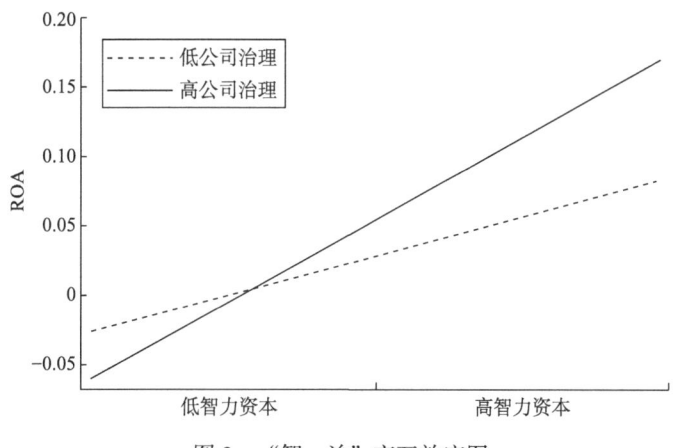

图2 "智–治"交互效应图

表5模型3表明在不同产业环境下，公司治理体系与智力资本的交互效应有所不同，三者交互项的

系数显著（$\beta=0.030$，$p<0.01$），且模型3调整后的R^2较模型2增加约30.2%，表明产业环境的调节效应具有较大的解释力，与相对稳定的医药制造行业相比，高动态的计算机、通信和其他电子设备制造业更能激发公司治理对智力资本为企业创造价值的增强效应，支持了H_3。

4.3 稳健性检验

我们更替了企业价值变量，将总资产净利润率ROA替换为净资产收益率ROE，回归结果如表6所示。此外，创新投入能显著正向提升企业的创新能力水平和研发效率，以此来增强企业竞争力，提高企业价值[40]。员工的受教育水平可以反映企业人员的整体素质和人力资本水平，学历水平的高低既反映员工的水平，又反映企业的技术水平对员工素质的要求[41]。因此，我们增加创新投入（Input）和员工学历结构（Edu）这两个关键变量作为控制变量。其中，创新投入用企业当年的研发投入费用取对数表示，员工学历结构用员工大专学历及以上人数占比表示。由于部分样本变量的缺失，样本观测值从538减少为388，因此我们将其结果作为稳健性结果来汇报，见表7。各主要变量的系数及显著性无明显变化，表明研究结论的稳健性。此外，考虑到智力资本标准差较大，本文对智力资本进行加1取对数处理，其结果未发生变化。

表6 基于ROE的回归结果

因变量为ROE	模型1	模型2	模型3
	$\beta(t)$	$\beta(t)$	$\beta(t)$
ICE	0.085*** (7.40)	0.114*** (6.82)	0.443*** (14.39)
CG_index		0.034** (2.44)	0.021 (1.31)
ICE×CG_index		0.029** (2.41)	−0.106*** (−4.89)
ICE×Ind			−0.372*** (−11.10)
CG_index×Ind			−0.014 (−0.82)
ICE×CG_index×Ind			0.153*** (6.44)
Ind	0.039 (1.60)	0.045 (1.82)	0.050*** (2.73)
Size	0.051*** (3.73)	0.040*** (2.81)	0.038*** (3.56)
Age	−0.001 (−0.11)	−0.012 (−0.86)	−0.006 (−0.59)
Pre	0.019 (1.51)	0.031** (2.23)	0.014 (1.39)
Lev	−0.046*** (−3.43)	−0.040*** (−2.98)	−0.036*** (−3.58)
常数项	0.020 (1.04)	0.018 (0.95)	0.013 (0.91)
R^2	0.131	0.151	0.532
调整后R^2	0.121	0.138	0.522

***表示$p<0.01$，**表示$p<0.05$

注：$N=538$；系数为标准化系数；括号内为t值

表7 基于ROA的回归结果（新增2个控制变量）

因变量为ROA	模型1 β(t)	模型2 β(t)	模型3 β(t)
ICE	0.025*** (5.13)	0.130*** (9.39)	0.169*** (13.53)
CG_index		0.021** (3.56)	0.009 (1.36)
ICE×CG_index		0.071** (7.99)	−0.007*** (−0.90)
ICE×Ind			0.061*** (2.66)
CG_index×Ind			0.006 (0.74)
ICE×CG_index×Ind			0.156*** (10.36)
Ind	0.000 4 (0.04)	0.012 (1.15)	0.014* (1.76)
Size	0.019* (1.80)	0.015 (1.54)	0.015** (2.02)
Age	−0.007 (−1.17)	−0.011* (−1.83)	−0.007 (−1.59)
Pre	0.018*** (2.98)	0.021** (3.61)	0.014*** (3.14)
Lev	−0.022*** (−3.75)	−0.017*** (−3.12)	−0.016*** (−3.98)
Input	0.006 (0.59)	0.000 2 (0.02)	−0.000 3 (−0.04)
Edu	0.005 (0.79)	0.004 (0.59)	−0.000 2 (−0.05)
常数项	0.036*** (4.16)	0.033*** (4.05)	0.038*** (6.27)
R^2	0.136	0.273	0.616
调整后R^2	0.118	0.254	0.603

***表示$p<0.01$，**表示$p<0.05$，*表示$p<0.1$
注：$N=388$；系数为标准化系数；括号内为t值

4.4 内生性分析

本文的H_1考察了智力资本与企业价值的关系，存在潜在的反向因果问题。企业的智力资本能够促进其价值的提升，但企业价值越高的企业越可能拥有更高水平的智力资本。为排除这一问题对本文研究结论的干扰，本文选用企业办公城市其他企业智力资本水平的均值（City_ICE）作为工具变量。该工具变量选择的合理性在于数字与知识经济时代下智力资本对企业竞争力等方面的提升十分关键，已成为企业相互争夺的重要资源[42]。地区智力资本具有有限性，企业所在城市其他企业的智力资本水平会对其本身的智力资产水平产生挤出效应，因而城市中其他企业智力资本水平与本企业的智力资本水平具有强关联，但城市中其他企业的智力资本水平不对本企业的价值产生影响。因此，本文所选取的工具变量满足相关性和外生性条件。

表8汇报了以企业办公城市其他企业智力资本水平的均值作为工具变量的回归结果。第（1）列报告了第一阶段的回归结果，企业办公城市其他企业的智力资本水平与其本身的智力资本水平显著负相关（$\beta=-0.245$，$p<0.01$），与预期一致，表明智力资本是一种竞争性资源，企业会将智力资本的投入、

获得与应用作为企业战略的竞争焦点。第（2）列报告了第二阶段的回归结果，第一阶段考虑异方差的弱工具变量检验 F 统计量大于 10，表明工具变量满足相关性特征。此时智力资本仍然能够促进企业价值（β=0.064，p<0.01），证实了估计结果的稳健性。

表 8　工具变量法的内生性检验结果

变量	（1）	（2）
	ICE	ROA
City_ICE（IV）	−0.245*** （−5.83）	
ICE		0.064*** （3.88）
控制变量	控制	控制
观察量	538	538
R^2	0.080	0.024
调整后 R^2	0.070	0.013 2
第一阶段 F 值		33.959

***表示 p<0.01

注：系数为标准化系数；括号内为 t 值

4.5 分行业对比分析

虽然我们聚焦于高技术制造企业，然而由于企业所处的产业动态性、竞争性不同，公司治理与智力资本的交互效应有所差异，我们对计算机、通信和其他电子设备制造业与医药制造业下的上市公司进行了分组对比分析，结果如表 9 和图 3、图 4 所示。分析结果表明，在高动态的计算机、通信和其他电子设备制造业环境下，健全的公司治理体系显著地强化智力资本向企业价值转化（β=0.017，p<0.01）。

表 9　分行业对比分析智力资本与公司治理交互效应检验结果

因变量为 ROA	计算机、通信和其他电子设备制造业（N=332）		医药制造业（N=206）	
	β（t）	β（t）	β（t）	β（t）
ICE	0.008** （2.25）	0.026*** （5.15）	0.169*** （22.15）	0.157*** （16.32）
CG_index		0.007 （1.55）		0.005 （−0.95）
ICE×CG_index		0.017*** （4.79）		−0.013* （−1.89）
Size	0.018*** （3.93）	0.015*** （3.35）	0.021** （3.42）	0.019** （3.02）
Age	−0.010** （−2.41）	−0.011** （−2.27）	0.0001 （0.03）	−0.003 （−0.47）
Pre	0.016*** （3.46）	0.017*** （3.46）	0.008 （1.78）	0.010 （1.98）
Lev	−0.021*** （−4.59）	−0.020*** （−4.34）	−0.022*** （−4.21）	−0.022*** （−4.08）
常数项	0.039*** （9.42）	0.042*** （10.30）	0.036*** （7.62）	0.037 （7.91）
R^2	0.132	0.199	0.736	0.742
调整后 R^2	0.119	0.181	0.729	0.733

***表示 p<0.01，**表示 p<0.05，*表示 p<0.1

注：系数为标准化系数；括号内为 t 值

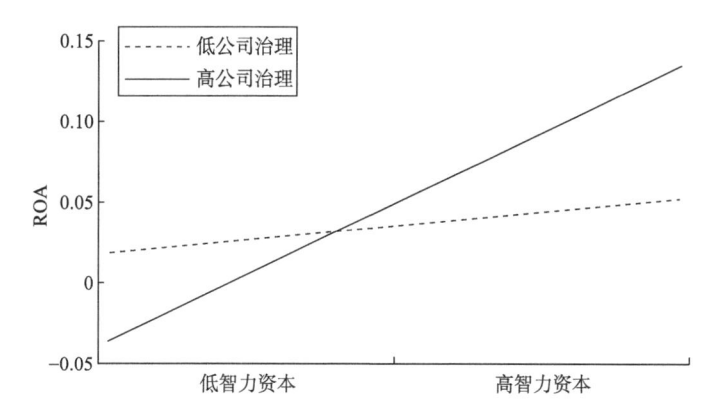

图 3　计算机、通信和其他电子设备制造业"智－治"交互效应图

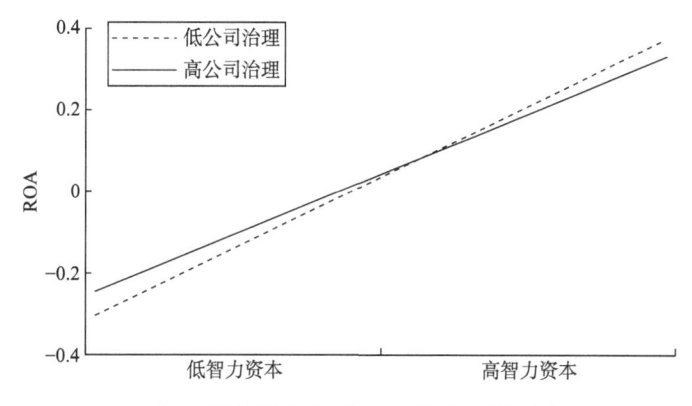

图 4　医药制造业"智－治"交互效应图

图 3 和图 4 表明：当计算机、通信和其他电子设备制造业的公司治理处于较高水平时，智力资本对企业价值的提升效果更为明显；当计算机、通信和其他电子设备制造业的公司治理处于较低水平时，智力资本对企业价值的提升作用受到抑制。相反，在医药制造行业，公司治理有可能会削弱智力资本对企业价值的提升效应（$\beta=-0.013$，$p<0.1$）。潜在原因是相当稳定的产业环境，公司治理体系可能被固化，缺乏企业变革动力，无法对公司管理者及员工产生有效激励，进而限制其知识和技能的发挥。

5　研究结论及启示

智力资本是高技术企业驱动创新和创造价值的主要推动力量，健全的公司治理体系是高技术企业以有效的内部约束和激励创造更多价值的重要保障。公司治理与智力资本如何协同影响企业价值及其内在影响机制尚不清晰，外部环境在公司治理与智力资本协同效用发挥中的作用也需要进一步揭示。为此，本文基于企业资源学理论，结合企业内外部情境构建"智－治"模型，分析并揭示了高技术企业智力资本与公司治理的交互效应以及环境动态性为两者交互效应带来的影响。研究结果表明智力资本和公司治理能够显著提升高技术企业价值，健全的公司治理体系将强化智力资本向企业价值的转化，在相对高动态的产业环境下，公司治理与智力资本的相互增强作用得以加强，企业因而创造更多的价值。

现有研究关于智力资本的构成存在多种学说，本文从智力资本二元论的视角出发，重点考察人力资本和结构资本共同为企业带来的影响，突出人力资本和结构资本对企业价值创造的重要贡献，强调智力资本作为企业关键资源在企业价值创造过程中不可替代的作用，丰富了智力资本二元论及企业资源学的相关研究。本文不局限于从单一维度的公司治理指标出发，而采用公司治理综合指标体系，涵盖股权结构、董事会、管理层、监事会与信息披露等多方面因素，通过构建"智-治"模型，深刻揭示智力资本与公司治理的协同交互效用，弥补了已有研究过于关注公司治理对智力资本的影响（即将公司治理作为智力资本前因变量）而忽略二者共同作用或只考虑公司治理的单一维度为企业带来的影响，进一步深化了智力资本、公司治理、企业价值三者的关系。此外，本文以计算机、通信和其他电子设备制造业和医药制造业两大典型产业为例，将产业环境动态性的显著差异作为企业外部因素引入智力资本、公司治理及企业价值研究框架中，揭示了在不同动态性产业环境下智力资本与公司治理交互作用的差异，弥补了现有相关研究在从权变视角来考虑外部环境因素上的缺失，因而本文拓展并完善了智力资本及公司治理的研究内容和模型。

智力资本与公司治理都能显著提升高技术企业价值，因而高技术企业要对智力资本和公司治理给予高度关注，将智力资本视为企业持续发展的战略性资源，加大智力资本的投入力度，特别是对人力资本和结构资本的重视。人力资本是高技术企业创新和发展的载体，高技术制造企业应重视人力资本的开发与管理，提升人力资本水平，增强企业内部知识的流动与分享，还可以通过引入外部专家以弥补当前企业知识的匮乏并获得异质性知识。结构资本为激励人力资本及激活知识增值作用提供重要支撑，高技术企业要加大对结构资本的投入以促进企业内部知识的转移和转化，为企业创新和价值创造提供知识保障并注入足够的动力。高技术企业还需不断健全和完善自身治理体系，提升企业的内部治理效率和资源配置效率，进而保障高技术制造企业创新及价值创造的持续推进。在此基础上，高技术企业的公司治理能够促进智力资本的价值转化，因而高技术企业可以依靠健全治理体系下制定的激励政策和资源配置方案激发企业上下成员潜能，增强企业智力资本活力，并实现更高水平的价值创造。

不同外部环境导致公司治理与智力资本交互效应的差异，产业环境动态性较高的行业（如计算机、通信和其他电子设备制造业）往往面临着技术和市场等方面的变化，特别需要健全的治理体系来激活和调动企业及其成员的智力资本以应对快速变化的外部环境，合理地依靠内外部资源保障企业的创新活动并促进企业价值创造。在产业环境动态性较低的行业（如医药制造业）面对稳定的外部环境时，尽管健全的治理体系能够保证管理人员各司其职，但缺少外部压力会降低企业对员工激励的有效性甚至增加激励成本，公司治理对智力资本的激活和调动作用无法有效发挥，这类企业应更加注重智力资本的投入以提升企业的持续竞争力。因此，企业要对所处外部环境有所了解，结合外部情境实现对智力资本的高效管理，从而促进企业价值的提升。

本文也存在一些不足之处，本文依托智力资本二元论重点关注人力资本和结构资本，二者皆存在于企业内部，未来我们将引入客户资本，进一步讨论来自组织外部的智力资本对企业可能带来的影响。同时，本文讨论了企业内部治理机制对企业智力资本价值转化的影响，未来可以探讨外部治理机制能够产生的影响。此外，本文中我们选取计算机、通信和其他电子设备制造业和医药制造业两个产业环境差异显著的高技术行业，而行业本身往往具有一定特殊性，因此我们将继续对其他高技术产业进行分析，如极具复杂性的航空制造业等，以增强研究结论的普适性。

参 考 文 献

[1] Anifowose M, Rashid H A, Annuar H A, et al. Intellectual capital efficiency and corporate book value: evidence from Nigerian economy[J]. Journal of Intellectual Capital, 2018, 19（3）: 644-668.

[2] Schaefer K J. Catching up by hiring: the case of Huawei[J]. Journal of International Business Studies, 2020, 51（7）:

1500-1515.
- [3] 郑志刚, 邹宇, 崔丽. 合伙人制度与创业团队控制权安排模式选择——基于阿里巴巴的案例研究[J]. 中国工业经济, 2016, (10): 126-143.
- [4] 白重恩, 刘俏, 陆洲, 等. 中国上市公司治理结构的实证研究[J]. 经济研究, 2005, (2): 81-91.
- [5] 王茂昌. 台湾生技医疗产业之智慧资本附加价值与公司治理关联性研究[J]. 管理学报, 2011, 8 (9): 1393-1397.
- [6] 唐艳华. 大股东治理、智力资本价值提升与企业绩效[J]. 财会通讯, 2021, (5): 66-69.
- [7] 傅传锐. 大股东治理对智力资本价值创造效率的影响——来自我国 A 股上市公司 2007~2013 年的经验证据[J]. 中南财经政法大学学报, 2016, (3): 106-116.
- [8] Khurana I K. International comparative analysis of the association between board structure and the efficiency of value-added by a firm from its physical capital and intellectual capital resources: a discussion[J]. The International Journal of Accounting, 2003, 38 (4): 465-491.
- [9] Dalwai T, Mohammadi S S. Intellectual capital and corporate governance: an evaluation of Oman's financial sector companies[J]. Journal of Intellectual Capital, 2020, 21 (6): 1125-1152.
- [10] 冉秋红, 周宁慧. 纵向兼任高管、机构投资者持股与智力资本价值创造[J]. 软科学, 2018, 32 (12): 50-54.
- [11] Appuhami R, Bhuyan M. Examining the influence of corporate governance on intellectual capital efficiency[J]. Managerial Auditing Journal, 2015, 30 (4): 347-372.
- [12] 曾蔚, 周光琪. 公司治理、内部控制与智力资本价值创造效率[J]. 中南大学学报（社会科学版）, 2016, 22 (6): 108-116.
- [13] 陈宁, 常鹤. 企业创新决策与成长路径——基于资源学派视角的实证研究[J]. 科学学研究, 2012, 30 (3): 458-465, 379.
- [14] 夏后学, 谭清美, 白俊红. 营商环境、企业寻租与市场创新——来自中国企业营商环境调查的经验证据[J]. 经济研究, 2019, 54 (4): 84-98.
- [15] 李连燕, 张东廷. 高新技术企业智力资本价值创造效率的影响因素分析——基于研发投入、行业竞争与内部现金流的角度[J]. 数量经济技术经济研究, 2017, 34 (5): 55-71.
- [16] 晁一方, 黄永春, 彭荣. "互联网+"战略下计算机制造服务业创新效率评价研究——以北京、上海、广东三地为例[J]. 科技管理研究, 2021, 41 (3): 117-124.
- [17] 张宁, 王亚敏, 陈震. 创新药药学研究的阶段性考虑[J]. 中国药学杂志, 2014, 49 (17): 1565-1568.
- [18] 李冬伟, 汪克夷. 智力资本与高科技企业绩效关系研究——环境的调节作用[J]. 科学学研究, 2009, 27 (11): 1700-1707, 1640.
- [19] Barney J B. Firm resources and sustainable competitive advantage[J]. Journal of Management, 1991, 17 (1): 99-120.
- [20] Pulic A. Intellectual capital—does it create or destroy value?[J]. Measuring Business Excellence, 2004, 8 (1): 62-68.
- [21] 魏丹霞, 赵宜萱, 赵曙明. 人力资本视角下的中国企业人力资源管理的未来发展趋势[J]. 管理学报, 2021, 18 (2): 171-179.
- [22] 赵文红, 周密. R&D 团队人力资源管理实践对企业创新绩效的影响研究[J]. 研究与发展管理, 2012, 24 (4): 61-70, 102.
- [23] Li Y, Zhao Z. The dynamic impact of intellectual capital on firm value: evidence from China[J]. Applied Economics Letters, 2018, 25 (1): 19-23.
- [24] 肖建华, 曹镠. 基于智力资本的组织智力测度研究[J]. 管理学报, 2014, 11 (9): 1302-1308.
- [25] 马宁, 孟卫东, 姬新龙. 国有风险资本协同智力资本的企业价值创造研究[J]. 研究与发展管理, 2018, 30 (1): 60-71.

[26] van der Meer-Kooistra J, Zijlstra S M. Reporting on intellectual capital[J]. Accounting Auditing & Accountability Journal, 2001, 14（4）: 456-476.

[27] Ramadhanti W, Rahayu S M. Corporate governance, intellectual capital, and performance of indonesian public company[J]. Journal of Economics Business and Accountancy Ventura, 2019, 21（3）: 159-182.

[28] 毕晓方, 翟淑萍, 何琼枝. 财务冗余降低了企业的创新效率吗?——兼议股权制衡的治理作用[J]. 研究与发展管理, 2017, 29（2）: 82-92.

[29] 王洪盾, 岳华, 张旭. 公司治理结构与公司绩效关系研究——基于企业全要素生产率的视角[J]. 上海经济研究, 2019,（4）: 17-27.

[30] 肖曙光, 杨洁. 高管股权激励促进企业升级了吗——来自中国上市公司的经验证据[J]. 南开管理评论, 2018, 21（3）: 66-75.

[31] 李维安, 王世权. 中国上市公司监事会治理绩效评价与实证研究[J]. 南开管理评论, 2005,（1）: 4-9.

[32] 周宏, 刘玉红, 张巍. 激励强度、公司治理与经营绩效——基于中国上市公司的检验[J]. 管理世界, 2010,（4）: 172-173, 176.

[33] 伊志宏, 姜付秀, 秦义虎. 产品市场竞争、公司治理与信息披露质量[J]. 管理世界, 2010,（1）: 133-141, 161, 188.

[34] Sorensen K. Ownership organization and firm performance[J]. Annual Review of Sociology, 1999, 25: 121-144.

[35] Beard D D W. Dimensions of organizational task environments[J]. Administrative Science Quarterly, 1984, 29（1）: 52-73.

[36] 徐虹, 林钟高, 芮晨. 产品市场竞争、资产专用性与上市公司横向并购[J]. 南开管理评论, 2015, 18（3）: 48-59.

[37] 国家信息中心. 2019年医药行业发展报告——展望篇: 严控费、降药价, 创新药、优质仿制药将脱颖而出[R]. 北京, 2018.

[38] 申慧慧, 于鹏, 吴联生. 国有股权、环境不确定性与投资效率[J]. 经济研究, 2012, 47（7）: 113-126.

[39] 魏成龙, 刘建莉. 我国商业银行的多元化经营分析[J]. 中国工业经济, 2007,（12）: 85-93.

[40] 陈金勇, 袁蒙菡, 汤湘希. 研发投入就能提升企业的价值吗?——基于创新存量的检验[J]. 科技管理研究, 2016, 36（11）: 8-14.

[41] 曹建安, 黄小梅, 李爽. 企业员工学历结构及其变动对企业业绩的影响研究[J]. 科技管理研究, 2009, 29（10）: 454-456.

[42] 蒋天颖. 企业智力资本的结构与测量[J]. 科学学与科学技术管理, 2009, 30（5）: 170-174.

Investigating the Interaction Effects of Intellectual Capital and Corporate Governance in High-technology Enterprises under Different Dynamic Environments

YANG Hanyan[1], WANG Xueying[2], YU Yan[1]

(1. Renmin University of China, School of Information, Beijing 100872, China;
2. Beihang University, School of Economics and Management, Beijing 100191, China)

Abstract Based on the resource-based view, this paper develops the "intelligence-governance" model by incorporating intellectual capital with the internal corporate governance and the external environmental dynamism. This study collected data from 538 listed companies that were operated in the computer telecommunication manufacturing industry and the pharmaceutical manufacturing industry in China. The empirical findings show that intellectual capital can significantly enhance the value of enterprises, meanwhile the wholesome corporate governance can strengthen the contribution of intellectual capital for improving organizational value. In a relative-higher dynamic industrial environment, corporate governance will strengthen the enhancing effect of intelligence capital on firm value; while in a relatively stable industrial environment, such an enhancing effect of intelligence capital on firm value will be weakened by corporate governance.

KEYWORDS Intellectual capital, Corporate governance, Environmental dynamism, High-tech enterprises

作者简介

杨涵岩（1997—），女，中国人民大学信息学院研究生，研究方向为高科技企业研究，E-mail：hanyanyang@ruc.edu.cn。

王雪莹（1998—），女，北京航空航天大学经济管理学院博士研究生，研究方向为高科技企业研究，E-mail：xueyingwang@buaa.edu.cn。

余艳（1980—），女，中国人民大学信息学院副教授，研究方向为数字创新、知识管理、IT治理，E-mail：yanyu@ruc.edu.cn。

信息管理与信息系统专业女性学者职业成长研究*

曾紫琳，邓朝华，薛佳欣

（华中科技大学管理学院，湖北 武汉 430074）

摘　要　人类社会中长期存在着性别差异导致的两性分工差异。在科研领域，不论是理工学科还是人文社科，女性学者占比都明显较低。信息管理与信息系统是新兴的交叉性专业，本文基于高校科研人员的公开数据，探究该专业内女性群体的科研活动现状和职业发展规律。结果显示女性学者的占比随着职称晋升逐渐下降，可能与社会对两性不同的形象期待有关。信息管理与信息系统学科中的性别占比差异相对较小，显示出了交叉学科和新兴领域的发展特点。

关键词　女性学者，职业发展，信息管理与信息系统

中图分类号　C931.6

1　引言

人类社会中长期存在着性别差异导致的男女社会分工、家庭分工差异等现象[1]。数据显示，随着科研生涯的发展和职称晋升，性别占比差距逐渐扩大，女性群体占比逐渐降低，女性学者晋升速度较慢、晋升空间较小[2]。尽管女性学者占全球科研人员的 33.3%，但在国家科学院成员中仍只有 12% 为女性，我国女性院士仅占总数的 6%[3]。科研人员的职业发展及性别差异在不同学科中会有不同的体现。有研究指出，在数学、计算机科学、工程学等学科中，女性学者所占比例均不到 20%，性别差异较为明显；而在传统观念里认为女性更占优势的心理学、政治学等人文社科中，女性学者占比也只有 33.4%[4]。信息管理与信息系统（以下简称信管）专业融合了管理学、计算机科学、心理学、经济学等学科内容，对科研工作者的信息工程技术、管理实践能力、综合素质都有着较高的要求。作为典型的交叉专业，该领域的女性学者职业发展可能具有不同的特点。目前科研人员职业发展及性别差异研究、信管类学科人才研究已取得许多成果（见附录）。科研人员职业发展相关研究内容相对完整，研究方法丰富，视角涵盖职位晋升、学术成果、客观环境影响等方面。信管类学科人才研究内容主要集中于信管专业就业人才培养及专业建设模式的定性探讨。女性科研工作者相关研究以宏观描述性统计分析为主，探讨我国女性科研人员群体的发展现状、面临挑战以及国家政策、女性的婚姻和就业问题。但以上研究主题仍存在一定缺口：一是现有对于国内高校女性科研人员群体的研究，较少将社会性别与其科研职业发展相结合展开定量分析；二是现有的人才研究多基于传统学科进行人才激励和学科建设的定性分析，基于现实数据展开的针对交叉学科的人才发展研究较少。

广义上来说，职业成长是指个人在职业认知、职业决策、职业行动方面逐步成熟的过程[5]，包括职业目标进展、职业能力发展、晋升速度、报酬增长速度等方面。对于从事科学研究工作的高校学者而言，职业成长泛指其从事科学研究的发展过程。在此过程中，科研人员的职业认知和选择受到外界激励、自身期望的影响，其学术成果的质量和数量、职称晋升一定程度上代表了其专业水平和学术成

---

* 基金项目：华中科技大学研究生教学研究项目（MS2021015）。
通信作者：邓朝华，华中科技大学管理学院教授、博士生导师，E-mail: zh_deng@hust.edu.cn。

就，是学者职业发展的直观表现。本文将科研人员的职业成长界定为"从获取最高学历（博士学位）开始，科研工作者的职业选择行为以及进入科研职业生涯后职称晋升和科研产出变化的发展过程"，并基于此展开分析。

本文从社会性别视角出发，围绕信管专业中女性学者的职业成长展开研究。以国内部分高校任职的信管专业的科研工作者为研究对象，运用履历分析、文本分析、生存分析等研究方法，基于对现状的综合分析，通过职称晋升对比、科研产出分析，探索信管女性学者的科研活动现状和职业成长是否受到性别差异以及专业独特性的影响，表现出何种规律与特点。

2 研究设计

本文的内容分为三个部分：第一部分总结了信管专业各层级科研人员的性别构成和女博士相关的社会舆论，以分析女性科研工作者面临的现状；第二部分对比分析了信管男女学者职称晋升情况；第三部分分析了信管女性学者的科研产出规律。

整体思路与研究设计图如图 1 所示。首先通过分析不同学术层级科研工作者的整体分布情况的变化，期望发现可能存在的现实问题。再根据整体分析情况，对两个女性占比变化较大的特殊学术层级晋升阶段做出分析：一是采用内容分析的方式探究在读女性科研工作者科研现状，这一定程度上可以表明外界舆论和自身期望对女性科研职业成长的影响，对应学者职业成长中的职业选择行为；二是对信管学者进入科研职业生涯后的职称晋升和科研产出进行生存分析和差异性分析，这对应学者职业成长中在职称晋升和学术成果上的发展情况。在每一部分的分析后，将本文的研究结果与前人基于其他专业的研究进行横向对比，以此说明信管作为一个交叉学科可能存在的特殊性。

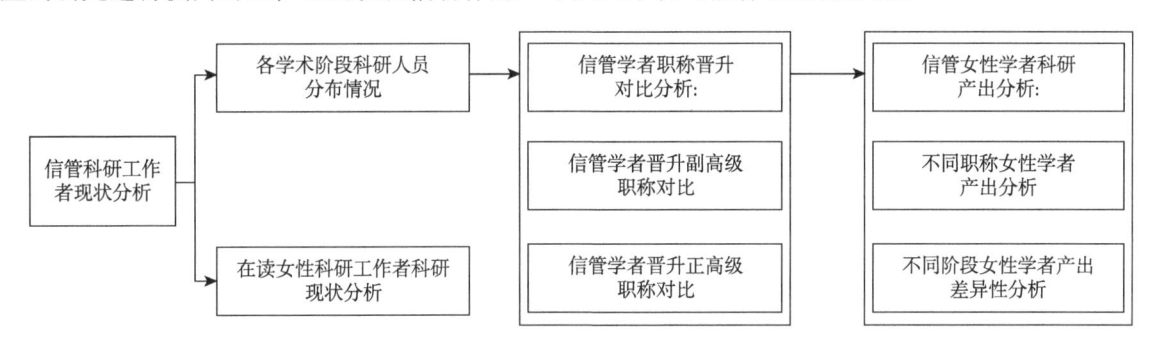

图 1 整体思路与研究设计图

3 信管科研工作者现状分析

随着社会的发展进步和教育体系的优化完善，女性群体在高等教育中的受教育比例逐步升高，已经超过了男性。同时，信管专业的快速发展也使得越来越多的新生力量加入该领域研究团队[6]，女性参与科研活动的比重正在逐年增大。

本文参考 2020 年软科"中国最好学科排名"榜单，选取国内管理科学与工程学科排名前 20 的高校信管专业教师作为整体现状分析的数据样本，并以这些高校的科研人员作为对象进行后续分析。共收集到 609 位任职学者的公开数据，其中女性 200 人，包括 55 位女性教授，74 位女性副教授，71 位女性讲师（含助理教授）。由于研究生数据获取困难，选择华中地区某两所高校的信管专业研究生新生入学数据作为代表，其中女性占比 52.08%。具体分布情况如表 1 所示。

表 1 各学术层级科研人员人数及女性占比分布情况

项目	研究生	任职学者	副教授	教授
女性人数	75	200	74	55
男性人数	69	409	161	205
女性占比	52.08%	32.84%	31.49%	21.15%
总人数	144	609	235	260

2018年统计数据显示[7]，女性群体占我国硕士总人数的51.18%，占博士总人数的40.37%。结合所有学科的男女比例数据来看，信管专业研究生中的女性占比略高于整体水平。由表1可知，一方面，在进入职业生涯前的研究生群体中，女性以52.08%的占比略占优势，而在实现研究生到学者身份转变后，女性所占比例大幅下降至32.84%，表明相较于男性研究生，更少的女性研究生在毕业后选择入职高校，踏入科研职业生涯。另一方面，进入职业生涯之后，随着科研职称的晋升，女性群体的占比也呈现下降趋势，表明女性科研人员在职业发展中可能会遇到更多的挑战。从包括讲师在内的学者群体与副教授群体的数据来看，女性学者在这两个群体中的占比差距较小；在从副教授晋升至教授之后，女性学者占比明显下降，从31.49%降至21.15%。

此外，本文还总结了排名前5或前10的国内高校学者中女性占比、职称构成的情况。由表2可以看出，在排名较高的高校中，女性学者的占比进一步下降，前10、前5院校中女性学者的占比分别为26.43%和24.83%，进一步说明了在较高层次的学术圈中性别差异进一步扩大。

表 2 前5、前10高校及全样本学者女性占比和职称构成情况表

项目	学者	副教授	教授
前5	24.83%	25.81%	16.90%
前10	26.43%	26.13%	19.85%
全样本	32.84%	31.49%	21.15%

表1科研工作者的分布情况表明，从研究生到高校学者、从副教授到教授两个学术层级晋升阶段中女性占比下降最为明显，前者意味着在科研工作者的职业选择方面可能存在男女差异，相比于男性，有较少的女性进入较高平台的科研职业生涯。因此，为了探究从研究生到高校学者学术层级晋升阶段中女性占比下降明显的原因，本文拟分析在读女性科研工作者面临的科研现状。

知乎是一个在诸多领域具有关键影响力的知识分享社区和原创内容平台，用户男女比例接近1:1，绝大部分用户有本科及以上学历，在知识营销方面影响深远[8]，适合作为本文的样本。

在知乎中检索"女博士"相关话题，其关注用户数量为5 520个，问题数量为2 339个，精华内容1 000个。知乎中的问题均由用户根据需要自主提出，可以在较大程度上反映出用户对女博士群体希望了解和讨论的议题。采用Python程序爬虫获取话题网页内显示的全部问题，以该话题内"讨论"栏的"问题""专栏文章"类回答和"综合"栏下的所有回答为数据集。经过去重处理，获得251条有效数据作为文本分析的问题样本。根据标题内容侧重点不同，本文将"女博士"关键词下回答的主题分为学业生活、就业前景、人际与择偶、婚姻家庭、身份认同、颜值身材六大类，不属于以上任一分类的主题归为"其他"。"女博士"话题下问题样本占比基本情况如表3所示。

表 3　内容分析数据基本情况

话题分类	文章类型			
	回答	专栏文章	综合	总计
人际与择偶	9	4	58	71
身份认同	3	10	37	50
学业生活	19	7	19	45
就业前景	7	9	26	42
婚姻家庭	3	4	13	20
颜值身材	1	5	6	12
其他	3	6	2	11
总计	45	45	161	251

由表3可知，在"女博士"话题的回答中，"人际与择偶"方面的内容占最高比例，大量话题关注女博士找对象的问题，普遍认为女博士因为学历过高而难以找到合适的恋爱对象，或认为女博士醉心科研而不善人际交往。"身份认同"也是女博士群体关注较多的主题，其讨论的重点主要在于女博士群体本身对于定位、专业能力、读博选择、科研心路的探讨，以及社会固有观念下对女博士特殊定位的讨论，如把女博士称为"第三类人"等。"学习生活"和"就业前景"是两个联系非常紧密的话题，受到的关注度相近，分别占全部问题比例的18%和17%，表现了女博士群体对于提高自身竞争力和未来发展方向的关注。"婚姻家庭"类主要是讨论女性结婚后"妻子""母亲"等身份对其科研生活的影响，其中"生孩子"相关问题最多，很多女博士担心生育会给自己的科研道路带来较大的压力，需要慎重考虑。"颜值身材"类内容也有5%的占比，大众通常认为女博士是一个不重视外在的群体，当越来越多外在形象良好的女博士出现在视野中，人们会对她们的专业能力产生怀疑并进行议论。

整体来说，对女性科研工作者而言，社会舆论对其"博士"身份下科研能力的关注程度不及对其女性附加身份（如交往对象、妻子、母亲、漂亮女人等）的关注度，女性科研人员可能面临着比男性更大的社会争议与家庭工作冲突，这可能是导致在从研究生向高校学者学术层级晋升的过程中女性科研工作者占比骤降的原因之一。

本文通过分析女性科研工作者面临的科研社会现状，探究在职业选择阶段的男女差异。除此之外，科研工作者分布情况还表明，在从副教授晋升到教授的过程中，女性学者占比也有较大的下跌，这意味着除了职业选择之外，进入高级职称后的晋升阶段女性也可能面临着较大的困难和挑战。因此，通过基于职称晋升和科研产出分析来探究女性学者的职业发展是有必要的。

4　信管学者职称晋升对比分析

职称与科研人员的职业生涯成长轨迹息息相关，它不仅仅是一个称号，更是专业水平和学术成就的象征。职称晋升贯穿科研人员职业发展的整个过程，一般来说，学者的职称进阶会依次经历助教、讲师、副教授（副研究员）、教授（研究员）等几个阶段，其中副教授和教授属于高级职称，代表了较高水平的综合能力、工作经验、学历背景和业绩成果。

本文采用Kaplan-Meier分析方法，分析国内管理科学与工程学科排名前20高校中信管学者职称晋升上的性别差异。有研究表明，拥有高学历的科研人员在接受教育的过程中，攻读博士学位对他们的成长影响最大[9, 10]；科研人员取得博士学位和教师晋升副教授、教授均为其职业发展生涯中的重要时间阶段，徐芳等曾界定这三个阶段作为起始事件研究博士后经历对科研人员职业发展的影响[11]。因此，本文以学者获得自身最高学历（绝大部分为博士学位）的年份作为时间起始点，以其拿到第一个高级职称的时间为年限，以性别作为划分比较因子，对不同性别的信管学者从最高学历（博士）晋升到副高级职称（副教授或副研究员）、最高学历（博士）晋升到正高级职称（教授或研究员）两个重要阶段的职称变化过程进行分析。该部分的研究内容分为信管学者晋升副、正高级职称对比两个部分。

4.1 信管学者晋升副高级职称对比

对学者公开信息进行收集整理，并剔除信息不完全的个例后，得到晋升副高级职称分析样本共 181 名学者，其中副教授职称 85 人，教授职称 96 人，女性 53 人，男性 128 人，性别分布如表 4 所示。

表 4 晋升副高级职称样本数据构成情况表

项目	副教授	教授	总计
女性	32	21	53
男性	53	75	128
总计	85	96	181

使用 SPSS 软件进行 Kaplan-Meier 生存分析并绘制生存函数曲线。横轴表示样本学者从获得最高学历（博士）到晋升至副高级职称（副教授）所需时间，纵轴表示累积生存函数值，即当前年限未晋升学者的占比。在分析之前已经剔除了未达到副高级职称的样本，故该生存函数图中不存在删失个案。由晋升副高级职称生存函数图（图 2）可以看出，在 181 名有效样本中，有相同比例的男女性学者在博士毕业 1 年之内晋升为副教授；男性学者晋升至副高级职称的年限的最大值为 15 年，高于女性学者的 12 年；在晋升的过程中，女性学者生存函数曲线的下降趋势整体上要慢于男性学者，意味着男性学者有着更高的生存风险率，即有更短的"存活期"，能更快进入下一职称阶段。

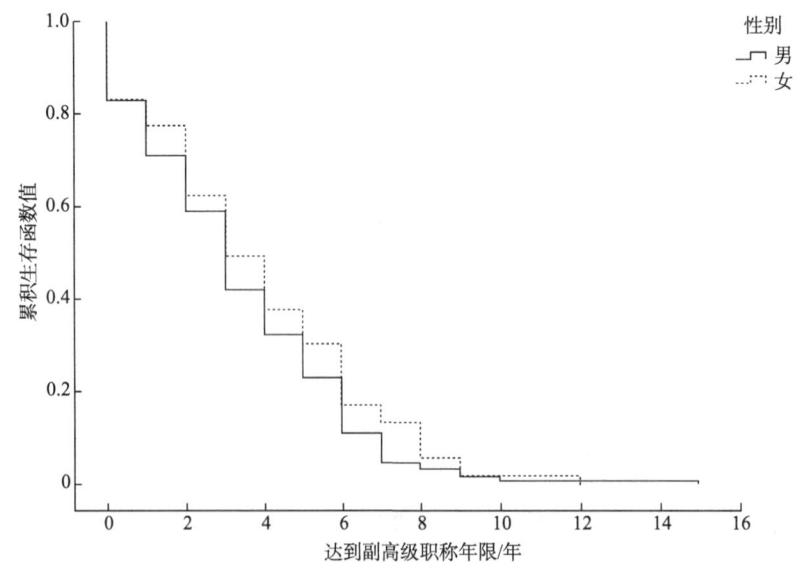

图 2 晋升副高级职称生存函数图

男性学者达到副高级职称的年限平均数为 3.339 年，女性为 3.811 年，晋升速度略低于男性；生存分析中中位数比平均值更能反映出样本生存率的变化情况，而男女学者晋升年限中位数均为 3.000 年；进一步分析生存表 5 可知，Kaplan-Meier 分析的 Log Rank 检验结果为 p=0.250，大于 0.1，表明样本中信管学者在晋升副高级职称的过程中不存在显著的性别差异。

表 5　晋升副教授生存分析等同性检验总体比较表

检验方法	卡方	自由度	显著性
Log Rank（Mantel-Cox）	1.322	1	0.250
Breslow（Generalized Wilcoxon）	0.895	1	0.344
Tarone-Ware	1.185	1	0.276

4.2　信管学者晋升正高级职称对比

对学者公开信息进行收集整理，并剔除信息不完全的个例后，得到晋升正高级职称生存分析样本共 129 名学者，均为教授职称，其中女性 33 人，男性 96 人。

同理进行 Kaplan-Meier 生存分析并绘制生存函数曲线。横轴表示信管学者从获得最高学历（博士）到晋升至正高级职称（教授）所需时间，纵轴表示累积生存函数值，即当前年限未晋升学者占比。在分析之前已经将未达到正高级职称的样本剔除，故该生存函数图中仍不存在未晋级而退出的删失个案。由晋升正高级职称生存函数图（图 3）可以看出，在有效样本中，有更高比例的女性学者在职业发展初期先获得正高级职称，但随着职业生涯的发展，男性学者生存曲线下降趋势整体上快于女性，生存风险更高，即男性学者比女性学者有着更快的正高级职称晋升速度；样本中男女学者晋升至正高级职称的年限的最大值相等，均为 21 年。

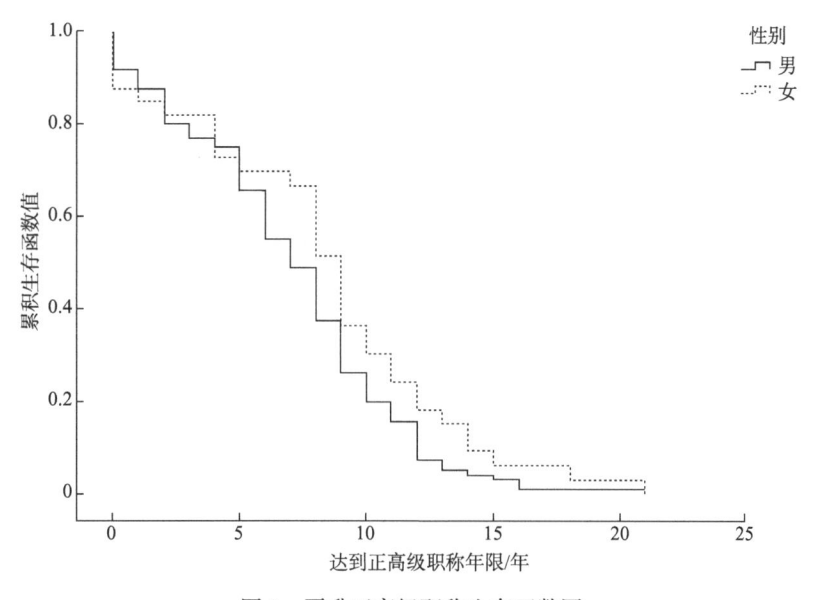

图 3　晋升正高级职称生存函数图

男性学者达到正高级职称的年限平均数为 7.052 年，女性为 8.273 年；男性学者晋升年限的中位数为 7 年，女性为 9 年，不管是从平均数还是中位数来看，女性学者的晋升速度均低于男性；进一步分析生存表 6 可知，Kaplan-Meier 分析 Log Rank 检验结果为 p=0.109，略大于 0.1，表明样本中信管学者在晋升正高级职称的过程中存在一定性别差异，但差异在统计意义上不显著。

表 6　晋升教授生存分析等同性检验总体比较表

检验方法	卡方	自由度	显著性
Log Rank（Mantel-Cox）	2.428	1	0.109
Breslow（Generalized Wilcoxon）	1.546	1	0.204
Tarone-Ware	2.059	1	0.151

前文分析表明，两个晋升阶段中男性学者的晋升速度均快于女性学者。对比晋升副、正高级职称生存函数图，后者中男女学者的生存曲线差距相对更明显，说明随着职称晋升难度的提升，男女学者之间的差距有所扩大。根据男女性学者职称晋升年限对比表（表 7）也可看出男女学者向更高阶职位晋升的时间差距由 0.5 年扩大至 2 年，女性需要更多的时间去向更高阶职位晋升。

表 7　男女性学者职称晋升年限对比表

性别	获得博士学位→副高级	获得博士学位→正高级
女性	3.811	8.273
男性	3.339	7.052

总的来说，男女学者在职称晋升道路上存在一定的差异，女性学者职称晋升总体相对较慢，生存风险较低，这种差异在统计意义上不显著。随着科研层级的升高，女性学者与男性之间的差异逐渐增大，这可能与科研社会资本的积累及女性的社会家庭分工有关。该结论与大部分其他学科领域的研究结果相似，与马瑞[12]对经济学和计算机科学领域学者以及徐芳等[11]对免疫学学者的研究结果相比，信管女性学者在职位晋升速度上表现出相近的竞争力，男女差距相对其他学科不明显。这一定程度上体现了信管专业的特殊性：新兴交叉学科研究内容宽泛，研究问题新颖，科研资本起点相对平等，女性学者可能有更大的发展空间。

5　信管女性学者科研产出分析

在从副教授晋升到教授的过程中，女性学者占比有较大幅度的下跌，意味着这一晋升阶段女性可能面临着更大的困难和挑战，副教授和教授的职业发展也可能存在一定差异。论文发表数量是衡量科研人员生产力的直观指标，不同职称、不同职业阶段学者的科研产出差异一定程度上会影响其职位和晋升、反映职业发展规律。本文基于不同职称女性学者在本科毕业后至今 40 年之内的历年论文发表数据，分析其职业生涯各阶段产出能力的差异性，探究学者成长过程中各阶段的特点和女性学者在职位晋升过程中占比逐渐下降的可能原因。该部分的研究分为不同职称女性学者之间的产出对比、女性教授不同阶段的产出差异性比较两个部分。

5.1　不同职称女性学者产出分析

选取样本高校中信管专业的教授、副教授作为研究对象，分析其历年科研产出数量的变化及表现差异。以国内排名靠前重点高校的学者为研究对象，人员简历信息获取难度相对较小，且其科研生涯较长，有足够的空间展开较完整分析。

学者历年的科研产出数据主要源自 Web of Science 数据库和中国知网数据库。Web of Science 是全球最负盛名的引文数据库之一，收录了各学科绝大部分英文期刊和 100 余种中文期刊。考虑到研究对象中部分老教授早年成果产出以中文文献为主，故引入中国知网数据库作为中文文献数据的补充，并相应地在 Web of Science 数据库中排除"中文科学引文数据库"中的文献，从而相对准确且全面地估计每位学者的历年产出数量数据。

经过对公开信息的收集整理，并删除信息缺失严重及职业生涯较短的个例，得到 40 名信管专业教授和副教授职称女性学者的科研产出数据，其中教授 18 人，副教授（副研究员）22 人，其平均发文篇数为 49.97 篇，本科毕业至今平均年限为 26.18 年，年平均发文篇数为 1.76 篇。样本内学者产出基本情况如表 8 所示。

表 8　女性教授和副教授产出基本情况

项目	平均总发文篇数	年限	年平均篇数
教授	78.22	30.83	2.42
副教授	25.76	22.19	1.19
加权平均	49.97	26.18	1.76

选择被数据库收录的论文数量作为学者生产力的评估指标，将样本内学者本科毕业时间作为起始点，以其本科毕业截至 2021 年的时间段为研究期限，剔除职业生涯年限不足 10 年的学者，对于职业生涯超过 40 年的学者只取前 40 年数据，将样本内学者的职业生涯以 5 年为一个时间窗划分为若干阶段，随着从业年限的增长，样本内每一个时间窗的学者数量是动态变化的，以每一个时间窗内实际样本数量计算均值，分析样本学者在各个阶段生产力的变化规律。各阶段产出情况如表 9 所示。

表 9　女性教授和副教授各阶段产出情况

职称	一	二	三	四	五	六	七	八
女性教授	0.67	2.28	5.61	17.17	24.36	24.10	18.97	15.45
女性副教授	0.95	3.86	8.31	9.50	8.89	5.13	9.04	2.10

注：各时间段下数据表示各阶段成果产出总数量（篇）

由表 9 可知，整体上教授样本的发文数量明显高于副教授样本。以本科毕业时间为起始点，在往后的三个时间窗（15 年）内，样本信管学者的发文数量呈现上升的趋势，其中前 10 年产出量较少。

教授群体的产出高峰期在其本科毕业后的第五个时间窗，即本科毕业后的 20~25 年。以 22 岁为本科毕业年龄，可估计 42~47 岁为信管女性教授的黄金产出年龄，这个阶段的学者经过多年的科研探索和经验积累，有较高的科研活力，平均每年的论文发表数量达到 4.6 篇。前人研究表明女性科研能力的突出时期为 40 岁左右[13]，本文使用信管学者的数据印证了前人结论，表明即使不同学科的科研道路存在一定差异，信管领域女性学者的职业发展规律仍与大多数学科基本保持一致。

副教授在本科毕业后 15 年内的发文数量略大于教授，且原始数据表明有越来越多的年轻学者在其在读阶段就已有一定数量的论文产出。这可能与近年来信管专业的快速发展有关。样本中教授群体的职业生涯年限比副教授群体长将近 9 年，表明副教授样本的前两个时间窗对应的自然时间要比教授样本晚 9 年，对应 20 世纪末 21 世纪初世界科技飞速发展的时期。一方面，科技成果的大量涌现使得大多数学科的科技论文数量呈现快速增长趋势[14]；另一方面，电子技术快速进步，信管领域随之有了较大的科研进展，年轻的副教授们在她们的前 10 年比当年的教授有更多发表论文的机会。

相对于副教授，教授在科研生涯的后期更具科研活力。除去科研年限造成的影响，一方面，教授处于本专业的更高科研层级，有着更大的影响力，需要付出更多精力投身科研；另一方面，职称高低一定程度上反映了学者科研能力的强弱，更强的科研能力使得教授在职业生涯后期仍能保持较高的产出水平。

5.2 不同阶段女性学者产出差异性分析

为了解女性科研人员在职业生涯不同学术阶段表现的差异，对样本中女性教授本科毕业 40 年内的学术产出表现变化进行方差分析。由于只有少数样本学者的职业生涯年限达到了 40 年，故分析时只选取了前 7 个时间窗。使用单因素分析法对样本数据进行方差检验，检验结果表明数据的方差不齐，因此采用 Aspin-Welch 检验来判断各阶段之间的差异性是否显著。结果如表 10 所示。

表 10 教授职称学者各阶段产出差异分析

时间段	一	二	三	四	五	六	七
一		0.885	0.123	0.000***	0.000***	0.000***	0.095*
二			0.994	0.000***	0.000***	0.003***	0.929
三				0.060*	0.005***	0.238	0.998
四					0.999	0.999	0.372
五						0.979	0.620
六							0.708

*表示在 $p=0.1$ 级别相关性显著，***表示在 $p=0.01$ 级别相关性显著

结果表明，第四、五、六阶段的科研生产力与第一、二阶段有显著差异，第三阶段与第四、五阶段有显著差异，其他阶段之间差异不明显。结合样本学者从本科到获得最高学位的平均年限 8.6 年及最高学位到获得副高级职称的平均年限 3.5 年，在本科毕业后的 12 年内，科研工作者基本上处于学习和初入科研职业行业的阶段，差异性分析表明前三个时间窗（即 15 年）间的论文产出没有显著差异，可以将这三个时间窗划分为一个整体阶段来描述。同理，第四、五、六、七个时间窗内的差异性不显著，可以将后 20 年作为一个整体阶段来描述。

结合产出分析数据，在本科毕业后的 35 年内，样本学者后面的 20 年产出水平要显著高于前 15 年。由前文可知，样本学者从获取最高学历到获取正高级职称的平均年限约为 8 年，这意味着学者获取正高级职称时对应其本科毕业后的 17 年，同样处于第四个时间窗。因此本科毕业后的第四个时间窗（即 15~20 年）可能是女性学者职业道路上一个比较关键的节点：在此之前处于科研资本积累阶段；在此阶段保持较旺盛的科研活力，科研成果产出量快速增长；在此之后学者有更高的学术能力以及工作经验和人脉资源的积累，科研生产力将迈上一个新的台阶，并在随之而来的第五个时间窗里达到其职业生涯中的产出高峰。

6 讨论与结论

本文基于高校科研人员的公开数据，探究信管这一新兴交叉专业内女性群体的科研活动现状和职业发展规律。从宏观角度分析当前国内信管学科各层级科研人员的性别构成，发现随着学术层级的增高，女性学者所占比例逐渐下降，性别占比差异逐渐增大，特别是在职业生涯开始前的职业选择（从科研工作者到高校学者）和职称晋升（从副教授到教授）两个阶段，女性所占比例下降较为明显。在学术圈中性别差异依然存在并将随着学术层级的增高而扩大。女性科研工作者面临的家庭工作矛盾、自我认知矛盾和社会舆论压力一定程度上体现了性别不平等现象给其带来的负面影响，可能是造成职

业发展选择上性别差异的原因之一，更少的女性科研工作者选择进入更高科研层级，使得在从研究生到高校学者的过程中女性占比下降。

基于对现状的综合分析，通过职称晋升对比、科研产出对比探究女性学者职业发展特点及其在行业中代表性较低的可能原因。在职称晋升方面，对比不同性别的科研人员晋升副、正高级职称的年限，发现整体上男性学者比女性学者晋升速度快，这种差异在晋升副高级职称的过程中统计意义上表现不显著，随着科研层级的升高，差异在晋升正高级职称的过程中逐渐增大。可能的原因是，一方面，长期以来男性处于学术界的主导位置，女性学者代表性相对较低，在"科研社会资本"积累处于劣势的情况下，女性相对更容易受到歧视与骚扰、更难获得学术职业认同[15]；另一方面，由于社会分工、家庭分工、生理特征等差异的存在，女性可能面临着比男性更大的家庭、生育压力，这会分散女性的科研精力，使得女性学者晋升速度较慢、晋升空间较小。与前人基于其他学科的研究结果相比，信管学者在职称晋升方面体现出来的性别差异相对较小，这可能与信管是一个年轻的交叉学科有关。在近年来创新驱动发展和教育平等的新环境中，男女性有着相对平等的教育机会和科研资本起点；信管专业涵盖范围大，研究内容灵活，女性科研工作者有着更大的发展空间。

在科研产出方面，探究不同职称女性学者职业生涯中生产力变化规律及其职业发展不同阶段之间的差异性。分析结果发现总体上女性教授的平均产出数要大于副教授，在中后期有更持久的科研活力；副教授群体在其本科毕业的早期产出效率整体略高于教授群体。女性学者产出水平不仅与其本身科研能力的高低、工作经验的积累有关，也会受到时代变化和学科发展的影响。21世纪电子技术的进步带动信管学科的发展，科技成果的大量涌现使得论文数量呈现快速增长趋势，有越来越多的年轻学者在其求学阶段就有一定科研产出。差异性分析还表明，本科毕业后的15~20年可能是女性学者职业生涯的一个关键阶段，在此之前处于资本积累阶段，此阶段科研生产力增长较快，在此之后将迎来生产力高峰期，这与前人研究女性科研能力的突出时期为40岁左右的结论一致[13]。在迎来科研产出高峰的职业发展前期，女性往往进入生育、抚养子女的关键时期，承担着较大的家庭和社会责任，生育和工作的互扰会严重分散女性的科研时间和精力[16]，导致女性在职业发展黄金时期表现出相对男性较弱的职业竞争力和发展能力，加剧了科研职业发展中的性别差异。

研究结果表明，信管科研人员的职业发展规律大部分与前人以其他学科为例的研究规律一致，但信管专业科研人员在职业道路上表现出来的性别差异相对较小。文章结论显示了信管类交叉学科和新兴领域的人才发展特点，可以从国家政策、专业建设、个人成长方面提出针对性的现实建议。针对女性学者面临的科研困境，国家和社会应该采取合理措施，引导正确价值观、鼓励大众传媒发挥积极正面的宣传作用，为女性学者构建安全的、支持性的科研环境，在合理范围内提供一定职业资源支持，减轻由家庭、生育、不公正待遇等带来的负面影响。信管学科的发展及其人才培养应该紧跟时代的变化，意识到女性科研人员是信管学科中的重要组成部分。女性学者应该坚定走在科研职业道路上的信念与信心，提高自我认同感、职业认同感，把握好本科毕业后15~20年的关键阶段，保证科研精力和时间的投入，注意科研成果与时代接轨，重视向更高学术层级的晋升。

本文的创新性体现在补充了当前对新兴交叉学科及女性学者职业成长相关研究的空缺。首先，将研究对象聚焦于信管专业的科研人员，是以交叉学科为例的人才发展定量研究。其次，将社会性别和科研职业成长相结合，聚焦女性学者和性别差异，基于现实数据展开信管女性职业成长分析，同时将科研工作者职业生涯开始前的职业选择纳入职业成长的界定范围，扩大了研究范围，更全面完整地描述和分析了女性学者的职业成长及其科研现状。

科研人才的职业成长是一个复杂的过程，学科专业、教育经历、社会环境等都可能给科研人员的职业发展带来差异，不同地区的教育资源、文化风俗、性别平等情况也可能对女性学者的职业发展造成影响。本文仅聚焦信管专业的科研人员展开分析，对于女性学者职业发展的研究仍有许多有潜力的方向，未来可以将研究范围扩展到其他学科领域并进行学科间的横向对比，推广到其他类似专业，形成一般性规律；可以深入分析地域差异、高校类型（如理工类大学、综合性大学）等环境因素以及机构流动、海外访问等个人经历因素对女性科研人员的职业成长的影响。

参 考 文 献

[1] 张丹. 教师的性别差异与学生发展[D]. 华东师范大学硕士学位论文, 2009.

[2] van Arensbergen P, van der Weijden I, van den Besselaar P. Gender differences in scientific productivity: a persisting phenomenon?[J]. Scientometrics, 2012, 93（3）: 857-868.

[3] 何蒙. 女科学家仍然面临性别偏见[N]. 中国妇女报, 2021-02-24（7）.

[4] Huang J, Gates A J, Sinatra R, et al. Historical comparison of gender inequality in scientific careers across countries and disciplines[J]. Proceedings of the National Academy of Sciences of the United States of America, 2020, 117（9）: 4609-4616.

[5] 教育学名词审定委员会. 教育学名词[M]. 北京: 高等教育出版社, 2013.

[6] 谢天保, 白笑笑. 大数据环境下信息管理与信息系统专业就业需求的变化及人才培养模式研究[J]. 中国大学生就业, 2018,（16）: 58-64.

[7] 教育部. 2018 年全国教育事业发展统计公报[EB/OL]. http://www.gov.cn/guoqing/2019-07-30/content_5241529.htm, 2019-07-24.

[8] 艾瑞咨询. 2018 年中国知识营销白皮书——以知乎为例[EB/OL]. https://www.docin.com/p-2116629271.html, 2018-06-29.

[9] 朱克曼 H. 科学界的精英——美国诺贝尔奖金获得者[M]. 周叶谦, 冯世则译. 北京: 商务印书馆, 1979.

[10] 李晓轩, 牛珩, 冯俊新. 科研拔尖人才的成才规律与启示[J]. 科学学研究, 2004,（3）: 273-277.

[11] 徐芳, 周建中, 刘文斌, 等. 博后经历对科研人员成长影响的定量研究[J]. 科研管理, 2016, 37（7）: 117-125.

[12] 马瑞. 国内杰出科研人员成长轨迹与影响因素的性别差异分析[D]. 山西财经大学硕士学位论文, 2021.

[13] 李志红, 林佳甜. 女科学家群体比较研究——以获诺贝尔自然科学奖的女科学家和中科院女院士为例[J]. 自然辩证法研究, 2020, 36（8）: 109-115.

[14] 张丽华, 吉璐, 陈鑫. 科研人员职业生涯学术表现的差异性研究[J]. 科研管理, 2021, 42（5）: 182-190.

[15] 汪卫平, 袁晶, 杨驹, 等. 女性读博的满意度真的更低吗？——基于《自然》2019 年全球博士生调查数据的实证分析[J]. 高教探索, 2021,（7）: 47-56.

[16] 陈万思, 陈昕. 生育对已婚妇女人才工作与家庭的影响——来自上海的质化与量化综合研究[J]. 妇女研究论丛, 2011,（2）: 40-49.

Research on the Career Growth of Female Scholar in the Field of Information Management and Information Systems

ZENG Zilin, DENG Zhaohua, XUE Jiaxin

(School of Management, HUST, Wuhan 430074, China)

Abstract Differences in the division of labor caused by gender differences have long existed in human society. In the field of scientific research, whether it is science and engineering or humanities and social sciences, the proportion of female scholars is significantly lower. Information management and information systems is an emerging interdisciplinary subject. Based on the public data of university researchers, this study explores the current status of scientific research and the law of career development of female groups in this subject. The results show that the proportion of female scholars gradually declines with the promotion of professional titles, which may be related to the different social image expectations of the sexes. The gender difference in the disciplines of information management and information systems is relatively small, showing the development characteristics of interdisciplinary and emerging fields.

Keywords Female scholars, Career development, Information management and information systems

作者简介

曾紫琳（2000—），女，华中科技大学管理学院硕士研究生，研究方向为信息管理、管理系统模拟。

邓朝华（1981—），女，华中科技大学管理学院教授、博士生导师，研究方向为信息管理、医疗健康大数据，E-mail：zh-deng@hust.edu.cn。

薛佳欣（1997—），女，华中科技大学管理学院博士研究生，研究方向为在线医疗、健康行为。

附录：文献综述总结表

主题	作者	年份	研究方法	主要研究内容	主要结论
科研人员职业发展及性别差异相关研究	Kristoffer Rørstad	2015	回归分析	探究科研人员的性别、年龄和学术地位对论文发表的影响	性别因素的影响低于年龄和学术地位，未起到主要作用
	周建中	2019	事件史分析法	研究国内科研人员职业生涯成长轨迹与影响因素	科研人员职业生涯成长过程中的"累积效应"明显
	Junming Huang	2020	计量统计分析	统计全球150万余名作者的完整科研产出历史成果	全面展现不同国家和学科中数据上的纵向性别差异及差异的历史变化
	张宁	2020	履历分析、假设分析	分析科研人员流动频次、回流倾向、流动时期选择的性别差异	男女科研人员在流动频次上有显著差异
	马瑞	2021	履历分析法	分析国内杰出科研人员成长轨迹与影响因素的性别差异	女性科研人员角色定位处于劣势
	崔林蔚	2021	文献分析法	科研人员科研产出及影响力性别分层的研究进展	产出和影响力的性别分层现象分别为较显著和有较大争议
	Ruomeng Cui	2021	回归分析	研究疫情防控对社会科学领域男女学术研究生产力的不同影响	疫情防控的居家办公模式对于女性学者的科研产出有更大负面影响
女性科研工作者相关研究	Arensbergen	2012	计量统计分析	分析荷兰社会科学家论文数量、被引次数的性别差异	学术性别差异逐渐减小，女性学者的论文数量表现优于男性
	李志红	2020	计量统计分析	分析诺贝尔女得主和中国科学院女院士的成长道路	内在精神与外部环境对女科学家成长都有重要影响
	汪卫平	2021	问卷调查	以满意度视角考察女性读博压力问题	女博士有较低的读博满意度
	高瑾	2022	社会网络分析法	分析数字人文领域内不同性别作者的合著网络	合著网络中女性学者扮演重要角色，充当学术交流的桥梁
信管类人才及产出相关研究	徐宗本	2014	定性分析	总结分析大数据驱动的管理与决策的前沿课题	
	徐芳	2016	生存分析法	探究博士后经历对免疫学、管理科学科研人员职业发展的影响	单位性质和流动频次对管科学者的成长有显著影响
	刘俊婉	2017	计量统计分析	探讨《科研管理》期刊中作者论文生产力和影响力的性别差异	生产力和影响力存在年龄、性别、合著组合等多方面的差异
	崔春生	2021	定性分析	基于新工科发展背景分析信管专业的发展现状和人才需求	从学科建设、人才培养等多个方面提出了政策意见

民族地区智慧城市建设水平评价研究
——以青海为例

张兴年，唐诗瑶

（青海民族大学政治与公共管理学院，青海 西宁 810007）

摘　要　智慧城市作为一种以信息、技术、知识等创新要素为驱动型因素的城市治理模式，对于民族地区经济发展与社会转型具有深远意义。本文从系统论的视角出发，对以往研究中的智慧城市评价研究指标进行统计分析和筛选优化，构建出能够反映民族地区智慧城市建设水平的评价指标体系，通过对各指标的分析和梳理，对民族地区智慧城市发展的影响因素初步形成定量和定性分析的基础，以期为民族地区智慧城市的全面可持续发展提供参考依据。

关键词　民族地区，智慧城市，评价体系

中图分类号　C93

1 引言

当前国内国际形势面临着新变化和新挑战，党中央积极应对世界百年未有之大变局和当前国内外经济形势变化，提出构建以国内大循环为主体、国内国际双循环相互促进的新发展格局。构建国内国际双循环的根本在于立足内需，而城市化将会是最大的内需增长引擎。"十二五"以来我国城市化进程加快，城市化率正在以平均每年1.42%的速度增加，大量人口快速向城市集中，其中蕴含着巨大的经济发展潜力，但同时城市也变得不堪重负。与此同时，代表着新兴生产力的大数据、物联网、云计算等信息技术崛起，城市增长的驱动型因素也由劳动力、资本、土地等传统增长要素逐步向信息、技术、知识创造力等创新要素转移，智慧城市应运而生，为城市的运转添加了更多活力和智慧，这一新兴城市治理模式对于城市乃至于地区经济发展和社会转型具有深远意义。

我国是一个多民族的国家，民族地区的城市建设发展对于整个国家的社会、经济、政治、文化具有举足轻重的影响。青海是一个有众多少数民族人口聚居的省份，地处我国西部边远地区，作为我国重要的资源供给地，青海产生了一定数量的现代化城市，不过由于一些历史及现实因素，这些地区基础设施落后，城市发育水平较低。青海省委、省政府深刻践行"坚持生态保护优先、推动高质量发展、创造高品质生活"的重要战略，"一优两高"战略的内核与智慧城市建设中提高居民生活质量、提升市民幸福感的核心观念不谋而合，由此可见智慧城市建设蕴含了扩大内需、创新供给的巨大潜力，对民族地区高质量发展具有重要意义。目前国内学者对于智慧城市的研究通常都是以东部地区的发达城市作为研究对象，民族地区在智慧城市的研究和建设方面较于东部地区相对滞后，因此提出一套适用于民族地区的智慧城市评价指标体系势在必行。

本文以青海省作为研究对象，结合民族地区自身的经济文化水平、基础设施建设、人力资源储

通信作者：唐诗瑶，青海民族大学政治与公共管理学院城市管理专业硕士研究生，研究方向为城市管理、新型城镇化，E-mail：924528546@qq.com。

备、城市居民诉求等，力求建立一套能够客观准确反映民族地区智慧城市建设水平的评价指标体系，为民族地区智慧城市的高质量发展提供参考。

2 智慧城市建设水平评价研究背景

2008年，IBM公司提出"智慧地球"的理念，随后逐渐发展成为"智慧城市"并迅速形成21世纪全球城市发展的新模式。"智慧城市"愿景是指通过集成城市中各个职能部门的现有资源，采用监测、集中、分析及其他智能化响应手段，实现城市的智慧型管理，在保证城市可持续发展的基础上促进城市和谐发育，从而为城市居民创造更加智慧宜居的都市生活环境。相对于国外对于智慧城市偏重智能化的理解，我国更关注整体性的规划，把居民福祉摆在第一位。中国智慧城市论坛主席成思危提出，智慧城市是将人的智慧与科技手段相结合，必须以人为基础，以土地为载体，以信息技术为先导，以资本为依托，缺一不可。随着信息技术发展和人类认知水平的不断提升，智慧城市的内涵也在不断更新和丰富。

2.1 智慧城市评价研究热点分析

本文对智慧城市评价体系研究的总结整理采用以Citespace为基础的文献分析方法，基于CNKI学术期刊高级检索功能，以2010年至2021年为时间跨度，限定主题词"智慧城市"与"评价"，检索得到933条结果，手动筛选剔除其中的无关无效文章，最终选定261篇有效文献，其中期刊论文223篇、硕士学位论文32篇、博士学位论文6篇。运用Citespace软件对这261篇文献进行图谱量化（图1），通过可视化分析出智慧城市评价研究的研究热点和共性话题，为后续评价指标构建提供重要参考。

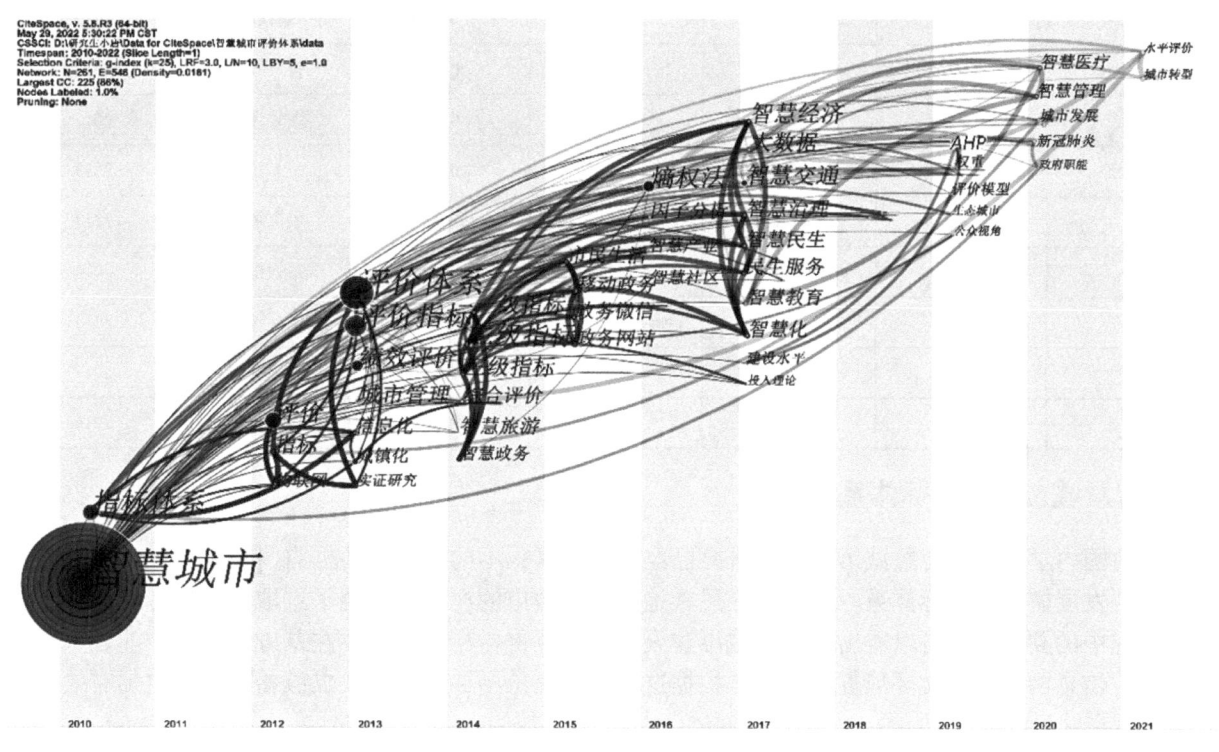

图1 智慧城市评价研究关键词共现图谱

关键词共现图谱中的每一节点代表不同的分析对象，即关键词，图谱节点主要以出现频次及中心性两个指标来反映分析对象的影响力和重要程度。节点上的年轮环越粗，表示在该时间节点该关键词出现的频次越多，连线越粗代表二者联系的紧密程度越高；中心度和频次高的关键词代表某一段时间内学者关注的问题，即研究热点。

结合高频高中心性关键词词频表来看（表1），智慧城市评价研究中关注度较高的关键词除智慧城市和评价体系外，还有绩效评价、大数据、智慧社区、因子分析、信息化、智慧交通等，这些高频出现的关键词涵盖了智慧城市评价的内容研究、现状研究、载体研究等多个方面，在后续的民族地区智慧城市评价体系构建过程中，充分考虑高频关键词，如增加智慧社区、智慧交通以及能够反映城市信息化水平和大数据处理能力的相关指标。从中介中心性来看，一般来说中心性大于0.1，代表该关键词与研究主体的紧密性较强、影响较大，相关研究中中介中心性大于0.1的只有两个关键词，代表该领域研究关键词分布呈现相对聚集与高度离散并存的非均衡性特征，智慧城市评价体系的构建兼具系统性和综合性，在一定程度上能够对民族地区智慧城市整体研究提供参考。在研究方法方面，熵权法、AHP、聚类分析是使用频次较高的研究工具，在后期量化研究过程中本文选择运用AHP层次分析法对评价体系中具体指标的权重进行讨论。

表1 2010~2021年智慧城市评价研究高频高中心性关键词排序

排序	词频排序			中心性排序		
	词频	主题	起始年份	中心性	主题	起始年份
1	161	智慧城市	2010	1.32	智慧城市	2010
2	31	评价体系	2013	0.11	指标体系	2010
3	26	评价指标	2013	0.06	评价体系	2013
4	15	熵权法	2016	0.05	熵权法	2016
5	15	绩效评价	2013	0.05	智慧旅游	2014
6	7	智慧交通	2017	0.03	绩效评价	2013
7	5	大数据	2017	0.03	AHP	2019
8	5	智慧社区	2016	0.03	城市管理	2013
9	5	因子分析	2016	0.03	二级指标	2014
10	5	信息化	2013	0.03	综合评价	2014
11	4	聚类分析	2020	0.02	智慧交通	2017
12	4	城镇化	2013	0.02	智慧产业	2016

2.2 智慧城市评价指标体系参考

目前国内学者关于智慧城市评价的研究已经较为丰富，不同的城市根据自身情况的异质性形成具有特色的发展模式和指标体系。因此，在民族地区智慧城市的评价指标因子选取过程中，对国内学者相关研究中的共词分析可以看出，智慧城市建设的一级评价指标大多集中在基础设施、产业投入、服务应用、信息网络、人文环境五方面，再根据这些一级评价指标引出多个二级指标，以更加有效地量化智慧城市建设影响因素。

智慧城市评价体系研究就是对智慧城市发展水平进行科学的测评和排名。国内最早关注到智慧城市评价体系研究的是邓贤峰，他 2010 年提出的评价体系将智慧城市评估和城市信息化水平评价结合起来，包含网络互联、智慧产业、智慧服务、智慧人文四个领域，共 21 个评价指标。后来的智慧城市评价体系研究基本在这一思路的基础上进行变化，如李贤毅、邓晓宇、王振源等学者，在邓贤峰提出的指标体系基础上对其层次和构成进行了调整，提出自己的评价指标体系，他们与邓贤峰持相同主张，认为智慧城市评价研究的前身是城市信息化水平评价体系的研究（表 2）。

表 2 国内智慧城市评价体系参考性研究结果

参考文献	发表年份/作者	指标体系准则层内容
《"智慧城市"评价指标体系研究》	2010/邓贤峰	网络互联、智慧产业、智慧服务、智慧人文
《智慧城市评价指标体系研究》	2011/李贤毅、邓晓宇	泛在网络、智慧应用、价值实现、公共支撑平台
《智慧城市评估体系的研究与构建》	2013/郭曦榕、吴险峰	基础设施、公共管理服务、信息服务发展、人文科学素养、市民主观感知
《基于层次分析法的智慧城市建设评价体系研究》	2014/王振源	智慧基础设施、公共管理应用、公共服务应用、公共支撑体系
《广州智慧城市评价指标体系研究》	2014/李志清	智慧技术指标、智慧产业指标、智慧公民指标、智慧治理指标、智慧生活指标
《新型智慧城市评价指标（2018）》	2018/国家发展和改革委员会	惠民服务、精准治理、生态宜居、智能设施、信息资源、网络安全、改革创新、市民体验
《智慧城市评价指标体系构建》	2018/崔璐、杨凯瑞	人力资本投入、基础设施建设、智慧经济发展、智慧人文素养、资金投入、智慧政务、智慧生活
《基于三元主体的智慧城市评价指标体系研究——以天津为例》	2021/张赫等	智慧基础设施、智慧公共管理、智慧产业经济、智慧民生服务、市民主观感知

2.3 民族地区智慧城市发展和研究现状

从区域视角出发，我国东西部地区城市发展不平衡，智慧城市建设进程也不一致[1]。我国当前的智慧化建设在地理区域、行政区域、经济区域空间内呈现出发展分化和区域阶段化的特点[2]。根据住房和城乡建设部公布的三批智慧城市试点名单，290 个试点城市在华东和华北地区分布最为集中，大多分布在长三角城市群和环渤海沿岸，分别占全国试点城市数量的 32.8%和 15.5%，而民族地区只占 12.8%。长三角智慧城市群的智慧城市建设水平最高，环渤海和中西部城市群次之[3]。

通过对国内智慧城市评价相关文献资料的整理分析可以发现，目前国内学者对于智慧城市的研究通常都是以东部地区的发达城市作为研究对象，以民族地区作为研究对象的相关研究成果较少，其研究进程较为缓慢，缺乏"内源性"理论研究，对于民族地区智慧城市建设水平的评价研究关注度较低。智慧城市建设是具有特色化的城市发展模式，东部地区发达城市在较为成熟的城镇化建设基础上进行信息化和智慧化建设，其建设实践经验和理论研究工具虽然具有一定的参考价值，但不能够合理反映民族地区的智慧城市发展状况。

由此可见，民族地区在智慧城市的研究和建设方面较于东部地区具有滞后性的特点，迫切需要理论指导，而智慧城市建设水平的评价研究能够有效引导智慧城市的建设方向，推动城市信息化、智慧化有序发展。本文以青海为例，从民族地区特殊的人文地理环境特点出发，构建民族地区智慧城市建设水平评价指标体系，对智慧城市建设水平进行量化计算，对存在的问题进行分析，给出适合于民族地区智慧城市建设的对策建议，为民族地区城市化、信息化、智慧化协同发展提供参考方案。

3 民族地区智慧城市建设水平评价指标体系构建

智慧城市建设的内容涵盖面广且关系复杂，存在着难以量化和数据不足的问题，常规的定性研究方法难以厘清各影响因素之间的复杂关系。量化计算的科学评测方法是智慧城市建设的行动指南，也是检验智慧城市建设水平的具体体现，可以起到引领、指导、监测、评估的作用[4]。因此，本文以国内智慧城市评价体系的研究文献作为构建民族地区智慧城市建设水平评价指标的指标库，选取二级评价维度和三级具体指标，归类整合后形成评价指标体系，基于民族地区智慧城市的发展特点，遵循指标构建的代表性、可操作性、导向性原则，根据民族地区发展智慧城市所需的政策保障、市场环境、发展重心、产业水平等维度的综合考量[5]，以分级分类的方式路径，选取表 2 给出的主要评价指标进行参考，共设置 6 个一级指标、22 个二级指标、77 个三级指标。

3.1 准则层指标构建

准则层指标的确立从系统视角出发，将城市建设视为一个整体系统，将准则层维度视为其中的子系统，各子系统之间通过信息传递和动态交流以维持整体系统的正常运行。对智慧城市评价相关文献中准则层指标的设置进行整理分析，设定一级准则层指标数量范围在 5~8 项，排除相似性、重复性指标，结合民族地区的产业结构和地区发展定位确定 6 项准则层评价维度，即基础设施建设、资金资源投入、智慧民生服务、城市智慧经济、特色产业发展、市民人文感知。

基础设施建设是智慧城市建设的基石，其健全程度直接决定了未来智慧城市建设的成效，支撑了不同应用维度的高效化、智慧化运行；资金资源投入是智慧城市建设的必要条件，智慧城市的建设和运作是一个投资周期长、数额多的大型工程，从初期基础设施的铺建到城市信息互联互通和日常运营维护都牵涉资金流的运作，尤其对于处在起步和探索期的城市，则需要更多的资金资源投入[6]；智慧民生服务是智慧城市建设的核心内容，也是六大维度里范围最广的，运用智慧化手段以政府相关职能部门信息资源为基础拓宽民生服务渠道并提高公共服务水平，促进信息资源的共享与利用；城市智慧经济是智慧城市运营的支撑，智慧城市的建设发展对城市经济也起到带动和引导作用，二者相辅相成；特色产业发展是挖掘民族地区特色亮点产业优势，反映本地特色，带动传统产业转型升级，推动特色产业与互联网融合发展，以及智慧城市区域经济多样化发展；市民人文感知是市民对于地区智慧城市建设发展的主观体验感，从公众满意度和市民生活水平维度反映智慧城市建设实效和发展潜力，是智慧城市软环境建设的重要考量因素。

准则层指标中的各项的运行都假设为流体与因果关系的变化，以因果流程图的方式明晰各要素的关联性。通过一级指标因果关系图（图 2）可见，民族地区智慧城市发展中六个子系统之间的相互作用具有动态性和逻辑性，包含着起点终点。民族地区智慧城市系统中的要素通过因果关系组成闭合回路，一级指标间呈正反馈相关，资金资源投入是基础设施建设、智慧民生服务和特色产业发展的基础；资金资源投入、基础设施建设、城市智慧经济、特色产业发展都以推进智慧民生服务、促进市民人文感知为目标导向，把增强城市居民的生活幸福感作为智慧城市建设的落脚点，更加凸显智慧城市建设"以人为本"的核心要义。

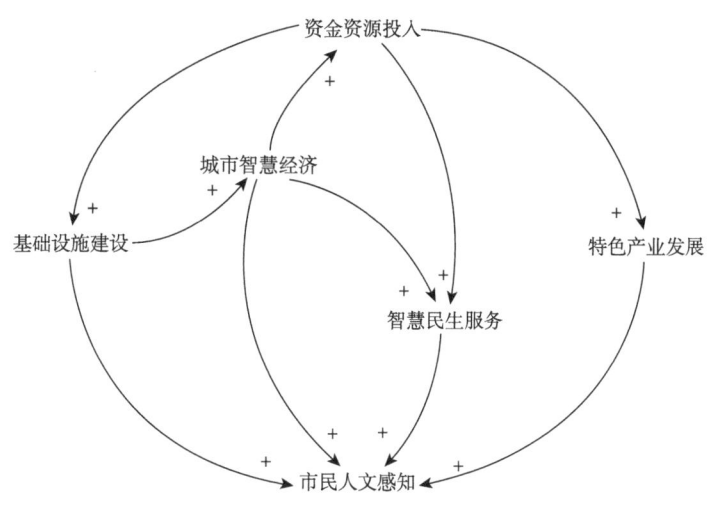

图 2 准则层评价维度关系图

3.2 基础设施建设维度具体指标构建

基础设施建设维度主要通过网络宽带、监控传感以及数据共享平台的硬件建设，评估城市数字网络化信息管理体系是否有序运行，以保证智慧城市各项功能实现。基础设施建设的内容在不同地区有较强的相似性，因此该维度下的具体指标主要参考以往的研究进行构建。基础设施建设的二级指标从技术理性视角进行分解，分为网络基础设施和数据共享，分别代表硬件设施、软件设施，反映智慧电网的建设水平、宽带网络普及水平、三网融合发展水平，这三个角度综合体现智慧城市的智慧感知能力。具体见表 3。

表 3 民族地区智慧城市基础设施建设评价指标

一级指标	二级指标	三级指标
基础设施建设	网络基础设施	城市住宅光纤覆盖率
		公共场所无线局域网覆盖率
		重要场所监控覆盖率
		互联网用户普及率
		移动电话普及率
		5G 基站数量
	数据共享	"互联网+" 共享平台数量
		大数据中心数量
		云计算中心数量

3.3 资金资源投入维度具体指标构建

资金资源投入是利用内在与外在资源和环境为智慧城市提供发展空间。由于在人力资源方面，青海民族地区对人才的吸引力较小，存在队伍薄弱、人才稀缺的问题，而人才又是地方发展不可或缺的一项资源，因此设置了人才基地建设、人才引进政策吸引度、人力资源流动指数三项指标来反映人力资源引进情况。研究经费投入能够反映城市对科技研发的重视程度，同时也是反映城市创新能力的重要指标。智慧应用在智慧城市建设中承担着重要作用，如"云藏"搜索引擎是最大的藏文信息来源和资源共享中心；青海"智慧民政"建设工程是青海省重要的民政大数据应用平台且已纳入《青海省"十四五"省级政务信息化规划》；"东数西算"是指将东部算力需求有序引导到西部，优化数据中心建设布局，促进东西部协同联动，青海作为主要承载地主动融入"东数西算"国家布局，此类项目的资金投入可以很大程度上反映青海地区对智慧应用的投入程度。具体见表4。

表 4　民族地区智慧城市资金资源投入评价指标

一级指标	二级指标	三级指标
资金资源投入	人力资源引进	人才基地建设
		人才引进政策吸引度
		人力资源流动指数
	研究经费投入	研究与试验发展（R&D）经费比重
		全年专利授权数
		社会资本投资
		应用研究经费比例
	智慧应用建设投入	政府信息化投入
		"东数西算"产业总体投入
		"智慧民政"建设工程投入
		"云藏"搜索引擎项目建设投入

3.4　智慧民生服务维度具体指标构建

智慧民生服务主要目标导向是为居民提供多层次、全覆盖、人性化的民生服务，达到居民生活现代化、智慧化的目标，以促进公共服务均等化，达到满足市民需求的根本目的。从智慧化的内涵出发，指标设置以"优政惠民"为目标导向，基本覆盖了市民的生活需求，从政府治理能力、民生服务便捷度、能源环境保护力度三方面体现政府从管理向服务的职能转变。考虑到多民族聚居地区的特点，添加了"智慧统战民族宗教事务服务平台建设""民族聚居社区信息服务系统使用率""远程医疗覆盖率""少数民族学生入学率"的指标，以期对民族地区智慧民生服务体系化、标准化、集约化程度进行评价。具体见表5。

表 5　民族地区智慧城市智慧民生服务评价指标

一级指标	二级指标	三级指标
智慧民生服务	智慧政务	行政单位信息化系统数量
		政府网站点击量
		行政审批网上办理率
		智慧统战民族宗教事务服务平台建设
	智慧社区	民族聚居社区信息服务系统使用率
		社区安全监控安装率
		智慧社区平台覆盖率

一级指标	二级指标	三级指标
智慧民生服务	智慧医疗	网上预约挂号的医疗机构比例
		电子病历应用水平
		远程医疗覆盖率
	智慧教育	网络教学比率
		智慧教育系统覆盖率
		少数民族学生入学率
	智慧交通	交通智慧云平台建设
		公共交通客运量
		电子收费系统覆盖率
		交通事故反应能力
	智慧环保	环境空气质量达标率
		城市碳排放率
		污水处理率
		智能垃圾处理
		城市建成区绿色覆盖率
	智慧能源	万元 GDP 能耗
		建筑物智能节能系统覆盖率
		新能源汽车使用量

3.5 城市智慧经济维度具体指标构建

城市智慧经济是随着城市的智慧化建设改造，城市治理效率提升，成本下降，损失减少，风险降低，数据的收集、处理、分析能力增强，城市运营水平提升，这些变化不仅赋能城市建设，同时也重塑城市经济，集聚内生动力，不断增强地区竞争力[7]。此维度的具体指标结合数字政府、数字经济方面的评估体系和地区相关政策报告建立，数字经济的发展是智慧城市建设具有代表性的成效，通过 11 项指标反映城市经济发展、企业智慧化转型、产业发展升级的现状。其中"中心城镇首位度"指标的设置主要考量到民族地区经济社会发展总体滞后，且城乡发展不平衡等问题，地区经济发展离不开中心城市的辐射作用。具体见表 6。

表 6　民族地区智慧城市城市智慧经济评价指标

一级指标	二级指标	三级指标
城市智慧经济	城市竞争力	国民生产总值
		人均 GDP
		居民人均可支配年收入
		全年进出口总值

续表

一级指标	二级指标	三级指标
城市智慧经济	城市竞争力	居民消费价格总指数上涨
		全年消费品零售总额
		中心城镇首位度
	智慧产业	工业与信息化融合程度
		物联网产业规模
		高新技术产业占比
		第三产业产值占比
		信息服务业增加率
	智慧经济	企业信息化系统使用率
		企业网站建设率
		电子商务交易额占比

3.6 特色产业发展维度具体指标构建

特色产业发展是体现民族地区发展特点的重要维度，指挖掘民族地区特色亮点产业优势，反映本地特色，带动传统产业转型升级，推动特色产业与互联网融合发展及智慧城市区域经济多样化发展。国务院2016年印发的《"十三五"促进民族地区和人口较少民族发展规划》中明确提出，加快发展民族特色产业。充分发挥民族地区自然人文资源比较优势，大力发展特色农牧业及其加工业。打造一批民族特色旅游品牌，支持民族医药及关联产业发展，扶持民族贸易和民族特需商品生产。由此可见，特色产业经济是驱动民族地区智慧城市发展的重要指标，需研究开发城市独有的特色项目和特色模式，侧重于智慧城市发展可持续性，推动城市特色产业建设。

特色产业发展维度的指标构建以国家和相关政策文件中对民族特色优势产业的界定和发展规划为主要参考。该维度的考察主要涉及两个方面：一方面是传统优势产业的转型升级，通过支柱产业升级和农牧业产业转型来体现；另一方面是未来的可持续发展潜力[6]，结合青海的资源优势，通过清洁能源产业发展及少数民族特色产业发展来体现。根据比较优势原则，青海地区在气候上具有"冷凉性"的特点，具有发展高原特色畜牧业和特色种植业的自然生态，农业、畜牧业的发展已然形成了优势特色产业集群，为地区一二三产业提供重要支撑，其年产值的行业占比指标具有代表性；青海作为藏医药产业原料主要产地之一，其藏医药年产值占全国藏医药年产值的40%以上，是青海具有少数民族特点的特色产业之一；青海在改革开放以来充分利用地区资源优势，构筑了电力、盐湖化工、石油天然气、有色金属四大支柱产业，对青海的经济发展起到了明显的支撑带动作用；青海在实现绿色低碳转型方面先行先试，将清洁能源优势转化为产业优势，清洁能源产业发展迅猛，即将成为下一个新支柱产业，是极具代表性的特色产业发展考量指标。具体见表7。

表7 民族地区智慧城市特色产业发展评价指标

一级指标	二级指标	三级指标
特色产业发展	少数民族特色产业	畜牧业产值行业占比
		藏医药产值行业占比
		民族食品产业占比

续表

一级指标	二级指标	三级指标
特色产业发展	少数民族特色产业	旅游产业占比
	支柱产业升级	有色金属加工业产值
		盐湖资源开发利用率
		石油天然气储备量
		电网年发电量
	清洁能源规模	可再生能源综合利用率
		全年清洁能源产出电量
		地面光伏电站数量
		家庭空气源热泵建设率
		生物质能利用率
	农牧业智慧转型	智慧农业系统建设
		农情监测数据上传率
		农产品年交易额
		农牧区居民家庭恩格尔系数
		农业数字化平台人员培训
		标准化农牧业生产技术推广

3.7 市民人文感知维度具体指标构建

市民人文感知是智慧城市软环境建设的重要考量因素。城市居民和城市组织构成两大城市群体，智慧城市建设遵从共建共享原则，市民不仅是建设者，还是最大的体验者。市民的文化水平反映市民的智慧化水平，直接影响着城市的智慧化程度；智慧城市建设对市民生活体验带来的提升通过宜居城市的相应指标体现；市民生活信息化水平体现智慧城市智慧民生服务等硬指标对与市民生活息息相关的软环境带来的影响[8]。文化是人造的第二自然，各民族在长期历史发展进程中逐渐形成丰富多彩的民族文化，民族地区的人文感知对人有着潜移默化的影响，从市民文化素养、少数民族市民人文感知和市民生活信息化水平三个方面来反映。政治增权是指民族地区的利益和诉求具有广泛的表达渠道[9]，对于维护少数民族居民各项权利有着重要意义，"少数民族市民普通话水平"和"少数民族高校毕业生就业率"指标从少数民族市民生活便利性和少数民族青年人的社会感知层面进行评价。具体见表 8。

表 8 民族地区智慧城市市民人文感知评价指标

一级指标	二级指标	三级指标
市民人文感知	市民文化素养	本科及以上学历人口比例
		公共图书馆藏书量
		高校、科研院所数量
		少数民族高校毕业生就业率
	少数民族市民人文感知	政治增权感知
		少数民族市民普通话水平
		少数民族高校毕业生就业率
	市民生活信息化水平	网络购物消费占比
		双语智慧应用普及率

4 民族地区智慧城市评价指标权重确定及模糊综合评价

通过对 89 篇智慧城市评价研究相关文献的赋权方法的分析，本文选取层次分析法对具体指标进行权重的确定（图 3）。综合考虑数据获取难度和地区发展水平，本文选取青海省西宁市作为研究对象。西宁市智慧城市建设水平的评价维度与具体指标权重说明了其重要程度，权重大的指标代表了建设发展的方向和重点，也是后续提升研究的基础。

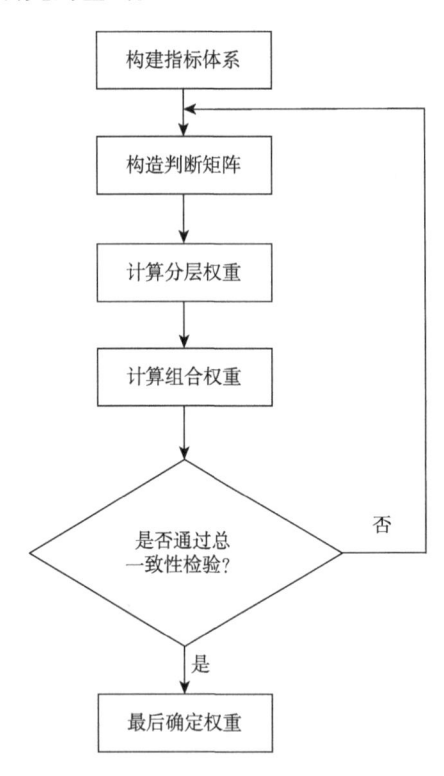

图 3 层次分析法流程图

4.1 基于层次分析法的指标权重确定

层次分析法是对定性问题进行定量分析的一种多准则决策方法，将专家对客观现实的主观判断和分析者的客观判断结果直接而有效地结合起来，将一层次元素两两比较的重要性进行定量描述。而后，利用数学方法计算反映每一层次元素的相对重要性次序的权值，通过所有层次之间的总排序计算所有元素的相对权重并进行排序[10]。Saaty 教授为此方法创始人。运用专家经验将指标定量化并确定重要性的方式增大了此方法的使用范围，使其尤其适用于指标数据匮乏的情况。层次分析法确定权重的流程见图 3，具体计算步骤见附录 1。由于表 3~表 8 中所列的部分指标在量化和数据收集方面存在某些障碍，故进行了舍弃。西宁市智慧城市建设水平评价指标权重见表 9。

表 9 西宁市智慧城市建设水平评价指标权重

目标层	准则层	权重	指标层	相对权重	绝对权重
民族地区智慧城市建设影响因素指标体系	基础设施建设	0.083	城市住宅光纤覆盖率	0.082	0.007
			公共场所无线局域网覆盖率	0.047	0.004
			重要场所监控覆盖率	0.085	0.007

续表

目标层	准则层	权重	指标层	相对权重	绝对权重
民族地区智慧城市建设影响因素指标体系	基础设施建设	0.083	5G基站数量	0.225	0.019
			互联网用户普及率	0.227	0.019
			移动电话普及率	0.333	0.028
	资金资源投入	0.089	研究与试验发展（R&D）经费比重	0.493	0.044
			全年专利授权数	0.196	0.017
			应用研究经费比例	0.311	0.028
	智慧民生服务	0.255	行政单位信息化系统数量	0.057	0.015
			行政审批网上办理率	0.113	0.029
			政府网站点击量	0.104	0.027
			智慧社区平台覆盖率	0.058	0.017
			社区安全监控安装率	0.068	0.017
			电子病历应用水平	0.096	0.024
			网络教学比率	0.098	0.025
			环境空气质量达标率	0.035	0.009
			污水处理率	0.200	0.051
			城市建成区绿化覆盖率	0.220	0.056
			新能源汽车使用量	0.047	0.012
	城市智慧经济	0.150	人均GDP	0.130	0.020
			居民人均可支配年收入	0.149	0.022
			全年进出口总值	0.086	0.013
			居民消费价格总指数上涨	0.245	0.037
			全年消费品零售总额	0.095	0.014
			第三产业产值占比	0.165	0.023
			信息服务业增加率	0.130	0.020
	特色产业发展	0.273	畜牧业产值行业占比	0.079	0.022
			藏医药产值行业占比	0.082	0.022
			旅游产业占比	0.044	0.012
			全年清洁能源产出电量	0.228	0.062
			可再生能源综合利用率	0.166	0.045
			地面光伏电站数量	0.090	0.025
			农产品年交易额	0.311	0.085
	市民人文感知	0.250	本科及以上学历人口比例	0.146	0.037
			公共图书馆藏书量	0.093	0.023
			少数民族高校毕业生就业率	0.490	0.123
			高校、科研院所数量	0.271	0.068

在青海省八市州中，这一权重设置及权重确定方法适用于西宁市、海东市、海西蒙古族藏族自治州格尔木市、玉树藏族自治州、海南藏族自治州贵德县。西宁市作为青海省省会，形成了"3+X""7

个一"民生工程总体建设框架,在基础平台搭建、相关资源整合开发方面已经较为成熟;海东市在建设高速的信息基础设施的基础上,推广更系统高效的网络化管理系统,建立了"物联、数联、智联"三位一体的新型城域物联专网,已形成较完善的数字治理体系;玉树藏族自治州在城市智慧化管理、精细化推进方面颇有成效,建成了青海省藏区唯一的高原智慧城市;格尔木市、贵德县、共和县是2014年青海省首批列入国家智慧城市试点的地区,格尔木侧重优势产业的拉动与牵引,建设青藏高原区域性中心城市,形成海西州最具辐射力的增长极;贵德县建成全国首个藏汉双语系统新型智慧城市建设样板,成为民族地区县域智慧城市建设的标杆。这些地区的智慧城市各方面建设已取得一定成果,大数据平台、智慧民生服务平台建设等方面都取得了阶段性成效,因此均适用于以上的权重确定方法。

4.2 智慧城市建设水平模糊综合评价

模糊综合评价法是运用专家对指标打分从而将指标数据转化为分值的方法得到评价维度和总目标的权重向量,将评价体系分解为不同的因素集,划分数字区间以表示不同的评级并对不同评价等级的含义进行界定,对数据进行隶属度函数计算,构建出各维度的隶属度模糊矩阵,结合指标权重计算出各维度的集权向量,进而得出各指标的具体分值(表10)。具体步骤见附录2。

表 10 智慧城市建设水平评价指标得分

准则层	分值	指标层	分值
基础设施建设	83.834 2	城市住宅光纤覆盖率	92.00
		公共场所无线局域网覆盖率	68.80
		重要场所监控覆盖率	72.80
		5G 基站数量	61.60
		互联网用户普及率	88.80
		移动电话普及率	98.40
资金资源投入	36.468 0	研究与试验发展(R&D)经费比重	40.80
		全年专利授权数	35.20
		应用研究经费比例	30.40
智慧民生服务	71.006 1	行政单位信息化系统数量	54.40
		行政审批网上办理率	52.80
		政府网站点击量	50.83
		智慧社区平台覆盖率	93.60
		社区安全监控安装率	56.36
		电子病历应用水平	91.82
		网络教学比率	60.00
		环境空气质量达标率	84.80
		污水处理率	84.00
		城市建成区绿化覆盖率	82.40
		新能源汽车使用量	34.40
城市智慧经济	49.388 8	人均 GDP	40.00
		居民人均可支配年收入	45.60
		全年进出口总值	30.40
		居民消费价格总指数上涨	64.00
		全年消费品零售总额	46.40
		第三产业产值占比	42.40
		信息服务业增加率	59.20

续表

准则层	分值	指标层	分值
特色产业发展	86.342 8	畜牧业产值行业占比	85.60
		藏医药产值行业占比	93.60
		旅游产业占比	80.80
		全年清洁能源产出电量	84.80
		可再生能源综合利用率	86.36
		地面光伏电站数量	84.00
		农产品年交易额	87.20
市民人文感知	49.497 6	本科及以上学历人口比例	58.40
		公共图书馆藏书量	64.00
		少数民族高校毕业生就业率	52.00
		高校、科研院所数量	35.20

各一级指标得分为：基础设施建设 83.834 2 分；资金资源投入 36.468 0 分；智慧民生服务 71.006 1 分；城市智慧经济 49.388 8 分；特色产业发展 86.342 8 分；市民人文感知 49.497 6 分。可见西宁市智慧城市建设在特色产业发展和基础设施建设方面处于优秀水平；智慧民生服务处于良好水平；城市智慧经济和市民人文感知处于中等水平；资金资源投入处于较差水平。

5 结论

从区域视角来看，由于特殊的自然地理环境和基础设施建设水平较低等现实因素，我国东西部智慧城市建设进程不一致，中东部城市在新型智慧城市建设上整体先行，青海地区无论城市发展速度还是发展层次在全国都处于较低发展水平。东部发达地区的智慧城市建设往往是在城镇化发展较为成熟的基础上进行信息化建设，而以青海为代表的民族地区智慧城市建设面临的是城镇化、信息化、智慧化"三化"同时进行，这也给城市治理和公共服务带来了更大的挑战。因此，城镇化发展及其与信息化融合程度也要纳入民族地区智慧城市的评价内容中来，需设置相应的三级评价指标，从城市技术创新、产业升级和资源配置优化进行综合评价[11]。

青海地区智慧城市评价过程中也存在一些与其他民族地区城市相似的共性问题。青海省内大部分城市的智慧城市还处于建设初期，中间性指标和后置性指标不能够完全反映这些城市的智慧城市建设效果，然而目前较为成熟的评价体系通常后置性指标过多，更适合处于智慧城市建设成熟期的水平评价。因此，民族地区的智慧城市指标体系中具体指标的设置不仅要对结果性成效进行评价，对过程性成效也要同样重视[12]。根据不同城市的建设差异性，需要在民族地区智慧城市评价指标体系的基础上进行调整，城市信息化程度只能一定程度上反映基础设施建设水平，但惠民服务才是智慧城市建设的风向标，评价体系需遵循以人为本的核心理念，以技术为手段，把提高市民生活品质作为落脚点进行构建。

青海的智慧城市建设尚未形成成熟的评价指标体系，且缺乏充足的实践经验。本文运用层次分析法和模糊综合评价的方法对此问题进行研究，建立了适用于青海少数民族地区智慧城市建设的评价指标体系。由于目前青海地区相关数据收集具有一定难度，故研究有所局限，未来随着数据可得性的增强，可以进一步进行智慧城市跨学科、智慧城市体系、智慧城市仿真模拟、智慧城市影响因素及动力机制研究，以及新时代智慧城市发展路径的探索。

参 考 文 献

[1] 赵波. 挑战与突破：少数民族地区特色文化城市建设的路径研究[J]. 贵州民族研究, 2016, 37（6）：51-54.

[2] 朱海龙, 张志雄. 中国智慧化建设区域差异研究[J]. 经济地理, 2021, 41（8）：54-61, 80.

[3] 住房城乡建设部办公厅. 关于公布国家智慧城市 2014 年度试点名单的通知[EB/OL]. https://www.mohurd.gov.cn/gongkai/zhengce/zhengcefilelib/201504/20150410_220653.html, 2015-04-10.

[4] 邓贤峰. "智慧城市"评价指标体系研究[J]. 发展研究, 2010, （12）：111-116.

[5] 李贤毅, 邓晓宇. 智慧城市评价指标体系研究[J]. 电信网技术, 2011, （10）：43-47.

[6] 穆标, 甄武警. 以需求为导向的智慧城市建设路径研究[J]. 中国信息化, 2022, （2）：85-86.

[7] 张西增, 王新南. 智慧城市发展战略与国内外实践研究[J]. 现代商贸工业, 2013, 25（13）：5-7.

[8] 崔璐, 杨凯瑞. 智慧城市评价指标体系构建[J]. 统计与决策, 2018, 34（6）：33-38.

[9] 陈铭, 王乾晨, 张晓海, 等. "智慧城市"评价指标体系研究——以"智慧南京"建设为例[J]. 城市发展研究, 2011, 18（5）：84-89.

[10] 何琴. 基于 AHP 的智慧城市建设水平评价模型及实证[J]. 统计与决策, 2019, 35（19）：64-67.

[11] 国家发展和改革委员会, 工业和信息化部, 住房和城乡建设部, 等. 关于印发促进智慧城市健康发展的指导意见的通知[J]. 中华人民共和国国务院公报, 2015, （2）：61-66.

[12] 庄广新, 方可, 王妍. 新型智慧城市评价指标体系研究[J]. 信息技术与标准化, 2021, （3）：66-71.

Research on the Evaluation of Smart City Construction Level in Ethnic Regions —Take Qinghai as an Example

ZHANG Xingnian, TANG Shiyao

(College of Politics and Public Management, QingHai Minzu University, Xining 810007, China)

Abstract As an urban governance model driven by innovative elements such as information, technology and knowledge, smart cities have far-reaching significance for economic development and social transformation in ethnic areas. From the perspective of system theory, this paper makes statistical analysis, screening and optimization on the evaluation and research indicators of smart cities in previous studies, and constructs an evaluation index system that can reflect the level of smart city construction in ethnic areas. Through the analysis and carding of the relationship between the indicators, it preliminarily forms the basis of quantitative and qualitative analysis on the factors affecting the development of smart cities in ethnic areas, It is expected to provide reference basis for the comprehensive and sustainable development of smart cities in ethnic areas.

Keywords Ethnic regions, Smart cities, Evaluation system

作者简介

张兴年（1973—），男，青海民族大学政治与公共管理学院政治学博士、教授，主要从事青海藏区稳定与发展研究。

唐诗瑶（1997—），女，青海民族大学政治与公共管理学院城市管理专业硕士研究生，研究方向为城市管理、新型城镇化，E-mail：924528546@qq.com。

附录1：层次分析法确定权重

根据可操作性原则及西宁市相关数据的获取情况，使指标设置体现西宁市的城市发展特点，对民族地区智慧城市建设水平评价指标体系的具体指标进行筛选和优化（附表1）。

附表1　西宁市智慧城市建设水平评价指标体系

目标层	准则层	指标层	单位
民族地区智慧城市建设影响因素指标体系	基础设施建设	城市住宅光纤覆盖率	%
		公共场所无线局域网覆盖率	%
		重要场所监控覆盖率	%
		5G基站数量	个/万人
		互联网用户普及率	%
		移动电话普及率	部/百人
	资金资源投入	研究与试验发展（R&D）经费比重	%
		全年专利授权数	项
		应用研究经费比例	%
	智慧民生服务	行政单位信息化系统数量	个
		行政审批网上办理率	%
		政府网站点击量	万次
		智慧社区平台覆盖率	%
		社区安全监控安装率	%
		电子病历应用水平	级
		网络教学比率	%
		环境空气质量达标率	%
		污水处理率	%
		城市建成区绿化覆盖率	%
		新能源汽车使用量	万辆
	城市智慧经济	人均GDP	万元/人
		居民人均可支配年收入	万元
		全年进出口总值	亿元
		居民消费价格总指数上涨	%
		全年消费品零售总额	亿元
		第三产业产值占比	%
		信息服务业增加率	%

目标层	准则层	指标层	单位
民族地区智慧城市建设影响因素指标体系	特色产业发展	畜牧业产值行业占比	%
		藏医药产值行业占比	%
		旅游产业占比	%
		全年清洁能源产出电量	亿千瓦时
		可再生能源综合利用率	%
		地面光伏电站数量	座
		农产品年交易额	亿元
	市民人文感知	本科及以上学历人口比例	%
		公共图书馆藏书量	万册（件）
		少数民族高校毕业生就业率	%
		高校、科研院所数量	所

前文构建的民族地区智慧城市建设水平评价指标体系分为了目标层、准则层、指标层，将整个评价体系设为判断矩阵 A，基础设施建设设为 A_1、资金资源投入设为 A_2、智慧民生服务设为 A_3、城市智慧经济设为 A_4、特色产业发展设为 A_5、市民人文感知设为 A_6。以此结构为基础设计专家打分表，以邮件形式发送给青海高校从事相关研究的西宁市大数据服务管理局相关专家及负责人，通过计算几何平均数将打分结果形成判断矩阵。

$$A = \begin{pmatrix} 1 & 1 & 1/3 & 1/2 & 1/3 & 1/2 \\ 1 & 1 & 1/2 & 1/2 & 1/3 & 1/2 \\ 3 & 2 & 1 & 2 & 1 & 2 \\ 2 & 2 & 1/2 & 1 & 1/2 & 1 \\ 3 & 3 & 1 & 2 & 1 & 2 \\ 2 & 2 & 1/2 & 1 & 1/2 & 1 \end{pmatrix} \quad A_1 = \begin{pmatrix} 1 & 2 & 1 & 1/3 & 1/3 & 1/4 \\ 1/2 & 1 & 1/2 & 1/5 & 1/4 & 1/6 \\ 1 & 2 & 1 & 1/3 & 1/2 & 1/5 \\ 3 & 5 & 3 & 1 & 1 & 1/2 \\ 3 & 4 & 2 & 1 & 1 & 1 \\ 4 & 6 & 5 & 2 & 1 & 1 \end{pmatrix} \quad A_2 = \begin{pmatrix} 1 & 2 & 2 \\ 1/2 & 1 & 1/2 \\ 1/2 & 2 & 1 \end{pmatrix}$$

$$A_3 = \begin{pmatrix} 1 & 1/2 & 1/2 & 1 & 1 & 1/2 & 3 & 1/4 & 1/5 & 2 & 1/3 \\ 2 & 1 & 1 & 2 & 1 & 1 & 4 & 1/2 & 1/2 & 3 & 1 \\ 2 & 1 & 1 & 2 & 1 & 1 & 4 & 1/2 & 1/3 & 1 & 2 \\ 1 & 1/2 & 1/2 & 1 & 1 & 1/2 & 4 & 1/4 & 1/5 & 2 & 1/3 \\ 1 & 1 & 1 & 1 & 1 & 1 & 2 & 1/2 & 1/4 & 1 & 1/2 \\ 2 & 1 & 1 & 2 & 1 & 1 & 4 & 1/2 & 1/2 & 3 & 1 \\ 1/3 & 1/4 & 1/4 & 1/3 & 1/2 & 1 & 1 & 1/5 & 1/4 & 1 & 1/3 \\ 4 & 2 & 2 & 4 & 3 & 2 & 5 & 1 & 1 & 1 & 2 \\ 5 & 2 & 3 & 5 & 4 & 2 & 4 & 1 & 1 & 1 & 2 \\ 1/2 & 1/3 & 1 & 1/2 & 1 & 1/3 & 1 & 1/4 & 1/2 & 1/2 & 1 \end{pmatrix}$$

$$A_4 = \begin{pmatrix} 2 & 1 & 1/3 & 1/2 & 1/3 & 1/2 \\ 2 & 1 & 1/2 & 1/2 & 1/3 & 1/2 \\ 3 & 2 & 1 & 2 & 1 & 2 \\ 2 & 2 & 1/2 & 1 & 1/2 & 1 \\ 3 & 3 & 1 & 2 & 1 & 2 \\ 2 & 2 & 1/2 & 1 & 1/2 & 1 \end{pmatrix} \quad A_5 = \begin{pmatrix} 1 & 1 & 3 & 1/2 & 1 & 1/2 & 1 \\ 1 & 1 & 2 & 1/2 & 2 & 1 & 1 \\ 1/3 & 1/2 & 1 & 1/4 & 1/2 & 1 & 2 \\ 2 & 2 & 4 & 1 & 2 & 1 & 2 \\ 1 & 1/2 & 2 & 1/2 & 1 & 1/2 & 1/3 \\ 2 & 1 & 1 & 1 & 2 & 1 & 1 \\ 1 & 1 & 1/2 & 1/2 & 3 & 1 & 1 \end{pmatrix}$$

$$A_6 = \begin{pmatrix} 1 & 2 & 1/4 & 1/2 \\ 1/2 & 1 & 1/4 & 1/3 \\ 4 & 4 & 1 & 2 \\ 2 & 3 & 1/2 & 1 \end{pmatrix}$$

根据公式 $\overline{W_i} = \sqrt[n]{M_i}$ 对每一个横向向量乘积开 n 次方（n 为阶数），将乘积与开方结果分别相除，得出特征向量，进行归一化计算。层次单排序即每个判断矩阵的最大特征值 $\lambda_{\max}$ 对应的特征向量 ω 经过归一后，对相应指标进行排序，排序依据为对上一层次指标的相对重要程度。根据层次分析法和最大特征根法原理，分别计算特征值及特征向量，再进行一致性检验，公式为 CR=CI/RI，一致性比率 CR 可以验证权重分配的合理性，若 CR 值 < 0.01，则通过一致性检验，结果可取。其中 CI 的计算公式为 $CI = \dfrac{\lambda_{\max} - n}{n - 1}$，见附表 2。

附表 2 层次单排序及一致性检验结果

判断矩阵	$\lambda_{\max}$	归一化特征向量	CI	RI	CR	一致性检验结果
A	6.072	$(0.083\ 0.089\ 0.255\ 0.150\ 0.273\ 0.150)^T$	0.014	1.26	0.011	通过
A_1	6.085	$(0.082\ 0.047\ 0.085\ 0.225\ 0.227\ 0.333)^T$	0.017	1.26	0.013	通过
A_2	11.936	$(0.493\ 0.196\ 0.311)^T$	0.093	0.52	0.061	通过
A_3	3.054	$(0.057\ 0.113\ 0.104\ 0.058\ 0.068\ 0.098\ 0.035\ 0.200\ 0.220\ 0.047)^T$	0.027	0.49	0.052	通过
A_4	7.599	$(0.130\ 0.149\ 0.086\ 0.245\ 0.095\ 0.165\ 0.130)^T$	0.099	1.36	0.073	通过
A_5	7.246	$(0.079\ 0.082\ 0.044\ 0.228\ 0.166\ 0.090\ 0.311)^T$	0.041	1.36	0.030	通过
A_6	4.046	$(0.146\ 0.093\ 0.490\ 0.271)^T$	0.015	0.89	0.017	通过

根据公式 $\omega = \overline{\omega_1} / \sum_{i=1}^{n} \omega_1$ 计算指标的相对权重（指标对于准则层的权重）和绝对权重（指标对于目标层的权重）。

附录2：智慧城市建设水平的模糊综合评价

基于模糊综合评价法，本文对于西宁市智慧城市建设水平的评价分为以下几个步骤。

1. 评价对象的因素论域确定

目标层以 U 表示，设 p 个评价指标，则有 $U = \{U_1, U_2, \cdots, U_p\}$。$U_1$、$U_2$、$U_3$、$U_4$、$U_5$、$U_6$ 为准则层各维度，U_{11}、U_{12}、U_{13}、U_{14}、U_{15}、U_{16} 等为指标层各指标，具体如下所示：

$U=\{U_1, U_2, U_3, U_4, U_5, U_6\}=\{$基础设施建设，资金资源投入，智慧民生服务，城市智慧经济，特色产业发展，市民人文感知$\}$

$U_1=\{U_{11}, U_{12}, U_{13}, U_{14}, U_{15}, U_{16}\}=\{$城市住宅光纤覆盖率，公共场所无线局域网覆盖率，重要场所监控覆盖率，5G基站数量，互联网用户普及率，移动电话普及率$\}$

$U_2=\{U_{21}, U_{22}, U_{23}\}=\{$研究与试验发展（R&D）经费比重，全年专利授权数，应用研究经费比例$\}$

$U_3=\{U_{31}, U_{32}, U_{33}, U_{34}, U_{35}, U_{36}, U_{37}, U_{38}, U_{39}, U_{310}, U_{311}\}=\{$行政单位信息化系统数量，行政审批网上办理率，政府网站点击量，智慧社区平台覆盖率，社区安全监控安装率，电子病历应用水平，网络教学比率，环境空气质量达标率，污水处理率，城市建成区绿化覆盖率，新能源汽车使用量$\}$

$U_4=\{U_{41}, U_{42}, U_{43}, U_{44}, U_{45}, U_{46}, U_{47}\}=\{$人均GDP，居民人均可支配年收入，全年进出口总值，居民消费价格总指数上涨，全年消费品零售总额，第三产业产值占比，信息服务业增加率$\}$

$U_5=\{U_{51}, U_{52}, U_{53}, U_{54}, U_{55}, U_{56}, U_{57}\}=\{$畜牧业产值行业占比，藏医药产值行业占比，旅游产业占比，全年清洁能源产出电量，可再生能源综合利用率，地面光伏电站数量，农产品年交易额$\}$

$U_6=\{U_{61}, U_{62}, U_{63}, U_{64}\}=\{$本科及以上学历人口比例，公共图书馆藏书量，少数民族高校毕业生就业率，高校、科研院所数量$\}$

2. 评价等级及权重确定

在模糊综合评价中，确定评价因素的权向量 $W=\{a_1, a_2, \cdots, a_n\}$。采用层次分析法对具体指标进行赋权的方法和步骤在附录中已做出详细说明。根据各指标权重可进一步确定评价指标间的相对重要性次序，从而确定权系数，并且在合成之前归一化。模糊元素权重计算结果如下：

$W=\{0.082\,9, 0.089\,0, 0.279\,5, 0.150\,0, 0.273\,0, 0.250\,0\}$

$W_1=\{0.082\,1, 0.047\,0, 0.085\,1, 0.225\,2, 0.227\,2, 0.333\,3\}$

$W_2=\{0.493\,0, 0.196\,0, 0.311\,0\}$

$W_3=\{0.052\,0, 0.103\,1, 0.094\,9, 0.052\,9, 0.062\,0, 0.087\,6, 0.089\,4, 0.031\,9, 0.182\,5, 0.200\,7, 0.042\,9\}$

$W_4=\{0.130\,0, 0.149\,0, 0.086\,0, 0.245\,0, 0.095\,0, 0.165\,0, 0.130\,0\}$

$W_5=\{0.079\,0, 0.082\,0, 0.044\,0, 0.228\,0, 0.166\,0, 0.090\,0, 0.311\,0\}$

$W_6=\{0.146\,0, 0.093\,0, 0.490\,0, 0.271\,0\}$

评语集及对应分值为：$L=\{$差，较差，中等，良好，优秀$\}=\{20, 40, 60, 80, 100\}$。其中评价等级用 L 表示，分为 20、40、60、80、100 五个等级，分别表示差、较差、中等、良好、优秀。设评价等级论域 $V=\{V_1, V_2, \cdots, V_m\}$，每一个等级可对应一个模糊子集，即等级集合。

3. 建立隶属度矩阵

在构造了等级模糊子集后，要逐个对被评事物从每个因素 u_i（$i=1, 2, \cdots, p$）进行量化，即确定从单因素来看被评事物对等级模糊子集的隶属度（$R|u_i$）。通过调查问卷得到每个人对该指标各等级的打分情况，以每个评语等级的打分人数和专家总人数的比重为隶属度，从而建立单因素模糊综合评判矩阵。

单元素隶属度矩阵（$R|u_i$）=（$r_{i1}, r_{i2}, \cdots, r_{im}$），对于单元素的每个等级的隶属度有 $r_{ij}=C_{ij}/c$。其中，C_{ij} 表示第 i 个指标选择 v_j 等级的人数，c 表示参与评价的专家总人数。

对于 p 个评价指标分别计算隶属度，进而得到总体模糊关系矩阵。其中，第 i 行第 j 列元素 r_{ij}，表示某个被评事物 u_i 从因素来看对 v_j 等级模糊子集的隶属度。

$$R = \begin{bmatrix} R \mid u_1 \\ R \mid u_2 \\ \vdots \\ R \mid u_p \end{bmatrix} = \begin{bmatrix} r_{11} & r_{12} & \cdots & r_{1m} \\ r_{21} & r_{22} & \cdots & r_{2m} \\ \vdots & \vdots & & \vdots \\ r_{p1} & r_{p2} & \cdots & r_{pm} \end{bmatrix}$$

采用三角形隶属函数，得到指标的模糊隶属度，结果见附表3。

附表3 评价指标模糊隶属度

指标层	差	较差	中等	良好	优秀
城市住宅光纤覆盖率	0.000 0	0.000 0	0.080 0	0.240 0	0.680 0
公共场所无线局域网覆盖率	0.000 0	0.160 0	0.280 0	0.520 0	0.040 0
重要场所监控覆盖率	0.000 0	0.040 0	0.400 0	0.440 0	0.120 0
5G基站数量	0.080 0	0.200 0	0.400 0	0.200 0	0.120 0
互联网用户普及率	0.000 0	0.000 0	0.120 0	0.320 0	0.560 0
移动电话普及率	0.000 0	0.000 0	0.000 0	0.080 0	0.920 0
研究与试验发展（R&D）经费比重	0.200 0	0.560 0	0.240 0	0.000 0	0.000 0
全年专利授权数	0.360 0	0.520 0	0.120 0	0.000 0	0.000 0
应用研究经费比例	0.640 0	0.200 0	0.160 0	0.000 0	0.000 0
行政单位信息化系统数量	0.120 0	0.200 0	0.520 0	0.160 0	0.000 0
行政审批网上办理率	0.080 0	0.360 0	0.440 0	0.080 0	0.040 0
政府网站点击量	0.125 0	0.333 3	0.458 3	0.041 7	0.041 7
智慧社区平台覆盖率	0.000 0	0.000 0	0.040 0	0.240 0	0.720 0
社会安全监控安装率	0.000 0	0.227 3	0.727 3	0.045 5	0.000 0
电子病历应用水平	0.000 0	0.000 0	0.136 4	0.136 4	0.727 3
网络教学比率	0.040 0	0.160 0	0.560 0	0.240 0	0.000 0
环境空气质量达标率	0.000 0	0.000 0	0.120 0	0.520 0	0.360 0
污水处理率	0.000 0	0.000 0	0.160 0	0.480 0	0.360 0
城市建成区绿化覆盖率	0.000 0	0.080 0	0.120 0	0.400 0	0.400 0
新能源汽车使用量	0.520 0	0.240 0	0.240 0	0.000 0	0.000 0
人均GDP	0.240 0	0.560 0	0.160 0	0.040 0	0.000 0
居民人均可支配年收入	0.240 0	0.280 0	0.440 0	0.040 0	0.000 0
全年进出口总值	0.600 0	0.280 0	0.120 0	0.000 0	0.000 0
居民消费价格总指数上涨	0.080 0	0.160 0	0.360 0	0.280 0	0.120 0
全年消费品零售总额	0.280 0	0.320 0	0.240 0	0.120 0	0.040 0
第三产业产值占比	0.200 0	0.520 0	0.240 0	0.040 0	0.000 0

续表

指标层	评价等级				
	差	较差	中等	良好	优秀
信息服务业增加率	0.000 0	0.240 0	0.560 0	0.200 0	0.000 0
畜牧业产值行业占比	0.000 0	0.000 0	0.200 0	0.320 0	0.480 0
藏医药产值行业占比	0.000 0	0.000 0	0.000 0	0.320 0	0.680 0
旅游产业占比	0.000 0	0.000 0	0.200 0	0.560 0	0.240 0
全年清洁能源产出电量	0.000 0	0.000 0	0.240 0	0.280 0	0.480 0
可再生能源综合利用率	0.000 0	0.000 0	0.000 0	0.681 8	0.318 2
地面光伏电站数量	0.000 0	0.000 0	0.200 0	0.400 0	0.400 0
农产品年交易额	0.000 0	0.000 0	0.080 0	0.480 0	0.440 0
少数民族高校毕业生就业率	0.000 0	0.360 0	0.360 0	0.280 0	0.000 0
公共图书馆藏书量	0.000 0	0.160 0	0.480 0	0.360 0	0.000 0
本科及以上学历人口比例	0.040 0	0.520 0	0.240 0	0.200 0	0.000 0
高校、科研院所数量	0.480 0	0.280 0	0.240 0	0.000 0	0.000 0

将 W 与各被评事物的总体模糊关系矩阵 R 进行合成，得到各被评事物的模糊综合评价向量 B 即

$$B = W \times R = (a_1, a_2, \cdots, a_p) \times \begin{bmatrix} r_{11} & r_{12} & \cdots & r_{1m} \\ r_{21} & r_{22} & \cdots & r_{2m} \\ \vdots & \vdots & & \vdots \\ r_{p1} & r_{p2} & \cdots & r_{pm} \end{bmatrix} = (b_1, b_2, \cdots, b_m)$$

其中，b_i 表示被评事物从整体上看对 v_j 层次等级模糊子集的隶属程度。各维度权重用 $W_{v1} \sim W_{v6}$ 表示，利用公式 $B = W \times R$ 计算出各维度模糊评价向量，用 $B_1 \sim B_6$ 表示。

B_1=[0.018 0, 0.056 0, 0.171 1, 0.226 0, 0.528 8]
B_2=[0.368 2, 0.440 2, 0.191 6, 0.000 0, 0.000 0]
B_3=[0.052 2, 0.133 9, 0.292 6, 0.253 9, 0.267 4]
B_4=[0.197 8, 0.325 2, 0.320 1, 0.123 8, 0.033 2]
B_5=[0.000 0, 0.000 0, 0.122 2, 0.438 5, 0.439 3]
B_6=[0.149 7, 0.398 1, 0.279 8, 0.172 4, 0.000 0]

得到 U 对应的隶属度矩阵为

附表4　准则层隶属度

U	差	较差	中等	良好	优秀
基础设施建设	0.018 0	0.056 0	0.171 1	0.226 0	0.528 8
资金资源投入	0.368 2	0.440 2	0.191 6	0.000 0	0.000 0
智慧民生服务	0.052 2	0.133 9	0.292 6	0.253 9	0.267 4
城市智慧经济	0.197 8	0.325 2	0.320 1	0.123 8	0.033 2
特色产业发展	0.000 0	0.000 0	0.122 2	0.438 5	0.439 3
市民人文感知	0.149 7	0.398 1	0.279 8	0.172 4	0.000 0

4. 二级模糊综合评价

模糊综合评价方法在实际运用中遵循最大隶属度原则，但在某些情况下适配度低，信息损失严重，甚至得出不合理的评价结果。本文使用加权平均求隶属等级的方法，对于多个被评事物可以依据其等级位置进行排序。

通过公式 $X=WU\times RU$ 得出 X=[0.115 9，0.229 6，0.264 3，0.271 1，0.243 5]。令等级分值 Y=[20，40，60，80，100]^T，可得到最终评价得分 $Z=X\times Y$=73.396。由此可得到样本整体水平处于中等和良好之间，更接近于良好。按照同样的方法，也可以得到各一级指标得分：基础设施建设 83.834 2 分；资金资源投入 36.468 0 分；智慧民生服务 71.006 1 分；城市智慧经济 49.388 8 分；特色产业发展 86.342 8 分；市民人文感知 49.497 6 分。

按照同样的方法，也可以得到各项具体指标得分。

项目知识转移研究综述——基于 WOS 数据库的文献计量与分析*

蒋莹，王国飞，杨添靖，徐进，刘盾

（西南交通大学经济管理学院，四川 成都 610031）

摘　要　随着经济发展，项目数量不断增加，项目型组织积累了海量的项目知识资源。然而，由于项目的复杂性、不确定性、独特性和临时性等特征，在项目环境下实现有效的知识转移面临很大的挑战，引起了大量的理论研究与应用探讨。本文结合科学计量工具和 LDA 主题模型分析法，对 Web of Science 数据库中 1994 年 1 月至 2022 年 6 月的项目知识转移文献进行了搜集、整理和分析，总结了各主题下的代表性理论、方法与成果，并探讨了项目知识转移的未来发展方向。

关键词　PBOs，项目知识，知识转移，文献计量分析，LDA

中图分类号　F270.3

1　引言

进入 21 世纪以来，为了更好地适应复杂多变的市场环境，组织的结构形式发生了改变，越来越多的组织从功能型组织转型成为项目型组织（project-based organizations，PBOs）[1-3]。项目不仅是这类组织进行经营活动的基本载体，也是协调和整合生产以及创新活动的主要单位[4, 5]，更特别的是，项目成了整合不同知识要素的场所[6]。同时，由于知识的宝贵性、稀缺性、复杂性和异质性，许多企业管理者和学者开始意识到，在公司拥有或控制的各类资源中，知识有着越来越重要且特殊的地位[5]，是一种重要的战略资源。有效的知识转移（knowledge transfer）是确保项目成功的重要因素[7, 8]，它可以帮助团队成员获得更多的技术、方法和宝贵的经验，避免重复犯错，进而提高生产效率、节约资源，促进组织的可持续竞争力[9-11]。

当一个项目内获取和创造的知识（称为"源项目"或"基础项目"）被转移到另一个项目（称为"接收项目"或"新项目"）中应用时，便发生了跨项目知识转移[12]，即某些项目获得的知识和经验（如技术知识、文档和想法）可以给以后的项目作为参考[9]。然而，项目的临时性、紧迫性和复杂性等特点，导致管理项目知识转移活动仍是一个具有挑战性的过程[12, 13]。由于项目的临时性，项目完成后团队就解散了，往往会阻碍知识的沉淀，因为团队成员缺乏时间和动力去整理项目中积累的知识和经验，从而增加了组织的知识损失风险[14, 15]。同时，项目的紧迫性和复杂性导致成员间难以进行跨项目学习[16]，因为他们更加关注是否能够按时交付项目，而不是开展知识转移。

目前项目视角下知识转移的相关综述文章较少，仅有的少量综述中文献年代也较为久远[17-19]。表 1 按照研究主题对现有 6 篇综述文献讨论的主题进行了分类，主要有理论框架、影响因素、转移过程、转

---

* 基金项目：国家自然科学基金项目（72171197，61876157）、国家自然科学基金重大专项（71942006）、教育部人文社会科学研究项目（21XJAZH003）。

通信作者：徐进，西南交通大学经济管理学院副教授、博士生导师，E-mail: xj_james@163.com。

移机制和效果评价 5 个方面。

表 1　现有知识转移文献综述中的研究主题和范围

	作者	王能民等[17]	徐进等[18]	Waveren 等[19]	刘常乐等[20]	van Waveren 等[13]	Milagres 和 Burcharth[21]
讨论主题	理论框架			√	√		
	影响因素		√		√		√
	转移过程	√	√		√		
	转移机制	√	√	√	√	√	
	效果评价			√			

以上 6 篇综述都采用了传统文献分析方法，展现了该领域部分研究主题的内容。其中，王能民等[17]的综述关注了转移过程模型和机制，但年代较久远。徐进等[18]对影响因素、转移过程和转移机制都进行了综述，但其范围仅限于中文文献。刘常乐等[20]的综述包含主题最为全面，重点对理论框架进行了梳理，但对其他四个主题的讨论较为简略。虽然 van Waveren 等[13]及 Milagres 和 Burcharth[21]的综述较新，但都仅着重阐述了一个主题。

本文主要通过对项目知识转移近 28 年来的研究进行搜集、整理和分析，聚焦研究前沿，回答了三个问题。

第一个研究问题：近年来项目知识转移的研究重点是什么？这一问题旨在对广阔而分散的研究内容进行分类总结，使读者能够快速了解该领域重点。虽然检索到的研究都是基于项目的知识转移，但这些项目涉及不同行业，如建筑、教育、旅游业等，涵盖多种研究方法，包括社会网络、访谈、观察和案例研究。此外，不同文献的研究目的也不同。鉴于行业、研究方法和目的的多样性，本文将对现有研究重点主题进行概述，这将有助于对该领域感兴趣的潜在学者更好地定位未来的研究，从而扩展该领域的知识边界。

然而，事物是动态发展的，随着日益激烈的竞争、新技术的冲击、项目复杂性的增加等外部环境的改变[22]，项目知识转移的研究重点也在发生着变化。因此，本文提出第二个问题：随着时间的推移，该领域的研究重点是如何发展和变化的？这一问题旨在分析项目知识转移研究的发展趋势，评估研究主题的衰退与兴起，实现对该领域发展规律的进一步认识。本文分析结果显示，随着项目的增多，知识转移受到越来越多行业的重视，其对创新的影响将成为未来讨论的热点。随着 PBOs 的出现，案例研究成为重要的研究方法。同时，该领域研究在近 30 年间逐渐走向成熟，从概念框架的建立转向对影响因素、转移策略、效果评价的探讨。

第三个问题：项目知识转移未来的研究方向是什么？研究并认识事物的发展规律，进而科学地推测其未来发展方向是十分必要的。因此，基于上述两个问题的答案，我们能够更加合理地对项目知识转移未来的研究方向进行展望，以便为后续研究提供有价值的借鉴和参考。

2　数据来源与研究方法

2.1　数据来源

本文的研究以 Web of Science（WOS）核心数据库为文献来源。检索式为 TI=（"knowledge transfer"）AND TS=（"project"），文献类型为"Article"，语言为"English"进行检索，得到 1994~2022 年发表的 239 篇与项目知识转移相关的文献。通过人工筛选去除被撤稿的条目，最终得到 238 篇文献，检索截止时间为 2022 年 6 月 30 日。

2.2 研究方法

以检索到的238篇论文为样本，本文采用文献计量法，在第三部分对项目知识转移研究文献进行可视化分析；结合运用LDA主题模型及人工编码方式，在第四部分对研究主题论文进行深入分析。

文献计量是一种客观的定量分析方法，主要关注文献的外部特征，如文献情报的分布结构、数量关系、变化规律等，进而探讨科学技术特征和规律，以发现研究趋势并推断新的研究方向[23]。Bibliometrix是一种用于科学和文献计量定量研究的开源研究工具，已被用于文献信息提取、分析和可视化，如作者共引网络、机构合作网络等[24]；VOSviewer是一种软件工具，利用网络数据创建地图，以构建论文、期刊、学者、研究机构、国家和关键词的网络[25]。因此，本文将使用以上两种工具，通过构建关键词共现网络、主题地图及文献耦合网络，在第三部分直观地展示近年来项目知识转移的热点话题，提炼该领域的发展趋势。

同时，为了挖掘文献的潜在主题，减少分类过程的主观偏见，本文结合应用LDA文档主题生成模型与人工编码，在第四部分对文献进行更深入、更科学的主题综述。LDA是一种常见的无监督主题建模方法[26]，旨在发现文档中隐藏的结构和潜在语义[27]。作为一种三层贝叶斯模型，它包含了文档层、主题层和词层，其中主题层为隐藏层[28]。每个文档都被认为是各种主题的随机混合，而主题也被认为是词的随机组合，因此，通过估计文档中每个主题的概率以及主题中各词汇的概率，将文档分为不同集群[29]。因此，以概率分布为依据，LDA比较客观地反映了文档的潜在主题，减少了直接使用人工标记带来的主观误差。而后，选取出概率最大的主题词，结合人工编码，可以将LDA所获取的关键词编码为更抽象的研究主题。

图1展示了基于LDA的项目知识转移研究主题的聚类过程，主要包括数据采集、数据预处理、主题建模与聚类、可视化及人工编码。本文以Web of Science核心数据库为文献来源，通过检索与筛选得到相关文献，并导出包含文献基本字段的txt文本；在数据预处理过程中，停用词库添加了文献搜索词（knowledge transfer、knowledge、project等）、一般性表述词汇（本文、结果、作者、摘要中的版权声明等）；主题建模与聚类过程中，由于主题数量需要人为确定，采用一致性评分（coherence score）和困惑度评分（perplexity score）共同确定最优主题数量，即更高的一致性分数代表模型有更强的解释性，更低的困惑度代表模型具有更好的拟合程度；主题可视化及人工编码过程中，人工编码由三名管理领域的研究生共同完成，对于存在分歧的主题结果，引入两名教师共同讨论分析，直到最终达成共识，并且根据可视化图谱的距离远近以及主题间关键词词义的联系进行人工编码，从而确定研究主题。

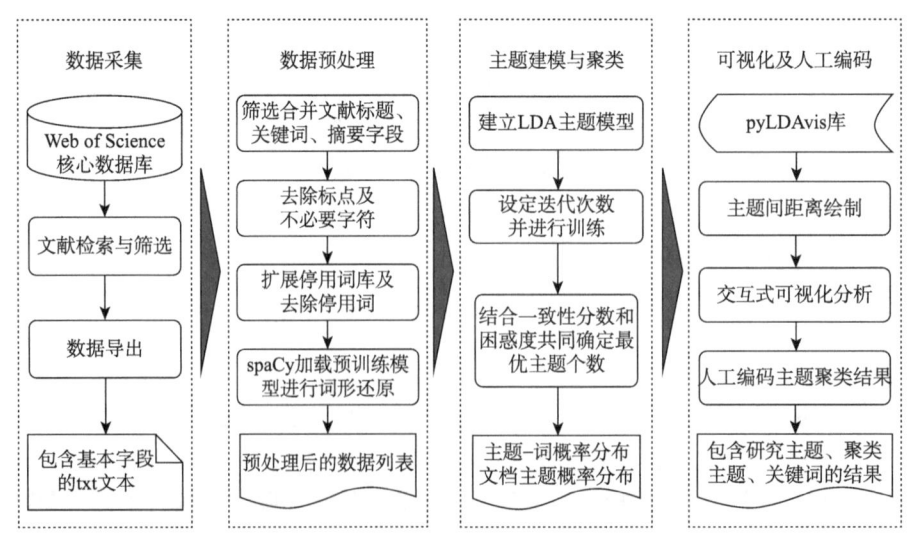

图1 LDA主题模型分析流程图

3 项目知识转移研究的演进脉络

3.1 基础统计分析

图 2 展示了 1994~2022 年项目知识转移的国际文献数量变化。从图 2 中可以看到，2005 年开始，项目知识转移的研究受到学者们持续增加的关注；该趋势在 2020 年出现了下降，且与 2021 年持平，这一波动可能是由于全球疫情延长了各个期刊的审稿周期。同时，由于无法进行线下面对面交流，科研工作的开展也受到了影响；但整体文献数量呈增长趋势，并且在 2019 年达到峰值（2022 年尚未完全统计）。

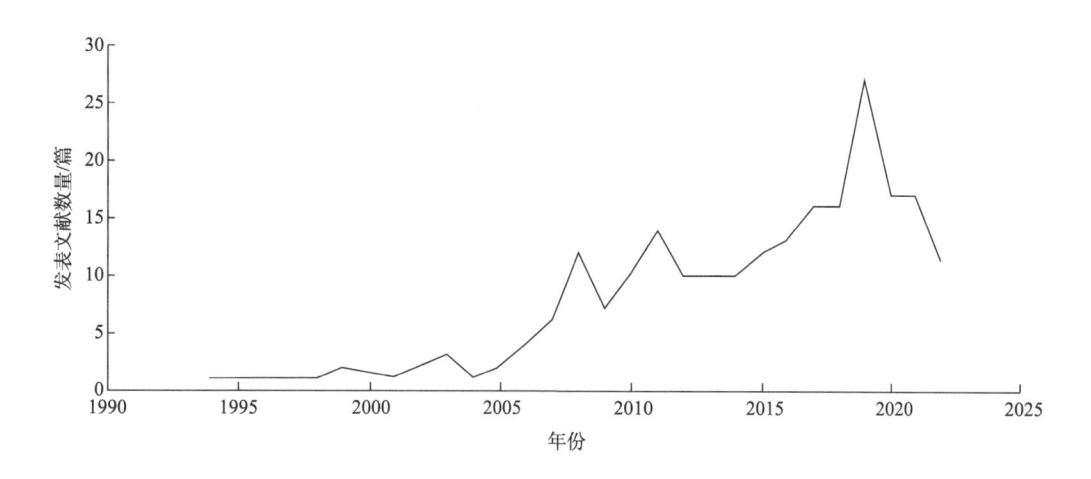

图 2 1994~2022 年项目知识转移文献发布数量趋势

3.2 研究前沿热点探析

3.2.1 关键词共现分析

本文从文献中一共提取出了 752 个关键词，但将出现频率阈值设为 2 后，只有 77 个关键词满足条件。本文讨论的主题为项目下的知识转移，因此大量文献的关键词都包含 "knowledge transfer"、"knowledge management"、"project management" 和 "knowledge"。虽然这些词语属于网络中的大节点，却并不能真实地反映研究主题的演化，属于冗余信息。通过人工删除该类一般性词语后，得到的关键词共现知识图谱如图 3 所示。

图 3 中每个节点表示关键词，节点越大则该词汇出现的频率越高；节点之间的连线表示两个关键词曾经一起出现过，连线越粗则它们一起出现的频率越高；不同的灰度深浅对应着关键词出现的时间早晚，灰度越深表示出现的时间越早，越浅表示出现的时间越晚。

图 3 的时间进度条跨度为 1994~2022 年。从中可以看出项目知识转移的研究方法、研究对象和研究内容的变迁。首先，从研究方法来看，早期的研究更多应用的是社会网络分析和行动研究，而后主要采用案例研究法。其次，从研究对象来看，项目知识转移主要集中在科技公司、大学、建筑业和信息系统相关产品的开发等；早期研究关注的是企业资源计划（enterprise resource planning，ERP）实施过程的知识转移，随后转向了科研项目和工程项目；近几年的主要研究对象已经扩展到教育行业、建筑行业和旅游行业。最后，从研究内容来看，隐性知识的转移、接收方吸收能力和协作对知识转移的影

响是早期关注的主题；随后是组织文化、信任以及社交媒体对知识转移的作用；2018 年开始，知识转移对创新的作用成为研究热点，从图 3 中可以明显看出，创新是最大的节点。

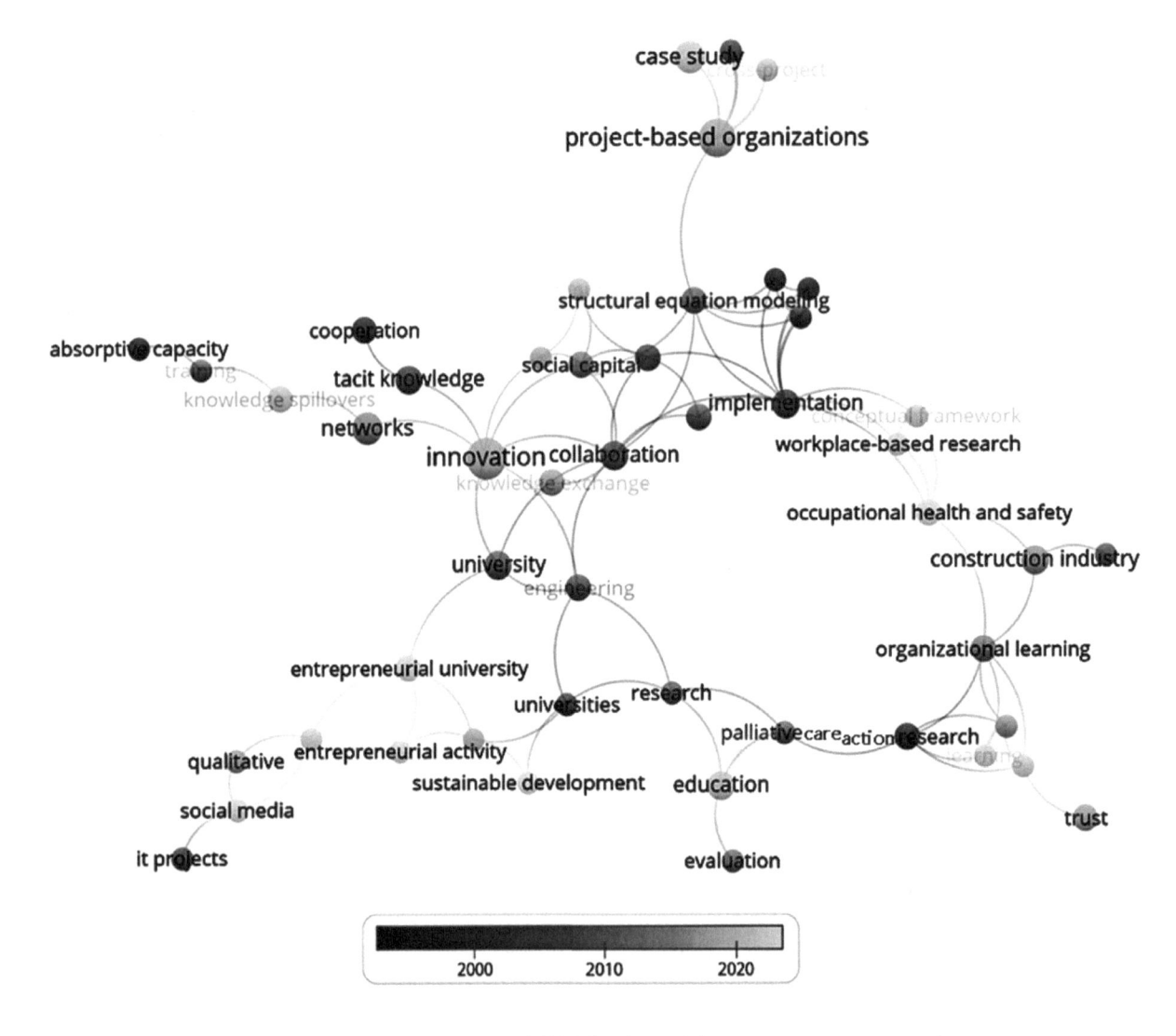

图 3　关键词共现知识图谱

3.2.2　主题地图

Callon 等引入战略图（strategic map），根据关键词的共现关系，对其进行聚类，每个聚类代表一个研究主题[30]。在战略图中，中心性（centrality）和密度（density）可以表示聚类随时间变化在研究领域内的发展状况；中心性是指聚类与其他聚类的连接程度，越大说明该主题在整个研究领域中越重要；密度是指聚类的内部凝聚力[30, 31]，越大表明该聚类对应的研究问题在整体上越连贯完整。本文通过绘制主题地图（图 4）和话题趋势图（图 5），并结合图 3 预测项目知识转移研究的发展方向。

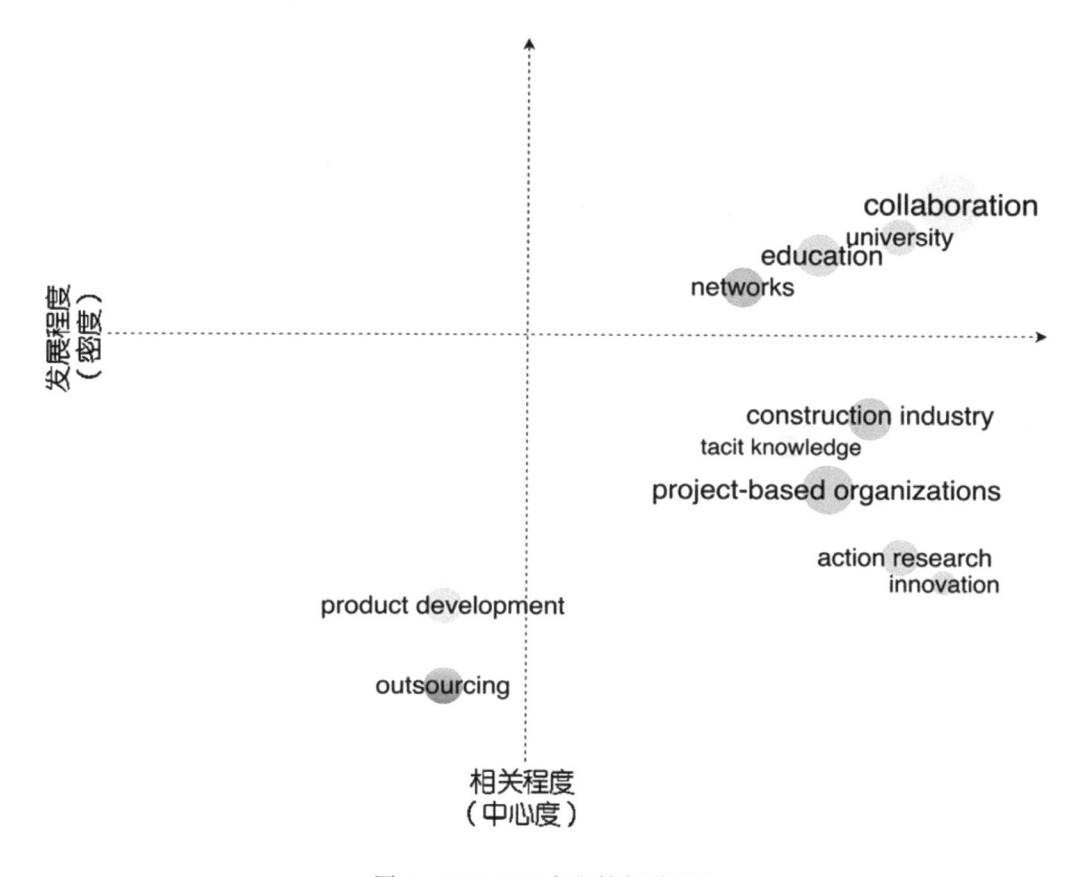

图 4　1994~2022 年文献主题地图

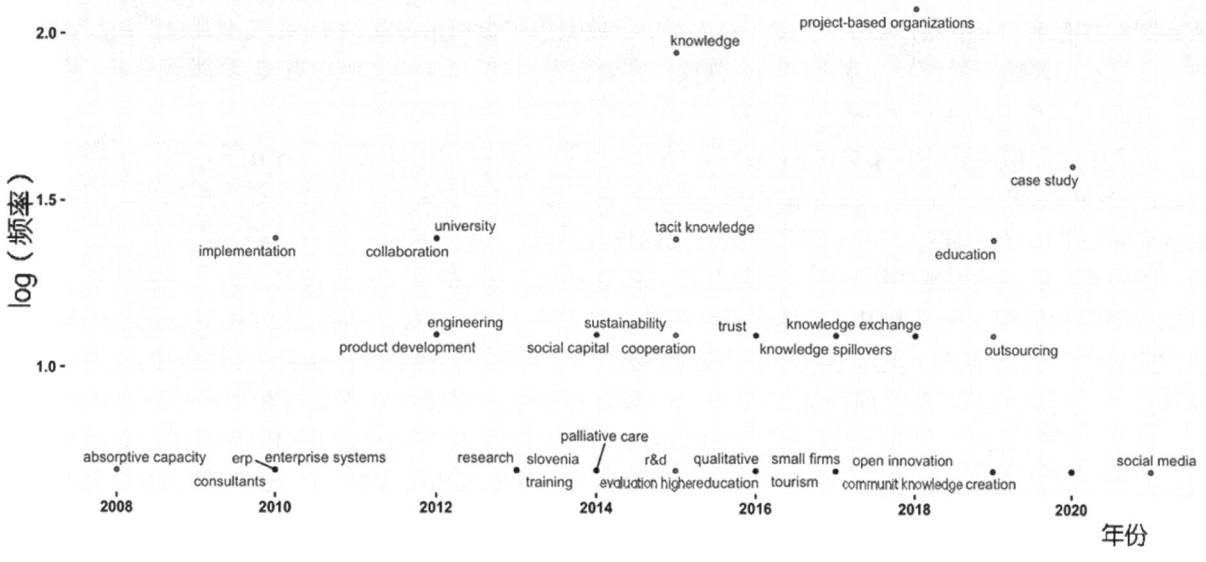

图 5　1994~2022 年话题趋势图

主题地图横轴为主题中心性,竖轴为密度指标,第一至第四象限分别被定义为:motor themes(核心主题)、niche themes(小众主题)、emerging or declining themes(新兴或衰退主题)、basic themes(基础主题)。从图4中可以看出,有11个主题聚类分布。

第一象限是既重要又有良好发展的主题,属于核心主题。该象限下有协作、大学、教育和网络聚类。其中,协作具有最高的中心性和密度,该聚类下包含社会资本理论、社会网络分析和结构方程模型,表明上述理论和方法在该领域研究中较为重要。

第二象限为空,表明筛选后的文献中没有低密度高中心性的研究主题,即近年来未出现兴起的小众主题。

第三象限聚类为最近涌现或慢慢消失的主题,该象限下包含产品开发和外包。对照话题趋势图,与产品研发项目有关的知识转移研究早在2012年便受到了较低程度的关注,所以产品开发可能属于逐渐消失的主题。从图5可以看出,2019年与外包有关的研究突然增多,属于新兴话题,且聚焦于信息系统或软件开发外包项目的知识转移。

第四象限表示基础概念或未来可能的研究热点[32, 33],包括建筑行业、隐性知识、PBOs、行动研究和创新。结合图3可知,隐性知识、行动研究和PBOs出现时间较早,因此它们应属于基础概念。建筑行业聚类下的关键词"occupational health and safety"近几年才出现,可以推测如何在建筑项目中向成员转移安全知识将会成为未来的研究方向。最后,知识转移对创新的影响也可能成为未来讨论的热点。

3.2.3 文献耦合分析

文献耦合指来源文献通过被引文献建起的耦合关系。如果两篇文献具有相同的参考文献,那么它们之间便存在文献耦合关系[32]。在本节中,我们构建了一个文献耦合网络(图6)。其中,节点代表来源文献,连边代表两篇文献存在耦合关系。节点在网络中的物理距离表明它们引用文献的耦合程度,即两个物理上越接近的节点,它们共享的参考文献越多。同时,总边权重也能反映文献耦合程度,它代表一个节点所含引文也被其他节点引用次数。本文将最小被引数量设为1,并去掉强度为0的节点,因此图6共有155个节点,4693条边。表2列出了数据集中被引量最高的10篇文献及总的边权重,这些文献显示出高被引量和较高水平的耦合强度。需要注意,10篇高引文献中有9篇都是关于"影响因素"方面的研究,说明这一话题在项目知识转移领域具有极大的影响力。

表2中,引用量最高的文献为Ko等[33]的研究,这篇文献以ERP实施项目为背景,讨论了影响顾问向客户公司转移知识的前因。大多数组织内部不具备实施ERP所需的技术和业务专业知识,因此它们通常会聘请顾问来帮助实施新的ERP系统或定制现有系统,Ko等的研究发现这种知识转移过程受到知识、激励和沟通相关因素的影响[33]。引用量第二的文献是Lam的研究,该研究探讨了组织的社会背景对知识转移的影响,作者发现不同社会环境中的公司具有不同的知识结构、隐性程度以及利用和传播的方式等[34],而这些差异正是导致项目失败的原因,因为它们会削弱合作伙伴公司之间的技术关系,并导致知识转移的不对称。同样地,Liyanage等发现如果知识转移双方具有相似的技术、结构或情境,那么知识转移的步骤可能会减少,提高转移效率[35]。上述两篇研究的相似之处在于,它们都认为组织背景差异可能不利于知识的转移。然而,以协同产品开发项目为背景,Knudsen的研究却发现合作伙伴间的行业差异有利于创新[36]。因为相似行业的组织容易传递类似的知识,造成知识冗余,最终可能阻碍新知识的创造[36]。Joshi等对发送方在知识转移中的作用进行了研究,令人惊讶的是知识来源者的能力高低对知识转移并没有重大影响,但双方频繁的沟通可以促进知识转移[37]。因此,在日常运作中,项目成员或组织应该投入时间和精力来产生、发展和维持社会关系,以增强团队成员之间的双向

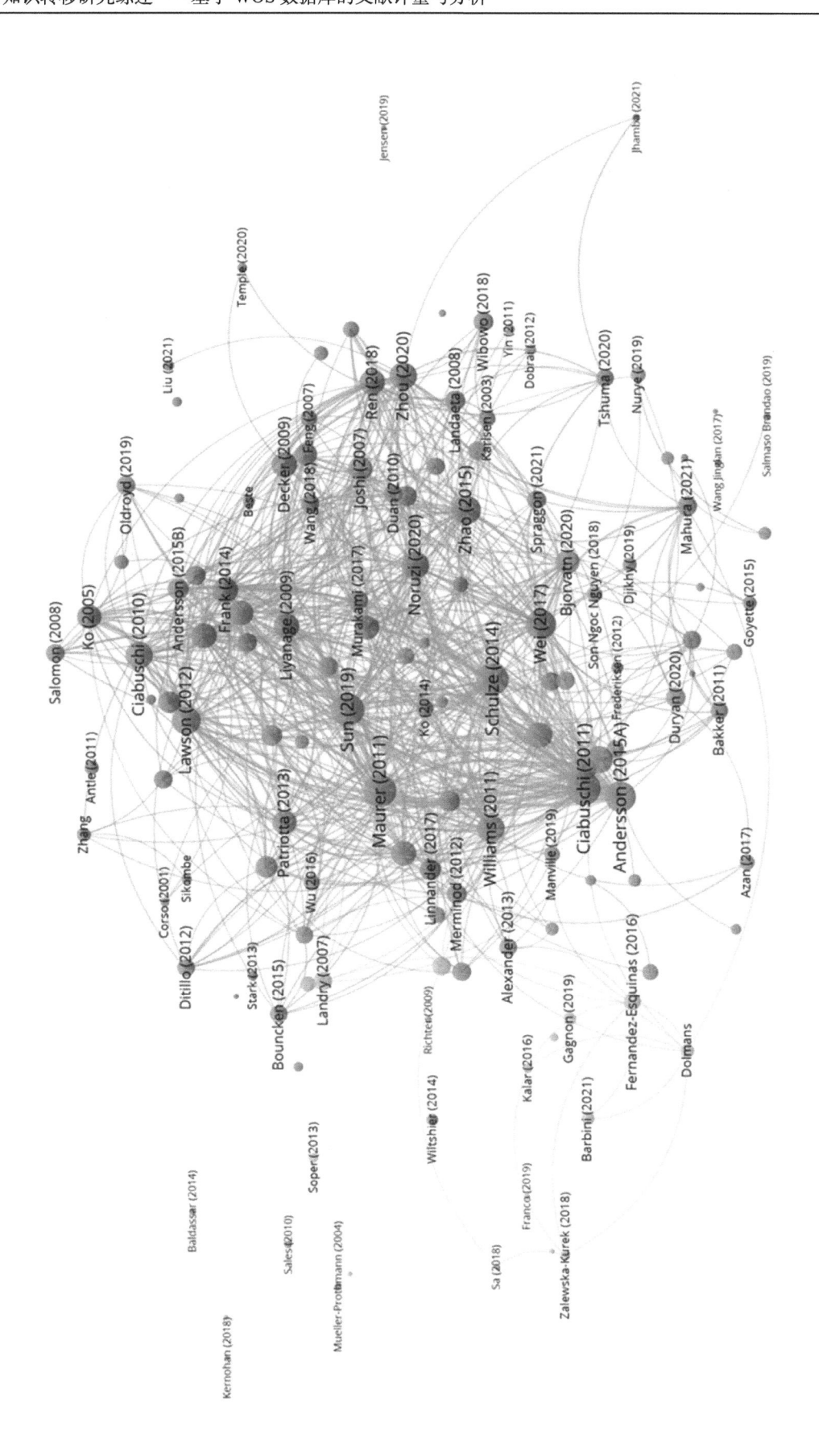

图 6 文献耦合网络

表 2 项目环境下知识转移研究的重要文献

文献	作者（年份）	被引量	研究内容	总边权重
Antecedents of knowledge transfer from consultants to clients in enterprise system implementations	Ko 等（2005 年）	593	影响因素	260
Embedded firms, embedded knowledge: problems of collaboration and knowledge transfer in global cooperative ventures	Lam（1997 年）	270	影响因素	141
The relative importance of interfirm relationships and knowledge transfer for new product development success	Knudsen（2007 年）	260	影响因素	95
The value of intra-organizational social capital: how it fosters knowledge transfer, innovation performance, and growth	Maurer 等（2011 年）	188	影响因素	477
Knowledge transfer in project-based organizations: an organizational culture perspective	Ajmal 和 Koskinen（2008 年）	163	影响因素	70
Determinants of knowledge transfer: evidence from canadian university researchers in natural sciences and engineering	Landry 等（2007 年）	147	影响因素	159
Knowledge communication and translation: knowledge transfer model	Liyanage 等（2009 年）	138	影响因素	275
Knowledge transfer within information systems development teams: examining the role of knowledge source attributes	Joshi 等（2007 年）	132	影响因素	262
Knowledge transfer in globally distributed teams: the role of transactive memory	Oshri 等（2008 年）	129	转移机制	136
Managing the project learning paradox: a set-theoretic approach toward project knowledge transfer	Bakker 等（2011 年）	87	影响因素	144

知识转移，最终提高创新绩效[38]。另外，接收方具有高水平的吸收能力也是项目知识转移成功的必要条件[3]。

文献耦合网络（图6）包含四个集群，进一步为文献分析提供了线索。

集群一：组织/项目内部因素对知识转移的影响

集群一从项目内部环境探讨了影响知识转移的因素。项目内部环境可分为项目团队关系和项目性质。首先，以 Wei 和 Miraglia[4]为代表的一系列的研究，描述和讨论了项目团队关系对知识转移的影响，包括成员间的知识距离[39]、文化意识[39]、共同信念[4]、信任[40]及情商[41]。另外，项目或组织本身的特征及性质也对知识转移产生了深刻的影响。组织文化影响了成员对知识重要性的判断，并塑造了他们对特定知识转移机制的偏好[4]。同时，接收者的吸收能力[3]、组织管理环境（即组织氛围和激励机制）[5]、项目的相似性[2]可以促进项目间的交流，提高参与者知识转移的意愿。然而，项目任务背景（即临时性和时间紧迫性）对转移知识的意愿起着负面作用[2, 5]。

集群二：项目知识转移的策略研究

集群二探讨了促进知识转移的策略。Axelson 和 Richtner 使用案例研究法，确定了产品开发合作项目中，实现知识转移的关键策略，包括团队同地办公、建立通用词汇、共享工作流程及联合工作任务[42]。同时，产品生命周期管理技术也可以促进国际产品开发项目环境中的知识转移，Merminod 和 Rowe 的研究发现产品生命周期管理技术的使用提高了数据和网络透明度，进而增强了知识转移[43]。其他策略还包括信息通信技术[44, 45]、交互记忆[46]、培训[47]、合作[48, 49]等。这一集群的文献大部分使用了案例研究法，研究知识转移策略在不同的行业中的应用，为加强知识管理和项目管理实践提供了指导。

集群三：组织/项目外部因素对知识转移的影响

集群三包含了大部分关于项目外部因素对知识转移影响的研究。Ciabuschi 等发现公司之间的合作有助于国际知识转移，成功的 IT 基础设施和特定应用程序可以间接促进转移过程[50]。同时，发送方公司的传播能力，包括专家知识的获得、评估接收公司的知识库和知识编码，与知识转移成功正相关[51]。此外，对于产品开发项目，买方的学习意图促进了公司间的知识转移，但也激励了供应商保护他们的知识。这种防御措施增加了知识的模糊程度，可能不利于买卖双方之间的知识转移[52]。

集群四：科研成果到企业应用的知识转移

集群四中的文献主要讨论了高校到企业的知识转移，即如何将科技成果进行转让或商业化。Dolmans 等发现科研人员的知识转移方法随着时间的推移而发展，结构化或系统化的学术参与能够引导他们意识到科学研究与企业应用之间存在的知识边界，通过获取必要的工业应用知识，学者能够成功地"翻译"和"转化"学术成果以跨越与行业的知识边界[53]。学者的社会资本与他们参与技术和知识转移显著相关，以团队合作为导向能够激发学者参与行业跨学科项目的意愿，并激发多学科研究[48]。此外，Zimpel-Leal 和 Lettice 对一系列推动科技成果转移的主要动机进行了研究，如非金钱激励、声誉、机会、利己主义、战略考虑、学习和适应性自我调节等，作者发现相对于财务激励，基于社会规范、自主性和相关性的动机在科研知识转移中占主导地位[54]。学者的自主性，以及与企业高度相互依存的条件（表现为对知识、技能、设施等资源的需求）也能够促进科技知识的转移[55]。

4 项目知识转移的研究主题分析

通过使用 LDA 主题模型分析，本节确定了 7 个项目知识转移的聚类主题。然后，将 LDA 结果作为输入，使用 Python 绘制出文献主题聚类可视化图谱，如图 7 所示。聚类主题以圆圈表示，圆圈的大小代表主题出现的频率，圆圈的灰度深浅表示不同的研究主题，圆圈间的物理距离表示主题之间的接近程度。结合图谱信息及主题关键词联系，对聚类结果进行了人工编码，确定了 5 个研究主题，如表 3 所示。本文将围绕这五个研究主题对相关文献进行重点分析。

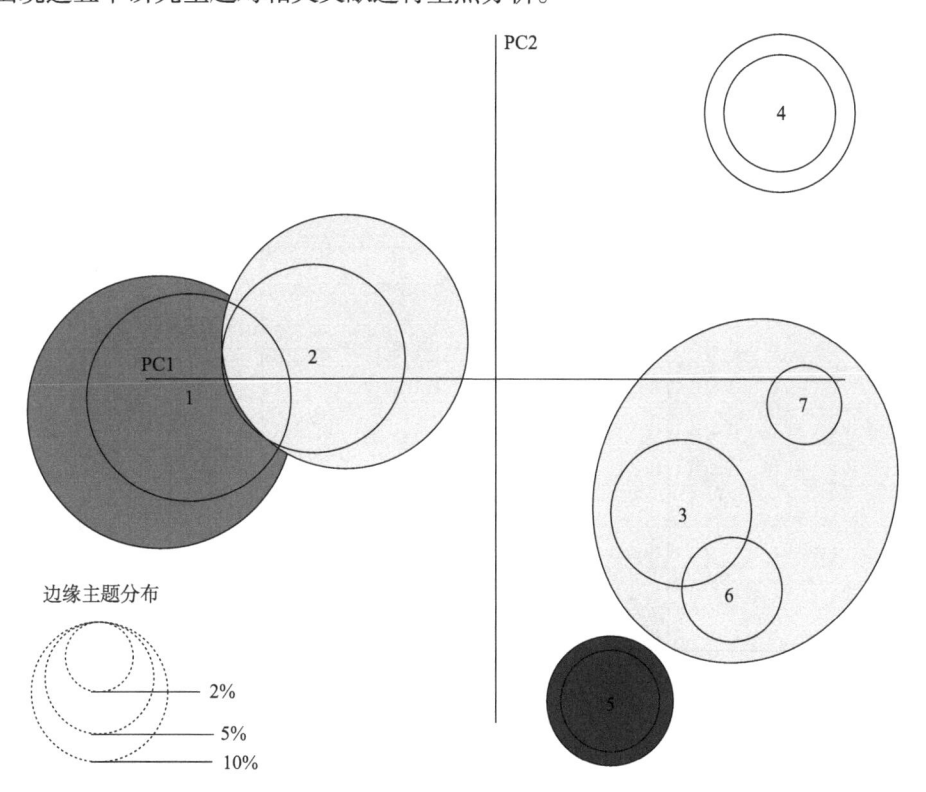

图 7 主题建模可视化

表 3　LDA 得出的 7 个主题聚类结果

研究主题（人工编码）	聚类主题序号	聚类主题关键词
项目知识转移影响因素	1	factor；influence；process；trust；time；social relationship；willingness；culture；cognitive
项目知识转移过程	2	process model；dynamic；capability；governance；mechanism；source；border；cooperation；performance
项目知识转移机制	3	strategy；scientific；academic；practitioner；social；capacity；science；training；decision；target
	6	solution；case；software；ERP；facilitate；communication；consulting；actor；selection；utilize
	7	competency；mechanism；learn；acquire；questionnaire；international；travel；venture；multinational
项目知识转移动机	4	motivation；incentive；behaviour；economic；initiative；learning；industry；spanner；entrepreneurial；community
项目知识转移效果评价	5	performance；efficiency；tacit；cost；effect；maintenance；simulation；affective；stakeholder；link

4.1　项目知识转移的影响因素

研究主题 1 的高频关键词有"因素"（factor）和"影响"（influence），因此推测该主题为项目知识转移的影响因素。由主题圆圈的大小可知，学者们对本主题进行了大量研究，运用访谈、问卷调查、案例研究等方法识别了一系列关键因素。出现频率较高的关键词为信任（trust）、时间（time）、社会关系（social relationship）、文化（culture）等，因此这些因素可能在研究中受到了较多关注。参考刘常乐等[20]和 Duan 等[39]的分类框架，本文将影响因素按照转移主体、转移情境、转移内容和转移媒介进行分类，并将四个大类进一步细化为 25 个具体要素（表 4）。

表 4　项目知识转移影响因素分类

分类	子分类	具体因素
转移主体	发送方（源项目）	传播能力
		转移意愿
		可信度
	接收方	吸收能力
		学习意愿
	社会资本	信任
		合作
		共识
		沟通程度
		网络连接强度
		共同目标/价值观（文化、教育背景）
转移情境	内部环境（项目内/组织内）	项目相似性
		项目时间紧迫性
		项目临时性
		项目文化

续表

分类	子分类	具体因素
转移情境	内部环境（项目内/组织内）	组织文化（组织氛围；激励机制；共享文化）
		组织结构
	外部环境	地理距离
		社会环境
		政策支持
转移内容	知识	编码程度
		存在形式
		模糊性
转移媒介	传统交流工具	邮件；即时短信
	信息通信技术	Intranet；Project-web；BIM[1]

1）BIM 即 building information modeling，建筑信息模型

学者们以发送方、接收方和社会资本为研究对象，探讨了不同主体对项目知识转移的影响。发送方的传播能力[51, 56-59]、转移意愿[58, 60]以及可信度[61]能够影响项目知识转移的效率，而接收方的学习意愿[52, 56, 58]和吸收能力[59, 62]是知识成功转移的重要条件。对于社会资本，学者们发现信任[38-40, 62-69]、合作[69-71]、共识[61]、沟通程度[60, 61]、网络连接强度[72, 73]和共同目标[64, 71, 74]是开放创新和知识流通的基础[74]，能够促进项目知识转移。然而，对于跨国项目来说，虽然语言以及两国商业文化和行政立法制度的差异是跨境合作的障碍，但正是这种文化和技术能力的差异推动了跨境知识转移和创新[64]。

学者们还探讨了内部环境和外部环境对知识转移的影响。对于内部环境，项目自身特点和组织特征是重要的情境要素。具体而言，项目的相似性能够促进知识转移[2, 12]，而项目时间紧迫性和临时性会阻碍知识转移[65, 66, 70]。项目或组织文化和组织结构对项目内的知识转移方法也有着强烈影响[75-78]。良好的组织文化和适宜的组织结构不仅可以规范组织中的转移活动，还能为知识转移提供支持[66]。Zhou 等发现组织氛围和激励机制促进了人们的知识转移意愿，进而对转移效果产生正向影响[5]。Sun 等的研究结果进一步揭示了组织文化对个人选择的影响，即组织文化通过影响员工对权威知识的认知，塑造他们对特定知识转移机制的偏好[4]。另外，层级治理的组织结构对知识利用有负向影响，而分散柔性的组织结构能够提升知识转移的效率[76]。在外部环境中，组织或项目间的地理距离[73, 79]、所处的社会环境[34]，以及政策支持程度[79]对知识转移具有关键影响。通过对日本和英国高科技企业在知识密集型领域的紧密合作的实证分析，Lam 揭示了知识的社会嵌入性是如何阻碍跨国合作和知识转移的[34]。处于不同社会环境的公司之间具有较大差异，随着时间的推移，这些差异会削弱合作企业之间的技术关系，并导致不对称的知识转移。

较少学者研究了转移内容特点和媒介类型对项目知识转移的影响。具体而言，待转移知识的编码程度[60, 73]、存在形式[34]和模糊性[60]对转移效果有一定影响。与传统认知不同，Takahashi 等发现知识可编码性和知识转移之间存在负向关系[73]。高度编码的知识可能使研究人员对文档的有效性过度自信，从而减少个体互动，错过可能存在的隐性知识。另外，转移媒介是项目知识转移不可忽略的工具，它们可以克服地理距离的限制，增加项目间沟通的便利性和顺畅性。项目知识转移媒介包含传统交流工具和信息通信技术。相较于电子邮件，大部分使用者认为即时通信工具是更有效的传统交流工具，这类工具可以作为口头交流形式的替代品，且具有自发使用的优势[80]。信息通信技术工具能够有效缓解

知识黏性和歧义性对知识转移带来的负面影响，从而促进知识转移[81]。

4.2　项目知识转移的过程

研究主题 2 中"过程模型"为频率最高的关键词，因此该主题下的文献聚焦于对转移过程的研究。同时，在图 7 中可以看到，集群 1 与集群 2 有较多重叠，可知"影响因素"与"转移过程"在文献中常常被同时提到，两者具有一定关联性。"动态"（dynamic）、"能力"（capability）、"治理"（governance）、"知识来源"（source）、"合作"（cooperation）等关键词出现频率较高，而这些正是该主题下的文献较为关注的内容。

首先，知识转移是一个动态的、持续的过程，最为著名的转移过程模型为 Nonaka 和 Takeuchi 提出的 SECI（知识螺旋）模型[82]以及 Szulanski 的过程模型[83]。在此基础上，学者们提出了针对项目环境下的知识转移过程模型。Prencipe 和 Tell 认为知识转移的三个阶段是经验积累、知识表达和知识外显化，组织跨项目知识转移的主要目标是通过非正式日常活动来积累个人或团队成员的经验，将知识与其他项目联系起来并使其可用[84]。Shaqrah 和 Al Maliki 研究了可能影响企业系统项目成功的主要隐性知识转移过程和子过程，提出了一个包含五个隐性知识转移过程的概念框架：准备分享、准备接受、选择传输渠道、隐性知识转移和知识实体化[63]。基于新产品开发项目背景，Frank 和 Ribeiro 建立了跨项目知识转移的综合模型，更加全面细致地描述了组织内正式和结构化知识转移过程的 5 个阶段：知识创造、知识识别、知识处理、知识传播和知识应用[85]。

其次，根据转移场景，项目环境中的知识转移过程可以分为两个层次：跨边界（项目间/组织间）知识转移和项目团队内的知识转移，两个层次的结合构成了一个完整的知识转移过程。

对于跨边界知识转移，最大的挑战之一是确定转移知识的类型和需求[47]。因此，知识转移的过程是一种交流合作行为。接收方需要积极与他人沟通，表明自己所欠缺的知识[86]，使知识源能够识别待转移的知识。然后，根据知识类型、主体之间的物理距离等因素，选择最合适的转移媒介。最后，将知识转移到接收方。

然而，成功获得知识并不意味着知识转移过程的结束，接收方还需要具备吸收知识和应用知识的能力，进而产生新知识或改进现有的知识、技能或能力[86]。因此，知识转移的过程也是一种"翻译"行为，主要包括两个步骤；第一步是知识评估，判断在该项目情境下最有可能有用的知识[85]，并通过简单地增加和删除知识来完成。第二步是知识调整，通过将知识与项目内部需求和背景联系起来，接收者可以识别知识的潜在利益或价值，从而使知识情景化[87]。调整后的知识已经具备了可用性，此时项目内需要建立访问渠道，向项目成员扩散新的知识[85, 88]。同时，通过培训等方式，让成员学习如何在项目中应用新知识。知识应用是知识转移过程中最重要的阶段[89, 90]，这是将获得的知识用于解决问题的关键阶段，这一阶段能够提高效率和降低成本[91, 92]，从而为组织创造价值[89]。此后，在知识付诸实践检验后，会被永久地纳入新的项目团队例程中，成为团队可用的标准解决方案[93]，这个阶段被称为知识保留[94]。

另外，在转移过程中，接收者通常被认为是主要受益者，但成功的转移过程应该同时有利于转移双方[35]。因此，接收方对知识的外化和反馈有着重要意义，这是将隐性知识转化为显性知识的过程[95]。利用书面报告等显性知识的载体，接收方不仅向发送方传递了新的实践经验和知识[96]，也衡量了自身知识吸收的有效性和转移过程的效果[97]。这样一种闭环转移路径为双方增加了价值，并加强了合作关系[35]。

因此，基于上述论述，本文结合 Madsen 等[47]、Cheng[98]、Liyanage 等[35]以及 Frank 和 Ribeiro[85]等学者的研究，归纳总结了如图 8 所示的项目团队知识转移过程，包括如下四个步骤。

第1步：识别待转移的知识。即发送方根据接收方的需求，识别待转移的知识。

第2步：发送知识。即发送方从知识的显隐性程度、项目地理距离、转移时间、转移成本等维度综合考虑，建立合适的渠道向接收方转移知识。

第3步：吸收知识。即接收方在获取知识后，需要进行一系列处理才能将其应用于自身环境。处理过程分为：知识评估、知识调整、知识扩散、知识应用和知识保留。首先，要评估新知识的有用性，即这些知识是否与提出的问题或项目环境相关。如果相关，就可以对其进行调整，包括精练总结和知识关联，主要对过于宽泛和冗余的信息进行精练总结[99]，并整合知识，以便将其与内部需求联系起来[35]。这时，经过调整的知识与新环境更加契合，接收方可以通过项目文档、信息通信技术、培训等方式，在项目团队中传播知识，使成员能够访问和获取，从而为问题的解决建立知识基础。随后进入最重要的知识应用阶段[89]，通过将获得的知识用于解决眼前的问题，为组织创造价值。过程中的其他步骤，如获取、总结和关联，都不会直接为项目创造价值，因此，接收方应多加利用沟通和合作来加强知识应用[35]。而后，那些形成标准化解决方案的新知识被保留下来，纳入工作手册或信息系统等，这一步就是知识保留[94]。

第4步：知识的外化和反馈[35]。接收方将应用知识时获得的经验反馈给发送方，知识外化的过程为双方增加了价值，也促进了协作。

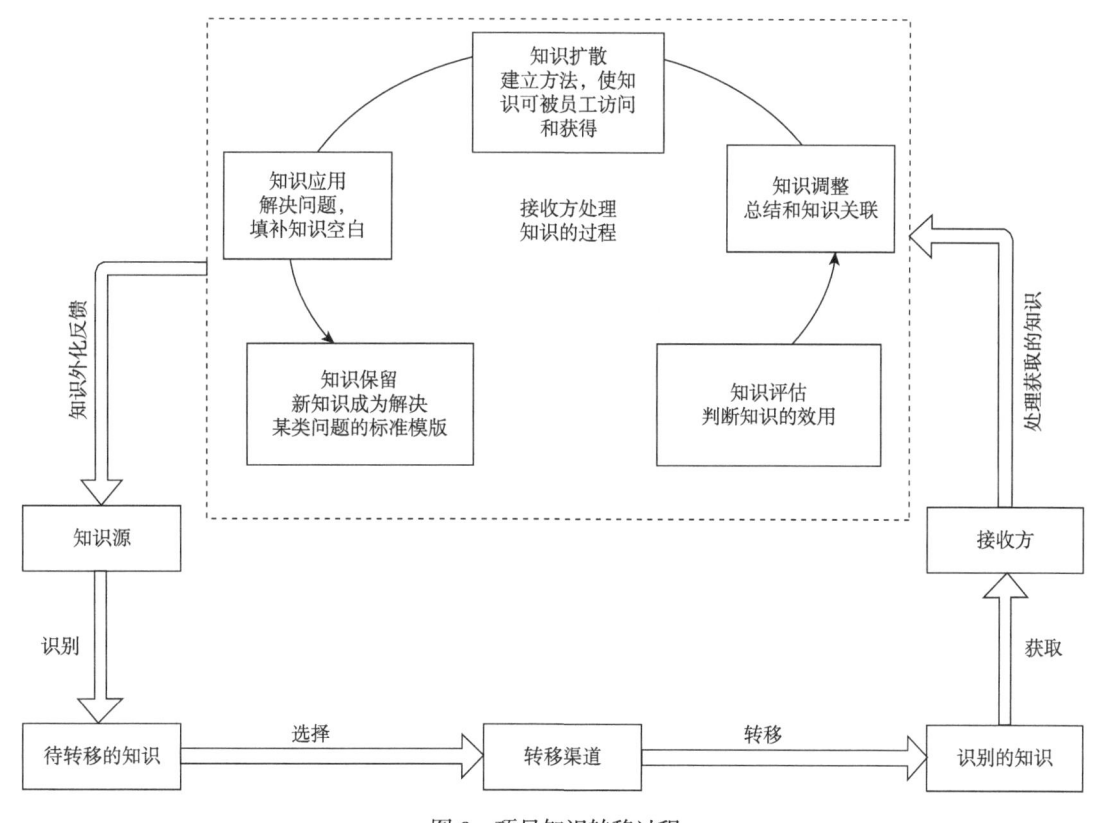

图8 项目知识转移过程

4.3 项目知识转移机制

在前两个研究主题的基础上，一些学者提出了促进知识转移的机制。知识转移机制是用正式和非正式的传输方式，分享、整合、解释和应用蕴藏在个人和团体中的知识和技术，助力于项目任务的完成[100]。研究主题3包括聚类主题3、6和7，三个聚类主题呈现了在不同项目背景下学者关注的转移机制。

其中，集群3的高频关键词有"科学"（scientific）、"学术"（academic）、"实践者"（practitioner）等。因此，推测该主题下的文献主要关注的话题为科研项目知识转移，即如何将研究成果转移到实践中。将转移方法分为主动策略和被动策略，Nedjat等发现激励政策（晋升、财务奖励、招聘）能够促进科研学者采用基于互动的主动策略，如演讲活动和简报[101]。然而，为了完成项目要求，被动策略仍是主要的知识转移方式，即通过发表论文传播学术成果[101]。Hocevar和Istenic也发现，研究人员的科研效率越高，越不关心如何将知识转移到实践中[102]。为了解决这一问题，Stark等提出了嵌入式参与策略，让科研人员参与到项目过程中，将现有研究成果服务于当前项目背景，能够更好地促进知识转移[103]。同时，学者的社会资本与他们参与技术和知识转移显著相关，因此以团队合作为导向的转移策略，如建立知识转移伙伴关系[104-106]，能够激发他们参与行业互动，从而促进科研成果的应用[48]。在Manville等的研究案例中，合作企业还增设了平衡计分卡评价组织绩效，并反馈到大学，以衡量知识转移伙伴关系的有效性[107]。另外，对员工进行学术培训也是促进知识转移的有效策略[108]。

聚类主题6的文献以案例分析法为主，对软件行业的知识转移机制进行了研究。许多文献强调了顾问在ERP项目中的重要作用[109-111]。顾问的职责是了解客户的业务流程，将其转化为ERP需求，并根据客户需求制订ERP方案[109]。在ERP实施项目中，客户与顾问之间的知识结构是不对称的，顾问主要拥有技术知识，而客户主要具备商业知识，这种知识不对称可能会阻碍复杂技术的使用[110, 111]。因此，通过顾问到客户的知识转移，内部员工才能在系统实施后独立于顾问进行操作[112, 113]。促进这种知识转移的机制之一是客户嵌入[114]，即组建由ERP顾问和内部员工组成的项目团队，使客户获得持续使用ERP系统所需的技术技能[115]。另一种是常见的培训机制，即顾问对客户员工进行相关培训[116]，且培训课程应附有针对客户需求的文档[117]，以传递显性知识。然而，作为知识密集型行业，软件实施蕴含着许多隐性知识。在这种情况下，非正式交流对于传递隐性知识非常重要[77]。因此，客户公司应该聘请具有丰富经验、良好沟通和团队合作技能的顾问。同时，社交媒体作为一种沟通媒介，在该主题下的研究中也受到了许多关注[118]。其中维基[80]、即时通信工具、社交网络为平台早期讨论较多的工具[119]，而在最近的研究中出现了如移动媒体、云计算和物联网等新技术的使用[120]。

在全球一体化的大背景下，跨国企业之间的合作越来越频繁，相应的跨国项目也越来越多。聚类主题7的文献基于这一背景，对跨国组织或项目团队的知识转移机制进行了研究，问卷调查是该主题文献的主要研究方法。

远距离团队进行知识转移的机制主要与信息通信技术和信息系统相关。信息通信技术是远程项目合作的重要手段，因为远距离团队难以面对面进行交流，信息通信技术的应用提高了通信频率，克服了项目之间地理距离对知识转移的负面影响[2]。但是，所需的大量投资会使信息通信技术工具的选择受到现有资源限制[44]。另外，信息技术本身并不传递知识，而是依赖于使用它的人，知识转移的成功在很大程度上取决于转移主体之间是否存在合作行为[71]。因此，信息系统领域的项目知识转移研究了与人有关的因素[46]，如信任[121]和人际关系[122, 123]可促进远距离知识转移[46]。

对于近距离项目而言，有更多可供选择的知识转移机制，除了信息通信技术，定期工作会议、线下培训等都适用。虽然信息通信技术的信息传输能力已经得到了验证，但知识的转移仍然倾向于传统的互动形式[124]，这是因为面对面进行知识转移可以建立信任和承诺[125]，并有条件利用白板和流程图等将复杂的方案可视化，从而促进项目成员对工作的理解[124]。

4.4 项目知识转移的动机

聚类主题4的高频词主要有"动机"（motivation）、"诱因"（incentive）、"行为"（behaviour）、

"主动"（initiative）。通过高频关键词推测，聚类主题4重点讨论了项目知识转移的动机。

根据理性行为理论，项目知识转移主体的行为受其意志控制。因此，项目团队成员的知识转移意愿是直接由其动机所诱发的，是知识转移行为的直接触发因素[126]。知识传递过程包括知识发送和知识接收，发送者的发送动机和接收者的接收动机都会影响项目知识转移的效果。有很多文章解释了项目组成员的发送动机，其中大部分是从内在和外在两个角度描述动机[127]。内在动机通常是指个人出于追求快乐、实现自我价值等自身原因所驱动的行为，而外在动机是指由奖励、认可或规则等外在原因驱动的行为[128]。Javernick-Will 对13家建筑行业公司的48名员工进行了调查，发现社会动机是员工转移知识的驱动力，包括互惠、组织文化、模仿领导者行为、避免惩罚和员工的情感承诺[15]。Constant 等研究了态度与知识转移之间的关系，发现项目成员发送知识的驱动力主要是自身利益、互惠和自我表达[129]。从以往的研究可以看出，内部动机是项目内知识传递者的主要推动力。然而，奖金和罚款的外部动机都普遍用于跨组织项目[130-132]。Meng 和 Gallagher 的研究证实了奖金和罚款对知识转移的积极作用，为了获得奖励或避免惩罚，边界跨越者愿意主动贡献知识[133]。

动机也可分为社会动机和经济动机。典型的社会动机主要有维持良好的形象和满足其他利益相关者（如政府）对知识转移的要求[134, 135]。经济动机包含解决管理和技术问题、提高项目的绩效、增加直接经济效益、培养具有丰富知识和经验的管理人员[136, 137]。通过访问 PBOs 成员，Teng 和 Pedrycz 确定了经济动机的重要性，发现组织环境和激励机制加强了转移意愿，管理者应该重视成就和激励成员，同时对转移隐性知识进行补偿，如货币、非货币或与绩效相关的奖励[138]。然而，Hau 等的研究结果表明：组织奖励仅对员工的显性知识转移意愿具有积极影响，对隐性知识转移意愿具有负面影响[139]。因为隐性知识的转移不能被直接观察，它的输出无法归因于特定员工。另外，显性知识是可交易的，管理者能够追踪转移轨迹，进而观察员工在这方面的表现，并给予奖励[126]。

从上述信息可以发现，目前，很少有研究关注接收者的动机。为了填补这一空白，Wei 等进行了关于知识接收者特性的研究，最终确定了学习导向是一个重要的知识转移动力，同时，为了获得同行尊重、提高自身竞争力，接收者往往会主动学习和吸收知识[128]。

4.5 项目知识转移的效果评价

聚类主题5的高频关键词有"表现"（performance）、"效率"（efficiency）、"隐性"（tacit）、"成本"（cost）、"效果"（effect）等。推测该主题重点讨论的是对项目知识转移的效果评价。

已有研究中定义了一些评价知识转移有效性的指标，但知识转移的过程本身具有复杂性和动态性[140]，且项目具有唯一性、临时性，因此对不同项目间知识转移的效果评价比较困难，目前还没有形成统一的评价方法。本文从三个角度将现有评价方法进行分类，分别是转移内容、知识发送者及知识接收者（表5）。

表5 评价知识转移有效性的指标

评价角度	指标	解释
转移内容	知识数量	在一定时间内，转移知识的数量
	转移障碍	能否克服由于知识自身类型特点带来的转移障碍，如模糊性、滞后性、流动障碍等
	知识质量	优秀的知识比劣质的知识更有可能从源头转移到用户手中，实现成功转移
发送方	转移成本	直接成本：转移知识所需的时间成本和资金成本，是否能够按时、按预算完成知识转移 间接成本：发展自身学习能力的机会

续表

评价角度	指标	解释
接收方	满意程度	是否实现转移知识的目的，如知识储备的增加、项目目标的完成、技术和管理水平的提高等
	内化吸收程度	能够将转移知识用于自身经营环境的程度
	再创造程度	接收者可否通过转移的知识进行创新，在原有的基础上对知识进行拓展，使之成为企业竞争力

从转移内容角度来看，知识转移的有效性可以从三个方面来评价。首先，Hakanson和Nobel认为知识转移的成功可以用一定时间内知识的转移数量来衡量[141]。但这一指标无法完整反映知识转移的有效性，如果接收方吸收或采纳程度较低，最终的转移效果可能不够理想。由此，Kane等提出知识采纳可作为评价指标，衡量所转让的知识在接收单位被采纳的程度[142]。如果大量的知识被转移到接收单位，而接收单位却很少使用这些知识，那么在这个维度上知识转移是失败的。其次，Hamel提出能否克服知识本身特点带来的转移障碍，也可作为一项评价指标[143]。例如，对于隐性知识，如果在转移过程中能够克服其模糊性问题，那么可以说这是成功的知识转移。但Szulanski却认为转移障碍对转移有效性有着负面影响，障碍越多则转移越难成功，反之，障碍越少则转移效果将会越好[144]。最后，知识质量是最难量化的指标之一。Kane等将知识质量定义为发送方知识和接收方知识之间的差距，认为优秀的知识比劣质的知识更有可能从源头转移到用户手中[142]。衡量知识质量的方法包括优势知识（要转移的知识比接收者的现有知识要好[142]）、知识距离（来源和接收者拥有类似知识基础的程度[145]）、可表达性（知识可以被口头、书面、图像或其他方式表达的程度[145]）等。

从知识发送方角度来看，转移成本是一项重要的考核指标[146]。Szulanski认为成功的知识转移应该按时、按预算完成，并且让接收方感到满意[144]。Mudambi等将转移成本分为直接成本和间接成本，直接成本可以用时间和金钱来衡量，间接成本是失去发展自身学习能力的机会[147]。

从知识接收方角度来看，转移结果与接收方的满意程度[62]、内化吸收程度[148]以及知识再创造程度有关。Ren等[2]、Zhou等[5]和Sun等[70]用知识储备的增加、项目目标的完成、技术和管理水平的提高来衡量项目环境中知识转移的有效性。Grant指出如果接收方对获得的知识吸收、整合、拓展并加以利用，变成自身竞争力，那么可视为成功的知识转移[149]。

5 总结与展望

5.1 总结

本文结合使用文献计量和LDA主题模型分析法，探究了28年来项目环境下知识转移研究的发展趋势和核心研究主题，总结出现有研究的以下特征。

第一，研究涉及的行业越来越广。文献中的行业涵盖了教育、科技、制造业、信息系统开发及建筑业等，说明随着项目的增多，知识转移受到越来越多行业的重视，有着广阔的运用范围。重点关注的行业从大学科研项目、ERP开发转至创新企业和建筑业。随着研究行业和范围的不断延伸，该领域的研究内容将趋于多元化和系统化。

第二，研究主题的边界不断扩展，内容不断细化。早期的研究以发展概念框架为主，对转移过程中涉及的要素进行了概念解释。基于这些框架，学者们延伸出不同主题的研究，如影响因素、转移机制、评价指标等。其中，关于项目知识转移影响因素的研究成果最为丰富，而"信任"和"组织文化"是最受关注的因素。

第三，研究使用的方法不断丰富。早期研究以行动研究、社会网络分析和问卷调查为主。随着 PBOs 的出现，案例研究成为重要方法。该方法通过实地调研，能够更真实客观地反映项目知识转移过程中的要素变化，并为其他类似的转移情境提供了易于理解的解释和参考。

然而，本文的研究存在着数据来源单一的问题，只分析了 Web of Science 核心数据库中的英文文献。未来的研究需要拓宽数据库，且不仅局限于分析引用量高的文献。同时，虽然在中文研究中，"知识转移"已成为较为统一的术语表达，然而在英文中，转移（transfer）一词可能会有相似意义的衍生或替代词，本文的检索方式可能排除了重要和相关的文献。

5.2 项目知识转移的未来研究方向

通过分析当前研究进程脉络，结合该领域重要研究主题发展趋势，本文为项目环境中的知识转移研究提供了未来可以继续深入探讨的几个方向。

1. 探索项目知识转移的动态演化过程

目前，项目知识转移研究以静态为主，没有充分考虑到知识转移是一个过程而不是孤立的行为。因此，可以结合运用复杂网络和系统仿真等方法，得到项目知识转移多主体之间动态互动的规律，从而对转移过程和机制提出改进建议。

2. 探索项目知识转移的有效性评价模型

虽然一些学者提出了可参考的评价指标，但通常具有主观性，难以量化，如知识接收方的满意度、技术和管理水平的提高等，这些指标大多只能通过问卷和访谈的形式来搜集，未来还需要发展更多的量化指标。

3. 重视大数据、人工智能等技术在项目知识转移中的应用

推进项目知识转移的模式可以分为工程模式和社会组织模式[150]。前者侧重于使用信息通信技术促进知识转移，后者强调群体之间沟通合作对促进知识转移的关键作用。社会组织模式下的机制方法在项目知识转移领域取得了丰硕成果，但信息通信技术在知识转移中的作用还未充分发挥。虽然一些 PBOs 建立了项目知识管理平台，但这些平台大都只是作为知识库，仅用于存储大量的数据和知识，它们在转移过程中发挥的实际作用还不够明显。因此，鉴于未来技术和管理的融合发展，相信利用人工智能和大数据等新兴技术的项目知识转移研究与应用将会更多地涌现。

参 考 文 献

[1] Wiewiora A, Trigunarsyah B, Murphy G, et al. The Impact of Unique Characteristics of Projects and Project-based Organisations on Knowledge Transfer[C]. Proceedings of the 10th European Conference on Knowledge Management, Vicenza, Italy: OAI, 2009: 888-896.

[2] Ren X, Deng X, Liang L. Knowledge transfer between projects within project-based organizations: the project nature perspective[J]. Journal of Knowledge Management, 2018, 22（5）: 1082-1103.

[3] Bakker R M, Cambré B, Korlaar L, et al. Managing the project learning paradox: a set-theoretic approach toward project knowledge transfer[J]. International Journal of Project Management, 2011, 29（5）: 494-503.

[4] Wei Y, Miraglia S. Organizational culture and knowledge transfer in project-based organizations: theoretical insights from

a Chinese construction firm[J]. International Journal of Project Management, 2017, 35 (4): 571-585.
[5] Zhou Q, Deng X, Hwang B G, et al. Integrated framework of horizontal and vertical cross-project knowledge transfer mechanism within project-based organizations[J]. Journal of Management in Engineering, 2020, 36 (5): 04020062.
[6] Berggren C, Soederlund J. Rethinking project management education: social twists and knowledge co-production[J]. International Journal of Project Management, 2008, 26 (3): 286-296.
[7] Power R, Cormican K. Towards effective knowledge transfer in high-tech project environments: preliminary development of key determinants[J]. Procedia Computer Science, 2015, 64: 17-23.
[8] Ko D G. The mediating role of knowledge transfer and the effects of client-consultant mutual trust on the performance of enterprise implementation projects[J]. Information & Management, 2014, 51 (5): 541-550.
[9] Kaszás N, Keller K, Birkner Z. The role of transferring knowledge in case of non-business sector projects[J]. Procedia-Social and Behavioral Sciences, 2016, 221: 226-235.
[10] Wijk R V, Jansen J, Lyles M A. Inter- and intra-organizational knowledge transfer: a meta-analytic review and assessment of its antecedents and consequences[J]. Management World, 2010, 45 (4): 830-853.
[11] Karlsen J T, Hagman L, Pedersen T. Intra-project transfer of knowledge in information systems development firms[J]. Journal of Systems and Information Technology, 2011, 13 (1): 66-80.
[12] Zhao D, Zuo M, Deng X. Examining the factors influencing cross-project knowledge transfer: an empirical study of IT services firms in China[J]. International Journal of Project Management, 2015, 33 (2): 325-340.
[13] van Waveren C, Oerlemans L, Pretorius T. Refining the classification of knowledge transfer mechanisms for project-to-project knowledge sharing[J]. South African Journal of Economic and Management Sciences, 2017, 20 (1): 1-16.
[14] Cacciatori E. Memory objects in project environments: storing, retrieving and adapting learning in project-based firms[J]. Research Policy, 2008, 37 (9): 1591-1601.
[15] Javernick-Will A. Motivating knowledge sharing in engineering and construction organizations: power of social motivations[J]. Journal of Management in Engineering, 2011, 28 (2): 193-202.
[16] Davenport T H, Long D W D, Beers M C. Successful knowledge management projects[J]. Sloan Management Review, 1998, 39 (2): 43-57.
[17] 王能民, 杨彤, 汪应洛. 项目环境中知识转移的策略研究[J]. 科学学与科学技术管理, 2006, (3): 68-74.
[18] 徐进, 周国华, 武振业. 国内项目知识管理研究进展[J]. 世界科技研究与发展, 2010, 32 (5): 715-718.
[19] Waveren C, Oerlemans L, Pretorius M W. Knowledge Transfer in Project-based Organizations. A Conceptual Model for Investigating Knowledge Type, Transfer Mechanisms and Transfer Success[C]. 2014 IEEE International Conference on Industrial Engineering & Engineering Management. Selangor, Malaysia: IEEE, 2014: 1176-1181.
[20] 刘常乐, 任旭, 郝生跃. 项目环境中的知识转移研究综述[J]. 图书馆学研究, 2015, (14): 19-25.
[21] Milagres R, Burcharth A. Knowledge transfer in interorganizational partnerships: what do we know?[J]. Business Process Management Journal, 2019, 25 (1): 27-68.
[22] de Castro R O, Sanin C, Levula A, et al. The development of a conceptual framework for knowledge sharing in agile IT projects[J]. Cybernetics and Systems, 2022, 53 (5): 529-540.
[23] 朱亮, 孟宪学. 文献计量法与内容分析法比较研究[J]. 图书馆工作与研究, 2013, (6): 3.
[24] Oyewola D O, Dada E G. Exploring machine learning: a scientometrics approach using bibliometrix and VOSviewer[J]. SN Applied Sciences, 2022, 4 (5): 143.
[25] Eck N, Waltman L. Software survey: VOSviewer, a computer program for bibliometric mapping[J]. Scientometrics, 2010, 84 (2): 523-538.

[26] García-Pablos A, Cuadros M, Rigau G. W2VLDA: almost unsupervised system for aspect based sentiment analysis[J]. Expert Systems with Applications, 2018, 91: 127-137.

[27] Blei D M. Probabilistic topic models[J]. Communications of the ACM, 2012, 55（4）: 77-84.

[28] Blei D M, Ng A Y, Jordan M I. Latent dirichlet allocation[J]. The Journal of Machine Learning Research, 2003, 3: 993-1022.

[29] Marshall P. A latent allocation model for brand awareness and mindset metrics[J]. International Journal of Market Research, 2022, 64（4）: 526-540.

[30] Callon M, Courtial J P, Laville F. Co-word analysis as a tool for describing the network of interactions between basic and technological research: the case of polymer chemsitry[J]. Scientometrics, 1991, 22（1）: 155-205.

[31] Cobo M J, Lopez-Herrera A G, Herrera-Viedma E, et al. An approach for detecting, quantifying, and visualizing the evolution of a research field: a practical application to the fuzzy sets theory field[J]. Journal of Informetrics, 2011, 5（1）: 146-166.

[32] Weinberg B H. Bibliographic coupling: a review[J]. Information Storage and Retrieval, 1974, 10（5）: 189-196.

[33] Ko D G, Kirsch L, King W. Antecedents of knowledge transfer from consultants to clients in enterprise system implementations[J]. MIS Quarterly, 2005, 29: 59-85.

[34] Lam A. Embedded firms, embedded knowledge: problems of collaboration and knowledge transfer in global cooperative ventures[J]. Organization Studies, 1997, 18: 973-996.

[35] Liyanage C, Elhag T, Ballal T, et al. Knowledge communication and translation—a knowledge transfer model[J]. Journal of Knowledge Management, 2009, 13: 118-131.

[36] Knudsen M P. The relative importance of interfirm relationships and knowledge transfer for new product development success[J]. Journal of Product Innovation Management, 2007, 24（2）: 117-138.

[37] Joshi K D, Sarker S, Sarker S. Knowledge transfer within information systems development teams: examining the role of knowledge source attributes[J]. Decision Support Systems, 2007, 43（2）: 322-335.

[38] Maurer I, Bartsch V, Ebers M. The value of intra-organizational social capital: how IT fosters knowledge transfer, innovation performance, and growth[J]. Organization Studies, 2011, 32（2）: 157-185.

[39] Duan Y, Nie W, Coakes E. Identifying key factors affecting transnational knowledge transfer[J]. Information & Management, 2010, 47（7/8）: 356-363.

[40] Bosch-Sijtsema P M, Postma T J B M. Governance factors enabling knowledge transfer in interorganizational development projects[J]. Technology Analysis & Strategic Management, 2010, 22（5）: 593-608.

[41] Decker B, Landaeta R E, Kotnour T G. Exploring the relationships between emotional intelligence and the use of knowledge transfer methods in the project environment[J]. Knowledge Management Research & Practice, 2009, 7（1）: 15-36.

[42] Axelson M, Richtner A. Reaping the benefits: mechanisms for knowledge transfer in product development collaboration[J]. International Journal of Innovation Management, 2015, 19（2）: 1-26.

[43] Merminod V, Rowe F. How does PLM technology support knowledge transfer and translation in new product development? Transparency and boundary spanners in an international context[J]. Information and Organization, 2012, 22（4）: 295-322.

[44] Corso M, Paolucci E. Fostering innovation and knowledge transfer in product development through information technology[J]. International Journal of Technology Management, 2001, 22（1/3）: 126-148.

[45] Barcelo-Valenzuela M, Carrillo-Villafaña P S, Perez-Soltero A, et al. A Software Strategy for Knowledge Transfer in a

Pharmaceutical Distribution Company[M]. Cham: Springer International Publishing, 2017: 115-136.

[46] Oshri I, van Fenema P, Kotlarsky J. Knowledge transfer in globally distributed teams: the role of transactive memory[J]. Information Systems Journal, 2008, 18 (6): 593-616.

[47] Madsen S, Bodker K, Toth T. Knowledge transfer planning and execution in offshore outsourcing: an applied approach[J]. Information Systems Frontiers, 2015, 17 (1): 67-77.

[48] Kalar B, Antoncic B. Social capital of academics and their engagement in technology and knowledge transfer[J]. Science and Public Policy, 2016, 43 (5): 646-659.

[49] Jeck T, Baláž V. Geographies of tacit knowledge transfer: evidence from the European co-authorship network[J]. Moravian Geographical Reports, 2020, 28 (2): 98-111.

[50] Ciabuschi F, Dellestrand H, Kappen P. Exploring the effects of vertical and lateral mechanisms in international knowledge transfer projects[J]. Management International Review, 2011, 51 (2): 129-155.

[51] Schulze A, Brojerdi G, von Krogh G. Those who know, do. Those who understand, teach. disseminative capability and knowledge transfer in the automotive industry[J]. Journal of Product Innovation Management, 2014, 31 (1): 79-97.

[52] Lawson B, Potter A. Determinants of knowledge transfer in inter-firm new product development projects[J]. International Journal of Operations & Production Management, 2012, 32 (10): 1228-1247.

[53] Dolmans S A M, Walrave B, Read S, et al. Knowledge transfer to industry: how academic researchers learn to become boundary spanners during academic engagement[J]. The Journal of Technology Transfer, 2021, 47 (5): 1-29.

[54] Zimpel-Leal K, Lettice F. Generative mechanisms for scientific knowledge transfer in the food industry[J]. Sustainability, 2021, 13 (2): 955.

[55] Zalewska-Kurek K, Egedova K, Geurts P A, et al. Knowledge transfer activities of scientists in nanotechnology[J]. The Journal of Technology Transfer, 2018, 43 (1): 139-158.

[56] Garcia A J, Mollaoglu S. Individuals' capacities to apply transferred knowledge in AEC project teams[J]. Journal of Construction Engineering and Management, 2020, 146: 1-9.

[57] Brandão C, Castro J. The disseminative capability of the sources in cross border knowledge transfer process: a case study of a Franco-Japanese joint venture in Brazil[J]. Journal of Spatial and Organizational Dynamics, 2019, 7 (1): 85-98.

[58] Nguyen S, Islam N. Knowledge transfer from international consultants to local partners: an empirical study of metro construction projects in Vietnam[J]. International Journal of Knowledge Management, 2018, 14: 73-87.

[59] Nurye S A, Molla A, Assefa T. Factors influencing knowledge transfer in onshore information systems outsourcing in Ethiopia[J]. African Journal of Information Systems, 2019, 11 (4): 279-298.

[60] Xu Q, Ma Q. Determinants of ERP implementation knowledge transfer[J]. Information & Management, 2008, 45 (8): 528-539.

[61] Martinez L, Ferreira A, Can A. Consultant-client relationship and knowledge transfer in small- and medium-sized enterprises change processes[J]. Psychological Reports, 2016, 118 (2): 608-625.

[62] Martin H, Emptage K. Knowledge-transfer enablers for successful construction joint ventures[J]. Journal of Legal Affairs and Dispute Resolution in Engineering and Construction, 2019, 11 (3): 1-11.

[63] Shaqrah A A, Al Maliki M R. Examining tacit knowledge transfer processes for enterprise system projects success using fsQCA[J]. Journal of Systems Integration, 2018, 9 (4): 29-36.

[64] Makkonen T, Williams A M, Weidenfeld A, et al. Cross-border knowledge transfer and innovation in the European neighbourhood: tourism cooperation at the Finnish-Russian border[J]. Tourism Management, 2018, 68: 140-151.

[65] Bjorvatn T, Wald A. The impact of time pressure on knowledge transfer effectiveness in teams: trust as a critical but fragile

mediator[J]. Journal of Knowledge Management, 2020, 24（10）: 2357-2372.

[66] Ren X, Yan Z, Wang Z, et al. Inter-project knowledge transfer in project-based organizations: an organizational context perspective[J]. Management Decision, 2020, 58（5）: 844-863.

[67] Lee P, Gillespie N, Mann L, et al. Leadership and trust: their effect on knowledge sharing and team performance[J]. Management Learning, 2010, 41（4）: 473-491.

[68] Park J G, Lee J. Knowledge sharing in information systems development projects: explicating the role of dependence and trust[J]. International Journal of Project Management, 2014, 32（1）: 153-165.

[69] Park J Y, Im K S, Kim J S. The role of IT human capability in the knowledge transfer process in IT outsourcing context[J]. Information & Management, 2011, 48（1）: 53-61.

[70] Sun J, Ren X, Anumba C J. Analysis of knowledge-transfer mechanisms in construction project cooperation tetworks[J]. Journal of Management in Engineering, 2019, 35（2）: 1-13.

[71] Jensen P A, Rasmussen H L, Chatzilazarou S. Knowledge transfer between building operation and building projects[J]. Journal of Facilities Management, 2019, 17（2）: 208-219.

[72] Byosiere P, Luethge D J, Vas A, et al. Diffusion of organisational innovation: knowledge transfer through social networks[J]. International Journal of Technology Management, 2010, 49（4）: 401-420.

[73] Takahashi M, Indulska M, Steen J. Collaborative research project networks: knowledge transfer at the fuzzy front end of innovation[J]. Project Management Journal, 2018, 49（4）: 36-52.

[74] Dameri R P, Demartini P. Knowledge transfer and translation in cultural ecosystems[J]. Management Decision, 2020, 58（9）: 1885-1907.

[75] Ovbagbedia O O, Ochieng E G. Impact of organizational culture on knowledge transfer in Nigerian heavy engineering projects[J]. Management Procurement and Law, 2015, 168（5）: 241-247.

[76] Andersson U, Buckley P J, Dellestrand H. In the right place at the right time!: the influence of knowledge governance tools on knowledge transfer and utilization in MNEs[J]. Global Strategy Journal, 2015, 5（1）: 27-47.

[77] Ajmal M M, Koskinen K U. Knowledge transfer in project-based organizations: an organizational culture perspective[J]. Project Management Journal, 2008, 39（1）: 7-15.

[78] Lee N S, Ram J. New product development processes and knowledge transfer in automotive projects: an empirical study[J]. Knowledge and Process Management, 2018, 25（4）: 279-291.

[79] Liu H, Yu Y, Sun Y, et al. A system dynamic approach for simulation of a knowledge transfer model of heterogeneous senders in mega project innovation[J]. Engineering Construction and Architectural Management, 2020, 28（3）: 681-705.

[80] Betz S, Oberweis A, Stephan R. Knowledge transfer in offshore outsourcing software development projects: an analysis of the challenges and solutions from German clients[J]. Expert Systems, 2014, 31（3）: 282-297.

[81] Zhang R, Ng F. Explaining knowledge-sharing intention in construction teams in Hong Kong[J]. Journal of Construction Engineering and Management, 2013, 139（3）: 280-293.

[82] Nonaka I, Takeuchi H. The Knowledge-creating Company: How Japanese Companies Create the Dynamics of Innovation[M]. Oxford: Oxford University Press, 1995.

[83] Szulanski G. The process of knowledge transfer: a diachronic analysis of stickiness[J]. Organizational Behavior and Human Decision Processes, 2000, 82（1）: 9-27.

[84] Prencipe A, Tell F. Inter-project learning: processes and outcomes of knowledge codification in project-based firms[J]. Research Policy, 2001, 30（9）: 1373-1394.

[85] Frank A G, Ribeiro J L D. An integrative model for knowledge transfer between new product development project teams[J]. Knowledge Management Research & Practice, 2014, 12（2）: 215-225.

[86] Liyanage C, Ballal T, Elhag T. Assessing the process of knowledge transfer — an empirical study[J]. Journal of Information & Knowledge Management, 2009, 8（3）: 251-265.

[87] Trott P, Cordey-Hayes M, Seaton R A F. Inward technology transfer as an interactive process[J]. Technovation, 1995, 15（1）: 25-43.

[88] Noruzi F, Stenholm D, Sjögren P, et al. A holistic model for inter-plant knowledge transfer within an international manufacturing network[J]. Journal of Knowledge Management, 2018, 24（3）: 535-552.

[89] Alavi M, Leidner D. Knowledge management and knowledge management systems: conceptual foundations and research issues[J]. MIS Quarterly, 2001, 25（1）: 117-136.

[90] Cohen W, Levinthal D. Absorptive capacity: a new perspective on learning and innovation[J]. Administrative Science Quarterly, 1990, 35（1）: 128-152.

[91] Chang C L, Lin T C. The role of organizational culture in the knowledge management process[J]. Journal of Knowledge Management, 2015, 19（3）: 433-455.

[92] Martelo-Landroguez S, Cegarra-Navarro J G. Linking knowledge corridors to customer value through knowledge processes[J]. Journal of Knowledge Management, 2014, 18（2）: 342-365.

[93] Nonaka I. A dynamic theory of organizational knowledge creation[J]. Organization Science, 1994, 5（1）: 14-37.

[94] Zollo M, Winter S. Deliberate learning and the evolution of dynamic capabilities[J]. Organization Science, 2002, 13（3）: 339-351.

[95] Nonaka I, von Krogh G, Voelpel S. Organizational knowledge creation theory: evolutionary paths and future advances[J]. Organization Studies, 2006, 27（8）: 1179-1208.

[96] Holste J, Fields D. Trust and tacit knowledge sharing and use[J]. Journal of Knowledge Management, 2010, 14: 128-140.

[97] Pérez-Bustamante G. Knowledge management in agile innovative organizations[J]. Journal of Knowledge Management, 1999, 3（1）: 6-17.

[98] Cheng E C K. Knowledge transfer strategies and practices for higher education institutions[J]. Vine Journal of Information and Knowledge Management Systems, 2020, 51（2）: 288-301.

[99] Major E J, Cordey-Hayes M. Engaging the business support network to give SMEs the benefit of foresight[J]. Technovation, 2000, 20（11）: 589-602.

[100] Boh W F. Mechanisms for sharing knowledge in project-based organizations[J]. Information & Organization, 2007, 17（1）: 27-58.

[101] Nedjat S, Majdzadeh R, Gholami J, et al. Knowledge transfer in Tehran University of medical sciences: an academic example of a developing country[J]. Implementation Science, 2008, 3（1）: 39.

[102] Hocevar D K, Istenic M C. In pursuit of knowledge-based Slovenia: is knowledge transfer to agriculture stuck in faculties?[J]. Anthropological Notebooks, 2014, 20（3）: 103-120.

[103] Stark C, Innes A, Szymczynska P, et al. Dementia knowledge transfer project in a rural area[J]. Rural and Remote Health, 2013, 13（1）: 2060.

[104] Wynn M, Jones P. Knowledge transfer partnerships and the entrepreneurial university[J]. Industry and Higher Education, 2017, 31（4）: 267-278.

[105] Hope A. Creating sustainable cities through knowledge exchange a case study of knowledge transfer partnerships[J].

International Journal of Sustainability in Higher Education, 2016, 17（6）：796-811.

[106] Wynn M, Jones P. Context and entrepreneurship in knowledge transfer partnerships with small business enterprises[J]. International Journal of Entrepreneurship and Innovation, 2019, 20（1）：8-20.

[107] Manville G, Karakas F, Polkinghorne M, et al. Supporting open innovation with the use of a balanced scorecard approach: a study on deep smarts and effective knowledge transfer to SMEs[J]. Production Planning & Control, 2019, 30（10/12）：842-853.

[108] Bashkin O, Dopelt K, Mor Z, et al. The future public health workforce in a changing world: a conceptual framework for a European-Israeli knowledge transfer project[J]. International Journal of Environmental Research and Public Health, 2021, 18（17）：9265.

[109] Helo P, Anussornnitisarn P, Phusavat K. Expectation and reality in ERP implementation: consultant and solution provider perspective[J]. Industrial Management & Data Systems, 2008, 108（8）：1045-1059.

[110] Migdadi M M, Abu Zaid M K S. An empirical investigation of knowledge management competence for enterprise resource planning systems success: insights from Jordan[J]. International Journal of Production Research, 2016, 54（18）：5480-5498.

[111] Shaul L, Tauber D. CSFs along ERP life-cycle in SMEs: a field study[J]. Industrial Management & Data Systems, 2012, 112（3）：360-384.

[112] Ifinedo P, Rapp B, Ifinedo A, et al. Relationships among ERP post-implementation success constructs: an analysis at the organizational level[J]. Computers in Human Behavior, 2010, 26（5）：1136-1148.

[113] Jayawickrama U, Liu S, Hudson Smith M. Knowledge prioritization for ERP implementation success: perspectives of clients and implementation partners in UK industries[J]. Industrial Management & Data Systems, 2017, 117（7）：1521-1546.

[114] Williams C. Client-vendor knowledge transfer in IS offshore outsourcing: insights from a survey of Indian software engineers[J]. Information Systems Journal, 2011, 21（4）：335-356.

[115] Dezdar S, Ainin S. Examining ERP implementation success from a project environment perspective[J]. Business Process Management Journal, 2011, 17（6）：919-939.

[116] Ram J, Wu M L, Tagg R. Competitive advantage from ERP projects: examining the role of key implementation drivers[J]. International Journal of Project Management, 2014, 32（4）：663-675.

[117] Skok W, Legge M. Evaluating enterprise resource planning（ERP）systems using an interpretive approach[J]. Knowledge and Process Management, 2002, 9（2）：72-82.

[118] Koch J, Sauer J. A Task-driven Approach on Agile Knowledge Transfer[M]. Berlin, Heidelberg: Springer, 2010: 311-319.

[119] Sarka P, Ipsen C. Knowledge sharing via social media in software development: a systematic literature review[J]. Knowledge Management Research & Practice, 2017, 15（4）：594-609.

[120] Camara R A, Pedron C D, Chaves M S. Using social media to promote knowledge sharing in information technology projects: a systematic review and future research agenda[J]. Journal of Management and Technology, 2021, 21（4）：203-229.

[121] Ridings C, Gefen D, Arinze B. Some antecedents and effects of trust in virtual communities[J]. The Journal of Strategic Information Systems, 2002, 11（3/4）：271-295.

[122] Ahuja M, Galvin J. Socialization in virtual groups[J]. Journal of Management, 2003, 29（2）：161-185.

[123] Kanawattanachai P, Yoo Y. Dynamic nature of trust in virtual teams[J]. Journal of Strategic Information Systems, 2002,

11（3/4）：187-213.

[124] Sapsed J, Gann D, Marshall N, et al. From here to eternity? The practice of knowledge transfer in dispersed and co-located project organizations[J]. European Planning Studies, 2005, 13（6）：831-851.

[125] Desanctis G, Monge P. Introduction to the special issue: Communication processes for virtual organizations[J]. Organization Science, 1999, 10（6）：693-703.

[126] Osterloh M, Frey B. Motivation, knowledge transfer, and organizational forms[J]. Organization Science, 2000, 11：538-550.

[127] Vallerand R J. Deci and Ryan's self-determination theory: a view from the hierarchical model of intrinsic and extrinsic motivation[J]. Psychological Inquiry, 2000, 11（4）：312-318.

[128] Wei M, Ren X, Hao S. Simulation of Knowledge Transfer within the Project Team[C]. 2018 8th International Conference on Logistics, Informatics and Service Sciences, 2018：1-6.

[129] Constant D, Kiesler S, Sproull L. What's mine is ours, or is it? A study of attitudes about information sharing[J]. Information Systems Research, 1994, 5（4）：400-421.

[130] Crama P, Sting F, Wu Y. Encouraging help across projects[J]. Management Science, 2019, 65（3）：1408-1429.

[131] Han J, Rapoport A, Fong P S W. Incentive structures in multi-partner project teams[J]. Engineering, Construction and Architectural Management, 2019, 27（1）：49-65.

[132] Siemsen E, Balasubramanian S, Roth A V. Incentives that induce task-related effort, helping, and knowledge sharing in workgroups[J]. Management Science, 2007, 53（10）：1533-1550.

[133] Meng X, Gallagher B. The impact of incentive mechanisms on project performance[J]. International Journal of Project Management, 2012, 30（3）：352-362.

[134] Arevalo J A, Aravind D, Ayuso S, et al. The global compact: an analysis of the motivations of adoption in the Spanish context[J]. Business Ethics: A European Review, 2013, 22（1）：1-15.

[135] Gavronski I, Ferrer G, Paiva E L. ISO 14001 certification in Brazil: motivations and benefits[J]. Journal of Cleaner Production, 2008, 16（1）：87-94.

[136] Cao D, Li H, Wang G, et al. Linking the motivations and practices of design organizations to implement building information modeling in construction projects: empirical study in China[J]. Journal of Management in Engineering, 2016, 32（6）：04016013.

[137] Grewal R, Comer J, Mehta R. An investigation into the antecedents of organizational participation in business-to-business electronic markets[J]. Journal of Marketing, 2001, 65：17-33.

[138] Teng M, Pedrycz W. Knowledge transfer in project-based organizations: a dynamic granular cognitive maps approach[J]. Knowledge Management Research & Practice, 2022, 20（2）：233-250.

[139] Hau Y S, Kim B, Lee H, et al. The effects of individual motivations and social capital on employees' tacit and explicit knowledge sharing intentions[J]. International Journal of Information Management, 2013, 33（2）：356-366.

[140] Spender J C. Making knowledge the basis of a dynamic theory of the firm[J]. Strategic Management Journal, 1996, 17（Special Issues）：45-62.

[141] Hakanson L, Nobel R. Organizational characteristics and reverse technology transfer[J]. Management International Review, 2001, 41（4）：29-49.

[142] Kane A, Argote L, Levine J. Knowledge transfer between groups via personnel rotation: effects of social identity and knowledge quality[J]. Organizational Behavior and Human Decision Processes, 2005, 96（1）：56-71.

[143] Hamel G. Competition for competence and inter-partner learning within international strategic alliances[J]. Strategic

[144] Szulanski G. Exploring internal stickiness: impediments to the transfer of best practice within the firm[J]. Strategic Management Journal, 1996, 17 (Special Issue): 27-43.

[145] Cummings J L, Teng B S. Transferring R&D knowledge: the key factors affecting knowledge transfer success[J]. Journal of Engineering and Technology Management, 2003, 20 (1): 39-68.

[146] Teece D J. Technology transfer by multinational firms: the resource cost of transferring technological know-how[J]. Economic Journal, 1977, 87 (346): 242-261.

[147] Mudambi S M, Oliva T A, Thomas E F. Industrial marketing firms and knowledge transfer: toward a basic typology of community structures[J]. Industrial Marketing Management, 2009, 38 (2): 181-190.

[148] Ambos T C, Ambos B. The impact of distance on knowledge transfer effectiveness in multinational corporations[J]. Journal of International Management, 2009, 15 (1): 1-14.

[149] Grant R. Toward a knowledge-based theory of the firm[J]. Strategic Management Journal, 1996, 17 (Winter Special Issue): 109-122.

[150] Gano G L, Crowley J E, Guston D. "Shielding" the knowledge transfer process in human service research[J]. Journal of Public Administration Research & Theory, 2007, 17 (1): 39-60.

Knowledge Transfer in Project Context: A Literature Review: Scientometrics and Traditional Literature Approaches Based on WOS Database

JIANG Ying, WANG Guofei, YANG Tianjing, XU Jin, LIU Dun

(School of Economics and Management, SWJTU, Chengdu 610031, China)

Abstract With the continuous improvement of economy and the increasing number of projects, project-based organizations (PBOs) have created and accumulated a large amount of project knowledge. However, the complexity, uniqueness and temporary nature of projects make knowledge transfer (KT) challenging in project contexts, thus having attracted many theoretical research and applied discussions in project management academia and industry. Combined with the application of science econometric tools and LDA theme model analysis method, this paper collects, collates and analyzes the project knowledge transfer literature in the Web of Science database from January 1994 to June 2022. It summarizes the representative theories, methods and achievements under each theme, and discusses the future development direction of project knowledge transfer.

Keywords PBOs, Project knowledge, Knowledge transfer, Bibliometric analysis, LDA

作者简介

蒋莹（1995—），女，西南交通大学经济管理学院博士研究生，研究方向为知识管理，E-mail：jiangyingwork@outlook.com。

王国飞（1997—），男，西南交通大学经济管理学院硕士研究生，研究方向为商务智能与数据科学，E-mail：wgf2462@my.swjtu.edu.cn。

杨添靖（1998—），男，西南交通大学经济管理学院硕士研究生，研究方向为商务智能与数据科学，E-mail：yang_tj@126.com。

徐进（1978—），男，西南交通大学经济管理学院副教授、博士生导师，研究方向为知识管理、数据科学，E-mail：xj_james@163.com。

刘盾（1983—），男，西南交通大学经济管理学院教授、博士生导师，研究方向为信息系统与知识发现，E-mail：newton83@163.com。

审 稿 专 家
《信息系统学报》

按姓氏音序排列：

安利平（南开大学）　　　　　　　　　安小米（中国人民大学）
曹慕昆（厦门大学）　　　　　　　　　陈福集（福州大学）
陈华平（中国科学技术大学）　　　　　陈荣（清华大学）
陈文波（武汉大学）　　　　　　　　　陈晓红（中南大学）
陈禹（中国人民大学）　　　　　　　　陈智高（华东理工大学）
程絮森（中国人民大学）　　　　　　　崔巍（北京信息科技大学）
党延忠（大连理工大学）　　　　　　　邓朝华（华中科技大学）
丁学君（东北财经大学）　　　　　　　董小英（北京大学）
董毅明（昆明理工大学）　　　　　　　窦永香（西安电子科技大学）
杜荣（西安电子科技大学）　　　　　　方佳明（电子科技大学）
冯海洋（天津大学）　　　　　　　　　冯玉强（哈尔滨工业大学）
甘仞初（北京理工大学）　　　　　　　高慧颖（北京理工大学）
高学东（北京科技大学）　　　　　　　葛世伦（江苏科技大学）
顾东晓（合肥工业大学）　　　　　　　顾睿（对外经济贸易大学）
郭伏（东北大学）　　　　　　　　　　郭熙铜（哈尔滨工业大学）
郝辽钢（西南交通大学）　　　　　　　胡安安（复旦大学）
胡立斌（西安交通大学）　　　　　　　胡祥培（大连理工大学）
黄京华（清华大学）　　　　　　　　　黄丽华（复旦大学）
黄奇（南京大学）　　　　　　　　　　黄伟（西安交通大学）
贾琳（北京理工大学）　　　　　　　　姜锦虎（西安交通大学）
姜元春（合肥工业大学）　　　　　　　蒋国瑞（北京工业大学）
蒋玉石（西南交通大学）　　　　　　　金悦（对外经济贸易大学）
孔祥维（大连理工大学）　　　　　　　赖茂生（北京大学）
黎波（清华大学）　　　　　　　　　　李东（北京大学）
李红（北京航空航天大学）　　　　　　李慧芳（中国科学技术大学）
李亮（对外经济贸易大学）　　　　　　李敏强（天津大学）
李明志（清华大学）　　　　　　　　　李倩（中国人民大学）
李文立（大连理工大学）　　　　　　　李希熙（清华大学）
李一军（哈尔滨工业大学）　　　　　　李勇建（南开大学）

梁昌勇（合肥工业大学） 廖列法（江西理工大学）
廖貅武（西安交通大学） 林杰（同济大学）
林丽慧（清华大学） 林志杰（清华大学）
刘春（西南交通大学） 刘登攀（清华大学）
刘盾（西南交通大学） 刘冠男（北京航空航天大学）
刘和福（中国科学技术大学） 刘红岩（清华大学）
刘建国（上海财经大学） 刘鲁（北京航空航天大学）
刘鲁川（山东财经大学） 刘汕（西安交通大学）
刘位龙（山东财经大学） 刘璇（华东理工大学）
刘烨（清华大学） 刘咏梅（中南大学）
刘震宇（厦门大学） 刘仲英（同济大学）
卢涛（大连理工大学） 卢向华（复旦大学）
鲁耀斌（华中科技大学） 陆本江（南京大学）
陆文星（合肥工业大学） 罗城（天津大学）
罗念龙（清华大学） 罗裕梅（云南大学）
马宝君（上海外国语大学） 马费成（武汉大学）
马良（山东财经大学） 马卫民（同济大学）
毛基业（中国人民大学） 梅姝娥（东南大学）
苗苗（西南交通大学） 闵庆飞（大连理工大学）
牛东来（首都经济贸易大学） 潘煜（上海外国语大学）
戚桂杰（山东大学） 齐佳音（上海对外经贸大学）
秦春秀（西安电子科技大学） 邱凌云（北京大学）
裘江南（大连理工大学） 任菲（北京大学）
任明（中国人民大学） 任南（江苏科技大学）
单晓红（北京工业大学） 邵培基（电子科技大学）
沈波（江西财经大学） 史楠（上海对外经贸大学）
宋明秋（大连理工大学） 宋培建（南京大学）
宋婷婷（上海交通大学） 苏芳（暨南大学）
孙建军（南京大学） 孙磊磊（北京航空航天大学）
孙元（浙江工商大学） 唐晓波（武汉大学）
童昱（浙江大学） 万岩（北京邮电大学）
王翀（北京大学） 王聪（北京大学）
王刚（合肥工业大学） 王昊（清华大学）
王洪伟（同济大学） 王君（北京航空航天大学）
王刊良（中国人民大学） 王楠（北京工商大学）
王念新（江苏科技大学） 王珊（中国人民大学）

卫强（清华大学）　　　　　　　　闻中（北京外国语大学）
吴鼎（清华大学）　　　　　　　　吴金南（安徽工业大学）
吴俊杰（北京航空航天大学）　　　吴亮（贵州师范大学）
吴鹏（四川大学）　　　　　　　　夏昊（哈尔滨工业大学）
肖静华（中山大学）　　　　　　　肖泉（江西财经大学）
肖勇波（清华大学）　　　　　　　谢康（中山大学）
徐心（清华大学）　　　　　　　　徐云杰（复旦大学）
许伟（中国人民大学）　　　　　　闫强（北京邮电大学）
闫相斌（北京科技大学）　　　　　严建援（南开大学）
严威（中国传媒大学）　　　　　　颜志军（北京理工大学）
杨波（中国人民大学）　　　　　　杨善林（合肥工业大学）
杨雪（南京大学）　　　　　　　　杨彦武（华中科技大学）
杨翼（浙江大学）　　　　　　　　姚忠（北京航空航天大学）
叶强（哈尔滨工业大学）　　　　　叶青（清华大学）
叶琼伟（云南财经大学）　　　　　易成（清华大学）
殷国鹏（对外经济贸易大学）　　　尹秋菊（北京理工大学）
于笑丰（南京大学）　　　　　　　余力（中国人民大学）
余艳（中国人民大学）　　　　　　袁华（电子科技大学）
曾庆丰（上海财经大学）　　　　　张诚（复旦大学）
张金隆（华中科技大学）　　　　　张瑾（中国人民大学）
张明月（上海外国语大学）　　　　张楠（清华大学）
张朋柱（上海交通大学）　　　　　张文平（中国人民大学）
张新（山东财经大学）　　　　　　张紫琼（哈尔滨工业大学）
赵建良（香港城市大学）　　　　　赵昆（云南财经大学）
赵捧未（西安电子科技大学）　　　赵英（四川大学）
仲秋雁（大连理工大学）　　　　　仲伟俊（东南大学）
周军杰（汕头大学）　　　　　　　周涛（杭州电子科技大学）
周荫强（香港大学）　　　　　　　周中允（同济大学）
朱庆华（南京大学）　　　　　　　左美云（中国人民大学）
左文明（华南理工大学）